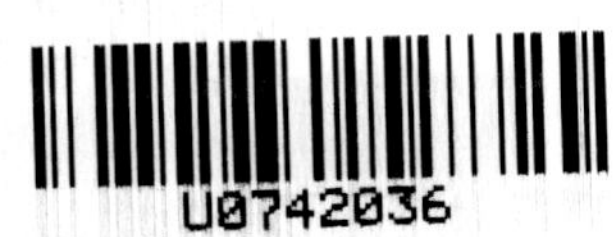
U0742036

經義考新校

六

卷一二九～卷一六四

周禮　儀禮

禮記　通禮

［清］朱彝尊　撰

林慶彰　蔣秋華　楊晉龍　馮曉庭　主編

上海古籍出版社

經義考卷一百二十九

周禮十

黄氏度周禮五官説

〔校記〕

陳金鑑輯周禮説五卷，即此書。（周禮，頁三七）

宋志：「五卷。」

存。

葉適序曰：「周官晚出，而劉歆遽行之，大壞矣，蘇綽又壞矣，王安石又壞矣，千四百年更三大壞，而是書所存無幾矣。詩、書、春秋皆孔子論定，孟軻諸儒相與弼承，世不能知而信其所從，井冽於逵、衆酌飲焉，惟其量爾，故治雖不足，而書有餘也。孔子未嘗言周官，孟子亦以爲不可得聞，一旦驟至，如奇方大藥，非黄帝、神農所名，無制使服食之法，而庸夫鄙夫妄咀吞之，不眩亂顛錯幾希，故用雖有餘，而書不足也。雖然，以余考之，周之道固莫聚於此書，他經其散者也；周之籍固莫切於此書，他經其緩者也。公卿敬群，有司廉，教法齊備，義利均等，固文、武、周、召之實政在是也，奈何使降爲度數事物之學哉？新昌黄文叔始述五官而爲之説，亹亹乎孔、孟之以理貫事者，必相發明也；惻惻乎文、武之以己形民者，必相緯經也。守天下非私智也，設邦家非自尊也，養民至厚，取之至薄，爲下甚逸，爲上甚勞，洗滌三壞之腥穢，而一以性命道德起後世之公心，雖未能表是書而獨行，猶將合他經而共存也，其功大矣。同時永嘉陳君舉亦著周禮説十二篇，蓋嘗獻之紹熙天子，爲科舉家宗尚。君舉素善文叔議論，頗相出入，所以異者，君舉以後準前，由本朝至漢，溯而通之；文叔以前準後，由春秋、戰國至本朝，沿而别之。其序鄉遂、溝洫，辨二鄭是非，凡一字一語，細入毫芒，不可損益也。」

王與之曰：「山陰黄文叔有五官解，刊在浙東倉司。」

張萱曰：「宋紹熙間，新昌黄文叔度著。始述五官而爲之説，與孔、孟以理貫事者相發明。又以前準後，由春秋、戰國至宋，沿而别之。其敘鄉遂、溝洫，辨二鄭是非，又與永嘉陳君舉周禮説相出入。葉適序之。」

曹氏津**周禮五官集傳**

五卷。

存。

嘉善縣志：「津，字元會，歲貢生，官南安府儒學教授。周禮集傳五卷，闕考工記不解。」

史氏浩**周禮天地二官講義**

宋志：「十四卷。」

闕。

中興藝文志：「孝宗爲建王，史浩分講周禮，多啓發，孝宗稱之，然止於司關。」

王與之曰：「四明史直翁有天地二官講義。」

王應麟曰：「周官講義十四卷，史浩爲建王府直講時撰，止於地官司關。」

按：史衛王講義一十四卷，自冢宰至司關而止，余所抄者文淵閣殘本，係宋時雕板，第存七、八、九三卷而已，天官闕司書以前，地官司徒亦闕其半，小司徒之後皆無之。此非完書，度儲藏者寡，不審海内尚有别本否也。

魏氏校①**周禮天官沿革傳**

六卷。

存。

---

① 「校」，文津閣四庫本作「挍」。

周氏必大**周禮庖人講義**

一篇。

存。

按：益公於經筵進講載承明稿。

曹氏叔遠**周禮地官講義**

佚。

王與之曰：「永嘉曹叔遠，字器遠，有地官遂人至稿人講義。」

王氏廷相**周禮九**①

〔校記〕

「九」下殆奪一字。（周禮，頁三七）

一篇。

存。

---

① 依校記，「九」下脱一字，四庫薈要本注「闕」。

江氏與山**周禮秋官講義**

宋志：「一卷。」

佚。

尹氏躬**冬官解**

佚。

王氏應電**冬官補**

一卷。

存。

應電自序曰：「冬者，萬物之所終也。司空掌邦土，天下之治所由以成，故命名曰『冬』。漢人以考工記補之，夫共①工者誠冬官之事，但其一屬爾，故取之以入冬官則可，用之以補冬官則不可。自宋以來，乃以五官之事聯職於司空者歸之，以爲冬官未嘗亡也。不知周禮之治②，每事六官皆與，蓋自王身、

① 「共」，備要本作「考」。

② 「治」，四庫薈要本作「行」，文淵閣四庫本作「法」。

王宮、王朝、王畿、四海，以及於昆蟲、草木，六官皆有其責，非若後世之設官，截然各爲一事也，不得此意，遂用其疑似以相歸併，此説一興，人各自以其意見而更定之，豈復得爲周公之周禮哉？愚謂周公設官，皆取法於天，五官歷歷可考，此見聖人之制作後天而奉天時，建諸天地而不悖也。故以天象之，有關於冬官者而參互之，即炳然不磨，其於各職見於經傳者亦昭然可考。謹述之如左，補其義，則前人是非不辨自明，闕其文以逭續經之罪，損益而折衷之，姑俟後之君子。」

冬官考工記

一篇。

存。

鄭康成曰：「此篇司空之官也。司空篇亡，漢興，購求千金不得，此前世識其事者記録以備大數耳。」

南齊書：「文惠太子鎮雍州，有盗發楚王冢，獲竹簡書，青絲編簡，廣數分，長二尺，有得十餘簡，以示王僧虔，曰：『是蝌蚪書考工記，周官所闕文也。』」

賈公彦曰：「周衰，諸侯惡典籍之害己，皆滅去之。司空篇亡已久，有人尊集舊典，録此三十工以爲考工記，雖不知其人，又不知作在①何日，要知在於秦前，是以遭秦滅典籍，韋氏、裘氏等闕也。」

---

① 「在」，文淵閣四庫本作「自」。

張舜民曰：「考工記之文可謂文矣，或以爲周公之文，然乎？亦三代之文，漢諸儒不及矣。」

鄭鍔曰：「司空之職，用是以考百工之事，其篇亡，其記存。漢儒劉歆校理秘書得之，以備司空之闕。」

易祓曰：「考工記非周書也，言周人上輿而有梓、匠之制，言周人明堂而有世室、重屋之制，言溝洫、澮川非遂人之制，言旂、旗、旟、旐非大司馬、司常、巾車之制，眡周典，大不類。」又曰：「三十工有以人名者，有以氏名者，有以事名者，惟畫繢職獨言所職之事，其他如輿人、輪人之類，則以人名之，謂工以巧爲能，不必責之世守也。如築氏、冶氏之類，則以氏名之，謂官有世功，族有世業，必世習之爲貴也。然攻木無稱氏者，攻金、塼埴①無稱人者，蓋制木必以巧，而金土貴乎世習，寧非記者深得先王之意乎？」

林希逸曰：「周禮六官闕其一，河間獻王以考工記足之，考工之文自與五官不同，予嘗以此爲造物之巧，畢竟五官文字俱同一律，考工之文又奇，足以此書，似造物有意也。或曰：輪人、輿人、弓人、廬人、匠人、車人、梓人，此攻木之工七也；築氏、冶氏、鳧氏、㮚氏、段氏、桃氏，此攻金之工六也；函人、鮑人、韗人、韋氏、裘氏，此攻皮之工五也；畫人、繢人、鍾氏、筐人、㡛氏，此設色之工五也；玉人、櫛人、雕人、矢人、磬氏，此刮摩之工五也；陶人、旊人，此摶埴之工二也，以上共三②十一人。又五官之中，天

① 「塼埴」，四庫薈要本作「搏埴」。
② 「三」，文津閣四庫本作「二」。

官則有掌皮、司裘，地官則有鼓人、廛人、掌節、廾人、角人、羽人、掌染草，春官則有典瑞、典同、磬師、鐘師、鎛師、巾車、車僕、司常，夏官則有射人、司甲、司兵、司戈盾、司弓矢、繕人、稿人、服不氏、射鳥氏，秋官則有職金、柞氏、庭氏，以上共三十人，則是冬官之屬六十，未嘗亡也。此説亦佳，但以文論，則考工自是考工，周禮自是周禮。」又曰：「周禮六官，其五官體制皆同，而冬官以考工記補之，又自一體，似造物之意，特亡彼而存此，以成此經之妙也。其文簡當，非漢文字之比，漢人以金帛募書，多有僞作，如此等文字，非後世鉛槧書生所及。」又曰：「考工記不特爲周制也，盡記古百工之事，故匠人以世室、重屋、明堂並言之，三代制度皆在此也，但書不全矣。此書續出，闕略不全，不止韋氏、裘氏、段氏等官而已，其先後次序亦自參錯不齊，如攻木之工輪、輿弓、廬匠、車梓，若以序言，當在上篇，今梓、廬、匠、車、弓皆在下篇，而其序亦自不同。又畫、繢二官，而止曰畫繢之事，玉人亦然。意其全書凡曰『之事』者，皆總言之，其列官自别，即車人之事，又有車人爲某爲某可知也。況一官非止爲一事，如輪人、梓人、匠人、車人皆一官之名，而分主數事，惜乎其不全見也。」

鄭敬仲曰：「記之所載，自王公士大夫以至於農夫婦功，皆有職於國者也，而百工者事職之所主，故列於事官而爲之屬也。然上無道揆則下無法守，朝不信道則工不信度。三公坐而論道，則上有道揆而朝信道，此道德之所以明也。士大夫作而行之，則下有法守而工信度，此風俗之所以同也。先王之時，所以同風俗者，尤謹於百工，以其衣服器用所由出也，然則其可不屬之冬官乎？」

趙溥曰：「先王建官，始於天官，掌邦治，至冬官而經理之事終矣。名官以冬，此其旨也。工，百工也；考，察也。以其精巧工於制器，故謂之工；以其所制之器，從而察其善不善，故謂之考。小宰：

『六曰冬官，其屬六十，掌邦事。』則冬官之事不止於制器，記者止謂之『考工』，何也？鄭注云：『此篇司空之官也，司空篇亡，漢興，購求千金弗得。此前世識其事者記録以備大數爾。』然秦火之後，司空居四民，時地利之事亡矣，先儒據所聞者記之而已。今觀所記，如營國爲溝洫等事，尚有居四民、時地利之遺意，但不若制器之爲詳，豈非當時諸儒於先王制器之法聞之頗悉，故記之特備歟？至於有一二可疑者，意其古制，不可悉聞，則間自爲説，以補其亡爾，苟於理未大戾，當尊經可也。」

王與之曰：「冬官亡，漢儒補以考工記，司空果亡乎？以周官司空之掌考之，司空未可以亡也。夫周官言『司空掌邦土，居四民，時地利』，凡經言田萊、溝洫、都邑者，非邦土而何？農、工、商、賈、市、井、里、室、廬者，非居民而何？桑、麻、穀、粟之所出，山澤、林麓之所生，非地利而何？考小宰言六官設屬各有六十，今治官之屬六十有三，教官之屬七十有九，禮官之屬七十有一，政官之屬六十有九，刑官之屬六十有六，意者秦火之餘，簡編脱落，司空之屬錯雜五官之中，先儒莫之能辨，遂以考工記補之，其實司空一官未嘗亡也。夫考工記可以補周官者，非三十工之制有合周之遺法也，獨考工之序，其議論有源委，非深於道者莫能之。夫論百工之事，不止於工上立説，而本於王公士大夫，則知工雖末伎①，非王公發明乎是理，士大夫推而行之，其藝固不能以自成，下而及於商旅、農婦，則知工雖有巧，非商旅之貿遷貨、②農功之飭力地財、婦工之化治絲麻，其材於何而取給也？創此者有知，述此者有巧，業則傳於世

① 「伎」，四庫薈要本作「技」。

② 四庫薈要本「農」上有「賄」字。

守，功則歸於聖人。工何嘗獨立於天地間？能使器利用便，惟此等議論近古，足以發明聖經之秘，此所以取而爲補亡之書也。如捨此而索於制度之末，則論周人尚輿，奚及於上梓、上匠之制？論周人明堂，奚取乎世室、重屋之制？言溝洫、澮川，非遂人之制也；言旂、旗、旟、旐，非司馬、司常、巾車之制也。其他纖悉有不可盡信者甚多，概以爲周家之制度，豈其然乎？」

王應麟曰：「考工記，或以爲先秦書，而禮記正義云：『孝文時求得周官，不見冬官一篇，乃使博士作考工記補之。』漢書謂河間獻王得之，非孝文時也。序録云：『李氏上五篇，失事官一篇，取考工記補之。』六藝論云『壁中得六篇』，誤矣。齊文惠太子鎮雍州，有盜發楚王冢，獲竹簡書，青絲編簡，廣數分，長二尺，有得十餘簡以示王僧虔，僧虔曰：『是科斗書考工記，周官所闕文也。』漢時科斗書已廢，則記非博士作也。」

葉時曰：「六經更秦火，缺裂而不全者多矣，書亡四十三篇，周雅亡六篇，魯雅亡六篇，不獨周禮爲然。夫秦人之心何心哉？已則不行先王之道，而恐天下後世之人執經以議己，故取聖經而置之烈焰，使後世不及見全書，安得不追仇於秦火之酷？雖然，六經無全書，固可以爲秦人之罪，而周禮一經不得其全，不可獨咎秦人也。蓋自王道既衰，霸圖迭起，入春秋以來，周公之禮雖不盡用，而猶可盡傳；周禮之經雖不盡行，而猶可盡見。戰國暴君污吏將欲肆其所爲，以求遂其所欲，惡其害己而去其籍，故至孟子之時，井田之問、爵禄之問，孟子已不得其詳，戰國諸侯之酷，蓋已先秦火矣。漢室龍興，山巖屋壁之間稍稍間出周禮，六官缺一而五存，天之未喪斯文亦幸矣。河間獻王得之，不啻如獲圭璧，不吝千金重賞募求全書，獻王之意厚矣。然全書竟不可致，獻王悵之，乃求考工記以足其書，謂可以備周官之缺，不知以考工記而補周禮，何異拾賤醫之方，以補盧扁之書，庸人案之，適足爲病。五官尚存，武帝且以爲末世瀆亂不驗之書，則武帝之忽略聖經，未必不自考工記一篇啓之也。嗟夫！書亡而張伯①僞書作，詩亡而束皙補詩作，適資識者一捧腹耳，曾謂考工記而可補禮經乎？且百工，細事耳，固非周官所可無，而於周官設官之意何補？又況秋官有典瑞，玉人不必補可也；夏官有量人，匠人不必補可也；天官有染人，鍾氏、㡛氏雖缺，何害乎？地官有鼓人，鮑人、韗人雖亡，何損乎？雖無車人，而巾車之職尚存；雖無弓人，而司弓矢之職猶在。匠人溝洫之制已見於遂人，鼓人②射侯之制已見於射人。有如攻皮之工五，既補以三，而又闕其二，不知韋氏、裘氏豈非天官司皮、掌裘③之職乎？周禮無待於考工記，獻王以此補之亦陋矣。大抵獻王之補亡也，漢儒之習未脱也。樂記一篇欲以備樂書之闕，考工記一篇欲以補禮書之亡，獻王之見然爾。然而周禮廢興有不係是。昔者仲孫湫來省魯難，退而曰『魯秉周禮，未可動也』，且魯當春秋之時，非能盡秉周禮者也，然於周禮雖未能盡用，苟未至於盡亡，而亦可以立國。周禮六官雖缺其一，不猶愈於盡亡乎？後世誠能因五官之存，而講求周禮之遺典，而施行焉，則西周之美可尋矣。而況冬官之書雖亡，冬官之意實未嘗亡也。太宰事典以富邦國，以任百官，以生萬民；小宰事職以富邦國，以養萬民，以生百物，則事官之意在周禮可考也。書之周官亦曰『司空掌邦

① 「張伯」，文淵閣四庫本作「張霸」。
② 「鼓人」無射侯之制，疑當作「梓人」。
③ 「司皮」、「掌裘」，應作「司裘」、「掌皮」。

土，居四民，時地利』，則司空之意在周官可覆也。觀此，則司空職雖亡而未嘗亡，考工記不必補也。愚既以考工記爲不必補，則區區百工之事亦不必問也。」

黄震曰：「考工記本尚書『司空掌邦土，居四民，時地利』之説而名冬官。鄭注云：『司空篇亡，漢興，購千金弗得，先儒據所聞記之。』王次點曰：『以周官司空之掌考之，司空未可以爲亡也。考小宰言六官設屬各有六十，今治官之屬六十有三，教官之屬七十有八，禮官之屬七十，政官之屬六十有九，刑官之屬六十有七，意者簡編錯雜，先儒莫之能辨，遂以考工記補之，其實司空一官未嘗亡也。』愚按：周禮出於漢末，鄭氏謂漢興購求司空篇不得，恐未可信。今以五官所餘之數，合考工三十之數目，可足本篇六十，而謂先儒莫之能辨，此豈難見之事，而先儒莫之能哉？或疑此書正因晚出，故爲錯脱以示其爲古，未知然否。然五官之屬皆差互不倫，非特司空一官而已也。」

朱申曰：「冬官不名『司空』而名『考工記』者，蓋漢儒名之也。」

丘濬曰：「自周禮出於漢，六官而亡其一，世儒以考工補冬官亡，未始有異議者。宋淳熙中，俞庭椿始著復古編，謂司空之篇實雜出於五官之屬，且因司空之復，而六官之譌誤亦遂可以類考。嘉熙間，王次點復作周官補遺。元泰定中，丘葵又參訂俞、王二家之説以爲成書。吴澂作三禮考註，首以是言，且謂冬官未嘗亡，而地官之文實亡也。由是以觀，則冬官本未嘗亡，所亡者，冬官首章所謂『惟王建國』至『以爲民極』二十字，及『乃立冬官司空』至『邦國』二十字，及大司空之職、小司空之職二條，亦如虞書之舜典實未嘗亡，特失其『曰若稽古』以下二十八字耳。然自隋、唐以來立爲六部，率以學校屬禮部、財賦屬户部行之，實亦良便。後世有志復古以致太平者，師周公之意而不泥其故迹可也，此丘氏之說。則是以冬官斷乎其未嘗缺，而所缺者特四十字及兩條耳。今聖明在上，宜申命禮官補其四十字之缺，暨俞、王諸儒所摘擬者，而並綴考工記於末，以無失漢儒搜補之初意，詎非完然六典全書哉？」

李黼曰：「篇中三十工實古冬官司空之遺文，但篇首八節爲記者之序，後人之所作也。」

陳深曰：「考工記其殆邃古之書，而周人輯之者與？百籍皆有僞，獨此書以伎故傚然於秦焰之間，後之儒者亦鄙以伎，非劉氏之補，則天下亦以伎而棄之矣，劉氏之功亦偉也。」

郝敬曰：「周禮有考工記，亦猶儀禮諸篇終各繫以記也，世儒不疑儀禮之記爲添補，何獨於周禮疑之？」

焦竑曰：「考工記作於先秦，紀古百工之事，漢人以補周禮冬官之闕，不知周禮乃周公未成之書，冬官之闕，安可以考工記補之，而取綴錦之誚也。」

錢㫤曰：「周官禮而外，尚有周政六篇、周法九篇，要亦周家一代之典也，若曲禮、儀禮、明堂陰陽諸記不知作者，獨軍禮司馬法百五十五篇，傳是周公所作，今所存止穰苴雜亂之文五篇而已，其詳不可復覩。以愚論之，周官禮特舉大綱，未分節目，故治官之外別爲周政六篇，宗伯之外別爲儀禮、曲禮諸篇，夏官之外別爲司馬法百五十五篇，司寇之外別爲周法九篇，是皆禮經之外分流疏節者也。然則考工記者，當亦冬官之外①別具一書，詳其條目，以遺後人者也。」又曰：「考工之屬皆稱人，百工之執藝者

① 自「分流」至「之外」，文津閣四庫本無此文，疑因上「之外」而奪。

也，猶天官之酒、漿、籩、冪，司徒之胥賈、鄰、肆，宗伯之瞽矇、眡瞭，司馬之方相、圉師，秋官之蠻、閩、夷、貉，皆非以爵稱也。」

按：考工記，漢以補冬官之闕，然周官三百六十，多以士爲之，若記之所云，直百工焉爾矣。夫玉府有工有賈，而巾車、弁師、追師、屨人之屬，府史、胥徒而外，咸有工以執事，亦猶大府、典絲、典婦功、庖人、羊人、馬質之各有其賈也。賈不與士齒，工顧可充司空之掌乎？典絲則頒絲矣，掌皮則頒皮革矣，槀人則掌六弓、八矢、四弩矣。是湅絲者，工也，而頒絲外内者，考工者也；函、鮑、韗、韋、裘者，工也，以式法頒皮革者，考工者也；刮磨、攻木以爲弓矢者，工也，而受財於職金以齎其工、書其等、乘其事、試其弓弩者，考工者也。以是推之，則記之所載三十工，鄭氏以爲司空之官，非矣。臨川王介甫、新昌黄文叔均置考工不解，而俞氏、丘氏、何氏、舒氏、柯氏、金氏衆説紛綸①，各以己見移易，蔑有以考工記附於經者，然如輪輿、桃冶、弓車、廬梓諸人，其可廢耶？

杜氏牧考工記註

二卷。

存。

① 「紛綸」，四庫薈要本作「紛紛」。

陳氏祥道**考工解**

未見

王與之曰：「天台陳用之有考工解。」

林氏赤之①**考工記解**

一卷。

未見。

劉克莊曰：「網山先生，名亦之，字學可，福清人，一號月魚先生，艾軒先生之高弟。其論著句句字字足以明周公之意。」

王氏炎**考工記解**

一卷。

未見。

①「赤之」，文淵閣、文津閣四庫本作「亦之」。

葉氏皆**考工記辨疑**

一卷。

佚。

赤城志：「寧國縣主簿臨海葉皆孟我撰。」

林氏希逸**鬳齋考工記解**

三卷。

〔校記〕

四庫及通志堂本均二卷。（周禮，頁三七）

存。

林兆珂曰：「林氏考工記有圖，蓋宗三禮圖，而祖漢儒鄭康成輩，非無據也。」①

趙氏溥**蘭江考工記解**

未見。

---

① 自「葉氏皆考工記辨疑」至「非無據也」，四庫薈要本皆無此文。

王與之曰：「金華趙溥有蘭江考工記解。」①

鄭氏宗顏**考工記注**

一卷。

佚。

按：萬曆重編内閣書目有之，葉氏菉竹堂作周禮講義，合王荆公講義共一卷。」

陳氏深**考工記句詁**

一卷。

存。

徐氏應曾**考工記標義**

二卷。

未見。

① 「趙氏溥蘭江考工記解」條，四庫薈要本無此文。

林氏兆珂**考工記述注**

二卷。圖一卷。

存。

兆珂自序曰：「考工記一書，諸家論者不一，其曰『非周禮，戰國間爲之』者，此定論也。予反覆其書，變化縱横，犖然策士口吻，而制又時兼邃古，則不可爲姬氏書明矣。豈好事者博摭群籍而排纘之與？要之，周家一代制度典籍，既多淪亡，而考古者猶得察器於書，稍窺作者之天巧，是書之力也。即如以文而論，故是不可磨滅者①，吴氏概以漢儒附會擬削之，過矣。予山居多暇，迺取漢、唐注疏，參以訓故諸家，繆爲纂輯，間有古義難通，不敢憑臆見以亂真，命曰述注，竊謂賢於博奕云爾。」

焦氏竑**考工記解**

二卷。

存。

---

① 四庫薈要本「者」下有「矣」字。

張氏鼎思考工記補圖

二卷。

未見。

陳氏與郊考工記輯注

二卷。

存。

陸元輔曰：「與郊，字寧宇，海寧人。萬曆甲戌進士，官太常寺少卿，提督四譯館。」

與郊合檀弓輯注序曰：「近世謝東山氏①合編檀、孟，頗爲學者所宗，昔韓愈氏謂讀孟氏書而後知孔子之道尊，聖人之道易行，王易王、霸易霸也，則安得以文章概之哉？且當代五經之士疇不讀孟氏書，尊之至與孔子並也，而以儷檀弓，過矣。且與檀弓並者，宜莫如考工記，二書鄭氏注之，注未晰者，孔氏、賈氏疏之。間有奇辭奥旨，疏所未竟者，諸老師大儒互發焉。而不佞復踵謝枋得氏各章句之，而二書始豁焉無可疑，則儷之不亦宜乎？於是乃采掇傳注著於篇，俾初學者觀焉。韓氏又謂孔子從周，爲文章之盛也，然則讀是書者，恍然習議論、窺制作於成周，嗚呼盛哉！」

① 四庫薈要本無「氏」字。

周氏夢暘考工記評

一卷。

未見。

郭正域序曰：「民有四，工居其一；官有六，司空居其一。周禮有六，冬官逸其一，而考工記興焉。其人則攻木、攻金、攻皮、設色、刮摩、摶埴，其技則爲車、爲量、爲鐘、爲鼓、爲圭、爲矦、爲弓、爲矢、爲筍簴、爲營國、爲溝洫。記之所爲工也，聖人之作，無苦窳，亦無淫巧，以前民用，以彰軌物，至於工執藝事以諫，則規萬①之中尚有典型，人主豈敢厭縱其耳目以爲邪心。比於末世，木鵝、玉虎、雲梯、威斗、大鐘、刑鼎、瓊弁、金掌、寶山、銀海、楮葉、綵花，爲奇爲袠，恣玩好而蕩心志，則記之所爲戒也。蓋觀考工，而古今之大較可見矣。夫以記而參五官，五官制事而記制物，記果勿類矣乎？然讀記之文，而周之五輅、六玉、彤弓、盧矢、豆區、釜鍾，良工哲匠，巧心藝術，如幾見之，記之文焉可誣也？世儒執邦土地利之説，而謂於五材無當，若是乎冬官不亡，而記自贅疣矣。夫先王馭吏，事用旁通，時攝時析，時置時省，唐、虞惟百，夏、商官倍，所損所益，若存若亡，必以其屬六十，而不宜有羨，修冬官而亂五官，我無取焉。夫秦、漢而後，六籍之亡久矣，寧獨周官？我猶以五官幸存，猶當有如記，記之者以暢其疏節，發揮事業，揚詡治平，而奈何更非議之，於其幾希之存者而輕廢也。今土裂而出甂甌，泉湧而見鼎鼐，博古

① 「萬」，補正、四庫薈要本、文津閣四庫本作「萬」。

之士目瞬心驚，視如神運鬼工，莫可彷彿，由此而譚周、漢而上，工絶技而文絶調。記之所考，我能徵之冬官矣。夫記者，當自獨行於世，而於五官之真贋無論也。我楚周啓明氏爲郎工部，藻記文而授之梓，夫所謂在官而言官者乎。郎多才，能文章，有水部考行於世，則冬官之政舉矣。」

〔補正〕

郭正域序内「則規萬之中」，「萬」當作「萬」。（卷五，頁十五）

林兆珂曰：「襄陽周啓明氏本依謝疊山批點檀弓，旁用小圈標出章法、句法、字法，以便童子誦習。」

徐氏昭慶**考工記通**

二卷。

存。

昭慶自述曰：「是注本之朱周翰之句解，上而參之鄭康成，下而合之周啓明、孫士龍諸家，謬成是帙。其間晦者求明，略者求詳，未安者求之以正訂。注頗殷，惟欲取便初學，故自忘固陋耳。」

陳氏仁錫**考工記句解**

一卷。

存。

張氏睿卿**考工記備考**

一卷。

存。

吴氏治**考工記集説**

一卷。

存。

治自序曰：「周禮五官詳已，獨於司空有闕。漢興，購以千金不得，於是河間獻王痛王制之不傳，求考工記以足之，亦曰冬官。不可必得，姑勿闕焉可也。然此記既不同周禮體例，於設官本意又無與，而强取以傅會可乎？但是三十工不知筆於何人，又不知作於何日，反覆繹之，築氏之爲削，梟氏之爲鍾，㮚氏之爲量，鍾氏之爲染羽，其事不同於今也，古制也。西北利用車，東南利用舟，上古東南未闢，車制傳而舟制不傳，古俗也。廬何以戈柲，宣何以爲人頭也，古語也。以柯量車，以庇量耒，古度也。即傳稱密須之鼓、闕鞏之甲、兑戈和弓猶中古物耳，豈若皋陶㡆韗之制乎？故考工記遠矣，辭薄夏書，銘埒商頌，文采則虞典之繪繡，尺度則禹貢之章裁，字奇而法，詞富而鏗，其爲邃古之書無疑，後之作者，遼乎其不相及矣。故此考工記隸於周官可，不隸於周官可，無所加損焉。而其書之得以不亡者，劉氏力也，其注解之悉，則王、鄭之功居多。治於周禮一書，手之不置，口之不倦，數十年於兹矣。孔子嘆闕文之難，而譏自用之失，五家補本斷不可從，以非聖人之書也。治爰復正五官古本，不没其舊，仍以考工記附後，有所晦，或通而釋之，有所見，或表而斷之，庶後之君子瞭然心目間，不無少助萬一云爾。」

錢氏馹冬官補亡

三卷。

存。

馹自序曰：「儒者言考工不足補冬官之闕，於是五家之文並割五典以續其書，議者稱其妄憑胸臆，決裂聖經，周公之罪人也。因謂周禮，周公未成之書，攝政七年，而一年有流言之變，居東二年，而鴟鴞之詩作、金縢之書啓，於是迎歸而爲破斧缺斨之役，及管、蔡平而卜雒，既遷殷頑，遂有明農之志矣。當成王在豐，作周官，在攝政七年之後，傳稱周公六年制禮作樂，七年致政成王，而一代之典疑尚未定。所謂周禮，若唐之顯慶、開元禮，未嘗見諸行事者也，故封國建都之制與尚書不大合。予曰：不然。周禮者，即韓獻子適魯所稱『周禮盡在於魯』，先儒謂爲周之舊典禮經者是也。漢承秦火燔滅之後，孝惠除挾書之律，遺書漸出，河間好古，獻於孝武之世，孝成詔求遺書，劉氏爲録七略，入漢志藝文中，隋、唐之志，周官經外猶有周政六篇，周法九篇，今其書不復存。詩亡笙詩六篇，易亡著①圖占法諸篇，書亡四十一篇，而周禮僅亡冬官一篇，亦已幸矣。其佚不可得詳其義，乃稍稍見於

---

① 「著」，四庫薈要本誤作「著」。

五經、六藝之文，其官名或頗與五官之屬異，如月令稱工師舟牧，國語稱匠師工人，左傳圬人工正之屬，皆周官經無有，而義不可入五官之職，審爲司空官逸名無疑。予故彙集其文與其義，疏而注之，冬官既亡，其詳不能盡存，然五家之儒割裂舊文，五官幾於盡亡，而冬官猶有①存者，故予欲使五官盡復，而冬官之義未盡闕也。」

按：説周禮者言冬官不亡，散見五官中，故自臨川俞氏而後，多以意取五官之屬強補冬官，獨平湖錢氏據尚書、大、小戴記、春秋内、外傳補亡，凡二十有一。曰司空、曰后稷、曰農正、曰農師、曰司商、曰甸人、曰火師、曰水師、曰舌人、曰工人、曰舟虞、曰匠師，則本諸國語；曰寄、曰象、曰狄鞮、曰譯，則本諸王制；曰野虞、曰工師、曰舟牧，則本諸月令，曰工正、曰圬人，則本諸左氏傳。不襲前人之言，可謂温故知新者矣。

朱氏襄考工記後定

一卷。

存。

顧貞觀曰：「依記文次序，自輪輿至陶旊。『後定』云者，取諸後漢劉表傳中語也。」

① 「有」，文淵閣四庫本無此字，備要本作「能」。

亡名氏周官郊祀圖

七録：「二卷。」

佚。

夏氏休周禮井田譜

宋志：「二十卷。」

未見。

〔四庫總目〕

朱彝尊經義考注曰「未見」，蓋無用之書，傳之者少也，惟永樂大典之内全部具存，核檢所言，實無可採，姑附存其目。（卷二三，頁三十，周禮井田譜二十卷提要）

〔校記〕

四庫存目有輯大典本二十卷。（周禮，頁三七）

陳振孫曰：「進士會稽夏休撰，紹興時表上之，淳熙中樓鑰刻之。」

陳傅良序曰：「夏君休所著井田譜亦有志矣。鄭氏井邑若畫棋然，蓋祖王制，王制晚雜出漢文帝時，以海内盡爲九州，州必方千里，千里必爲國二百一十。其後班固食貨志亦謂：井方一里，八家各私田百畮，公田十畮，是爲八百八十畮，爲廬舍，蓋人二畮半云。凡若此，夏君皆不取，漢以來諸儒鮮或知之者，其説畿内廣成萬步謂之都，不能成都謂之鄙，雖不能鄙，即成縣者與之爲縣，成甸者與之爲甸，至一丘一邑盡然。以其不能成都、成鄙，故謂之閒田；以其不可爲軍、爲師，而無所專係，故謂之閒民。鄉遂市官皆小者兼大者，他亦上下相攝，備其數不必具其員，歲登下民數於策損益之，是謂相除之法，皆通論也。餘至纖至悉，雖泥於數度，未必皆叶，然其意要與時務合，不爲空言。去聖人遠，周禮一經尚多三代經理遺跡，世無覃思之學，顧以説者繆，嘗試者復大繆，乃欲一切駮盡爲慊，苟得如井田譜與近時所傳林勛本政書者數十家，各致其説，取其通如此者，去其泥不通如彼者，則周制可得而考矣。」

樓鑰後序曰：「會稽夏君休以篤學名於鄉，紹興間，有旨郡給筆札録其所著書以進，郡出錢百萬，就姚江置局謄寫凡千卷，春秋、易有解，律曆有書，予從其孫壻袁起宗鼎得其周禮井田譜讀之。井田之廢久矣，林勛本政書最爲有志於古，然僅載田制，他書亦未有如此之詳且明者。井邑丘甸寓兵於民，凡出於井田者，無不毫分縷析，又皆圖以示人，如指諸掌。孟子曰『夫仁政必自經界始』，此先王經國之本也，故爲廣其傳，思與學者共講之。刊既訖，錢文季文子指其間有不合者，胡太初宗亦相與講明，而黄君毅又作問荅一卷，皆有益於是書，陳君舉許以序引，自湖南遠寄，辭雄義渾，尤爲著明，遂並刻之。惟文子之説以俶裝匆遽，不及附見，當俟他日。夏君年八十餘，無一日不著書，其精且博如此，以上書補官，一試吏而止，不得少見於施用爲可憾云。」

魏氏了翁**周禮井田圖説**

佚。

程氏霆**周禮井田議**

未見。

項氏安世**周禮丘乘圖説**

宋志：「一卷。」

未見。

鄭氏景炎**周禮開方圖説**

宋志：「一卷。」

未見。

吴氏龍徵**周官荒政十二解**

一篇。

存。

黄虞稷曰：「悝初吴氏，晉江人。萬曆癸未進士，改庶吉士，除浙江道御史，謫通州判官，歷户部主事。」

經義考卷一百三十

儀禮一

禮古經

漢志：「五十六卷，經七十篇，記一百三十一篇。注：『七十子後學者所記也。』明堂陰陽三十三篇。注：『古明堂之遺事。』王史氏二十一篇。注：『七十子後學者。別録云：六國時人。』」

〔補正〕

按：竹垞引此文，誤以班氏自注爲注家之語，此三「注」字皆當删去，又此條内「經七十篇」下，有「后氏戴氏」四字，應補入。（卷五，頁十五）

闕。

劉歆曰：「魯共王得古文於壞壁，逸禮有三十九，天漢之後，孔安國獻之。」

桓譚曰：「古佚禮記有四十六卷。」

漢書：「禮古經者，出於魯淹中，及孔氏學七十篇，謂高堂生所傳士禮。劉敞曰：『當作十七。』文相似，多三十九篇，及明堂陰陽、王史氏記。所見多天子、諸侯、卿、大夫之制，雖不能備，猶瘉后倉等推士禮而致於天子之説。」

劉表①曰：「禮以立體據事，章條纖曲，執而後顯，采掇片言，莫非寶也。」

後漢書：「孔安國所獻禮古經五十六篇及周官經，前世傳其書，未有名家。」

阮孝緒曰：「古經出魯淹中，其書周宗伯所掌五禮威儀之事，有六十六篇，無敢傳者，後博士侍其生得十七篇，鄭注今之儀禮是也。餘篇皆亡。」

孫惠蔚曰：「淹中之經，孔安國所得，惟有卿大夫士饋食之篇，而天子諸侯享廟之祭，禘祫之禮盡亡。」

賈公彦曰：「漢興，求録遺文，有古書今文。高堂生傳十七篇是今文也；孔子宅得古儀禮五十六篇，其字皆篆書，是爲古文。十七篇與高堂生同，而字多不同，餘三十九篇絶無師説，在於秘館。」

朱子曰：「今儀禮多是士禮，河間獻王得古禮五十六篇，乃孔壁所藏之書，其中卻有天子、諸侯禮，所以班固言『愈於推士禮以知天子、諸侯之禮』，是固作漢書時，其書尚在，鄭康成亦及見之，今注、疏中有援引處，不知甚時失了，真可惜也。」

王應麟曰：「逸禮三十九，其篇名頗見於他書，若學禮見賈誼傳，天子巡狩禮見周官内宰注，朝貢

---

① 「劉表」，文津閣四庫本作「劉勰」。

禮見聘禮注，朝事儀見覲禮注，禘嘗禮見射人疏，中霤禮見月令注及詩泉水疏，王居明堂禮見月令、禮器注，古大明堂禮昭穆篇見蔡邕論，本命篇見通典，聘禮志見荀子，又有奔喪、投壺、遷廟、釁廟、曲禮、少儀、内則、弟子職諸篇見大、小戴記及管子。」

吴澂曰：「魯共王壞孔子宅，得古文禮經於孔氏壁中，凡五十六篇。河間獻王亦得而上之，其十七篇與儀禮正同，餘三十九篇藏在秘府，謂之逸禮。哀帝初，劉歆欲以列之學官，而諸博士不肯置對，竟不得立，孔、鄭所引逸中霤禮、禘於太廟禮、王居明堂禮，皆其篇也。唐初猶存，諸儒曾不以爲意，遂至於亡，惜哉！」

吴師道曰：「禮古經者，今儀禮也。」

儀禮

漢書：「十七篇。」

存。

春秋説題辭：「禮者，所以設容，俯仰以信，進退以度。禮得，則天下咸宜，不可須臾離也。」

漢書：「漢興，魯高堂生傳士禮十七篇。」

鄭康成曰：「傳禮者十三家，惟高堂生及五傳弟子戴德、戴聖名世①也。五傳弟子者，高堂生②、蕭奮、孟卿、后蒼及戴德、戴聖爲五，此所傳皆儀禮也。」

〔補正〕

鄭康成條内「傳禮者十三家，惟高堂生及五傳弟子戴德、戴聖名世也。五傳弟子者，高堂生、蕭奮、孟卿、后蒼及戴德、戴聖爲五，此所傳皆儀禮也。」案：「世」當作「在」，「名在也」下，當據禮記孔疏，增「熊氏曰」三字。（卷五，頁十五）

崔靈恩曰：「儀禮者，周公所制吉禮，惟得臣禮三篇，凶禮得四篇，上自天子，下自③庶人，其禮同等。餘三篇皆臣禮，賓禮惟存三篇，軍禮亡失，嘉禮得七篇。」

賈公彦曰：「周禮、儀禮，發源是一，理有始終，分爲二部，並是周公攝政太平之書。周禮爲末，儀禮爲本。」又曰：「周禮，六官敘官之法，事急者爲先，不問官之大小。儀禮見其行事之法，賤者爲先，故以士冠爲先，無大夫冠禮，諸侯冠次之，天子冠又次之。其昏禮亦士爲先，大夫次之，諸侯次之，天子爲後。諸侯鄉飲酒爲先，天子鄉飲酒次之，鄉射、燕禮已下皆然。又以冠、昏、士相見爲先後者，以二十而冠，三十而娶，四十强而仕，即有摯見鄉大夫、見己君，及見來朝諸侯之等，又爲鄉大夫、州長行鄉飲酒、

① 「世」，四庫薈要本、文津閣四庫本作「左」。
② 四庫薈要本、文津閣四庫本在「高堂生」上有「熊氏曰」三字。
③ 「自」，疑應作「至」。

鄉射之事，已後先吉後凶，凶盡則行祭祀，吉禮次敘之法，其義可知。」又曰：「劉向別録即此十七篇之次是也。大、小戴皆冠禮爲第一，昏禮爲第二，相見①爲第三，自兹以下，篇次則異。大戴以士喪爲第四，既夕爲第五，士虞爲第六，特牲爲第七，少牢爲第八，有司徹爲第九，鄉飲酒第十，鄉射第十一，燕禮第十二，大射爲第十三，聘禮第十四，公食第十五，覲禮第十六，喪服第十七。小戴於鄉飲、鄉射、燕禮、大射四篇，依別録次第，而以士虞爲第八，喪服爲第九，特牲爲第十，少牢爲第十一，有司徹爲第十二，士喪爲第十三，既夕爲第十四，聘禮爲第十五，公食爲第十六，覲禮爲第十七。別録尊卑吉凶次第倫序，故鄭用之，二戴尊卑吉凶雜亂，故鄭皆不從之。」

〔補正〕

賈公彦條内「相見爲弟三」，「相」上，脱「士」字。（卷五，頁十六）

孔穎達曰：「儀禮之別，有七處而有五名：一則孝經、春秋説及中庸並云『威儀三千』。二則禮器云：『曲禮三千。』三則禮説云：『動儀三千。』四則謂爲『儀禮』，五則漢書藝文志謂儀禮爲古禮經。凡此七處五名，並承三百之下，故知即儀禮也。所以三千者，其履行周官五禮之別，其事委曲，條數繁廣，故有三千也。非謂篇有三千，或一篇一卷有數條之事，今行於世者，惟十七篇而已。」

韓子曰：「余嘗苦儀禮之難讀，又其行於今者蓋寡。然文王、周公之法制，粗在於是。」

崇文總目：「儀禮乃儀度委曲之書，若後世儀注，其初蓋三千餘條。」

---

① 「相見」，四庫諸本作「士相見」。

張子曰：「看得儀禮，則曉得周禮與禮記。」

吕大臨曰：「冠、昏、射、鄉、燕、聘，天下之達禮也。儀禮所載謂之禮者，禮之經也，禮記所載謂之義者，訓其經之義爾。」

徐積曰：「儀禮粗爲完書，然決非盡出乎聖人，何以知之？夫禮者，出乎人情也，而儀禮有曰①：『父在，母不可以爲三年之服。』又曰：『嫂叔無服，所以避嫌也。』又曰：『師無服。』此豈人情哉？蓋多出於漢儒喜行其私意，或用其師説，或利其購金而爲之耳。」

張淳曰：「漢初未有『儀禮』之名，疑後學者見十七篇中有儀有禮，遂合而名之。」

晁公武曰：「高堂生傳士禮十七篇爲儀禮。喪服傳一卷，子夏所謂②周禮爲本，儀禮爲末。爲本則重者在前，故宗伯序五禮以吉、凶、軍、賓、嘉爲次；爲末則輕者在前，故儀禮先冠、昏，後喪、祭。」

〔補正〕

晁公武條内「喪服傳一卷，子夏所謂」，「謂」當作「爲」。又案：此句下脱「其説曰」三字。（卷五，頁十六）

朱子曰：「今按：『禮經』、『威儀』，劉向作『經禮』、『曲禮』，而中庸以『禮經』爲『禮儀』，鄭玄等皆曰：『經禮』即周禮三百六十官，『曲禮』即今儀禮冠昏吉凶，其中事儀三千，以其有委曲威儀，故有二名。臣瓚曰：『周禮三百，特官名耳，『經禮』謂冠昏吉凶，蓋以儀禮爲『經禮』也。』而近世括蒼葉夢得

① 「曰」，文淵閣四庫本作「云」。
② 「謂」，四庫薈要本作「爲其説曰」。

曰：『經禮，制之凡也；曲禮，文之目也。先王之世，二者蓋皆有書，藏於有司，祭祀朝覲會同，則太史執之以涖事，小史讀之以喻衆，而鄉大夫受之以教萬民，保氏掌之以教國子者，亦此書也。』愚意禮篇三名，禮器爲勝；諸儒之説，瓚、葉爲長。蓋周禮乃制治立法、設官分職之書，於天下事無不該攝，禮典固在其中，而非專爲禮設也。故此志列其經、傳之目，但曰周官，而不曰周禮，自不應指其官目，以當禮篇之目，又況其中或以一官兼掌衆禮，或以數官通行一事，亦難計其官數以充禮篇之數。至於儀禮，則其中冠、昏、喪、祭、燕、射、朝、聘，自爲經禮大目，亦不容專以『曲禮』名之也，但曲禮之篇未見於今，何書爲近？而三百三千之數，又將何以充之耳？又嘗考之，經禮固今之儀禮，其存者十七篇，而其逸見於他書者，猶有投壺、奔喪、遷廟、中霤等篇，其不可見者，又有古經增多三十九篇，而明堂陰陽、王史氏記數十篇，及河間獻王所輯禮樂古事，多至五百餘篇。儻或猶有逸在其間者，大率且以春官所領五禮之目約之，則其初固當有三百餘篇亡疑矣。所謂『曲禮』，則皆禮之微文小節，如今曲禮、少儀、內則、玉藻、弟子職篇所記事親、事長、起居、飲食、容貌、辭氣之法，制器、備物、宗廟、宮室、衣冠、車旗之等，凡所以行乎經禮之中者，其篇之全數雖不可知，然條而析之，亦應不下三千有餘矣。」又曰：「儀禮雖難讀，然卻多是重複，倫類若通，則其先後彼此展轉參照，足以互相發明，久之自通貫也。」又曰：「周官一書，固爲禮之綱領，至其儀法度數，則儀禮乃其本經，而禮記是解儀禮之義。」又曰：「儀禮尚完備如他書。」又曰：「陳振叔①説儀禮云：『此乃是儀，更須有禮書，儀禮只載行禮之威儀，所謂威儀三千是也。如天子

---

①「陳振叔」，文淵閣四庫本作「陳振孫」。

七廟，諸侯五廟，大夫三，士二之類，說大經處，此方是禮書。』」

陳騤曰：「儀禮者，乃周家行禮涉於儀度委曲之書，若後世所謂儀注者是也。其初蓋三千餘條，秦焚書，漢訪求之，止得此十七篇，故多亡禮云。」

葉適曰：「儀禮者，士之禮通於大夫、諸侯，而天子無考焉。所記有司之事，以其所存，逆其所不存，當時舉一禮必有儀，儀不勝紀，則何止於此。」

陳振孫曰：「此乃儀，更須有禮書，儀禮只載行禮之威儀，所謂威儀三千是也。禮書如云天子七廟，諸侯五，大夫三，士二之類，是說大經處方是禮，須自有文字。」

魏了翁曰：「儀禮一經幸存，以之參考諸經尤爲有功。」

章如愚曰：「大宋朝樂史謂儀禮有可疑者五：漢儒傳授曲臺雜記，後馬融、鄭衆始傳周官，而儀禮未嘗以教授，一疑也。周禮缺冬官，求之千金不可得，使有儀禮全書，諸儒寧不獻之朝乎？班固七略、劉歆九種並不著儀禮，魏、晉、梁、陳之間，是書始行，二疑也。聘禮篇所記賓行饔餼之物，禾米芻薪之數，籩豆簠簋之實，鉶壺鼎甕之列，考之周官掌客之説不同，三疑也。其中一篇喪服，蓋講師設問難以相解釋之辭，非周公之書，四疑也。周官所載，自王以下，至公侯伯子男，皆有其禮，而儀禮所謂公食大夫禮及燕禮，皆公與卿大夫之事，不及於王，其他篇所言曰：主人曰賓而已，似侯國之書，使周公當太平之時，豈不設天子之禮，五疑也。今考其書猶有可疑者，且吉、凶、賓、嘉，皆有其禮，而軍禮獨闕焉；自天子至士，皆有冠禮，而大夫獨無焉；鄉飲酒之禮有黨正以正齒位，而今獨不載焉；賓禮之別有八，燕禮之等有四，冠昏之篇，皆冠以士，大射之禮獨名曰儀；朝遇之禮不録，而獨存覲禮；其他禮食不載，而獨有公食大夫禮，以至言本末之異同，是皆考究精微者焉。」

王應麟曰：「韓文公讀儀禮，謂考於今無所用。愚謂天秩有禮，小大由之，冠、昏、喪、祭，必於是稽焉，文公大儒，以爲無所用，何也？」

馬廷鸞曰：「儀禮爲書，於奇辭奥旨中，有精義妙道焉；於纖悉曲折中，有明辨等級焉。不惟欲人之善其生，且欲人之善其死；不惟致嚴於冠、昏、朝、聘、鄉、射，而尤致嚴於喪、祭。後世徒以其推士禮，而達之天子，以爲殘闕不可考之書，徐而觀之，一士也。天子之士與諸侯之士不同，上大夫與下大夫不同，等而上之，固有可得而詳者矣。周公之經，何制之備也；子夏之傳，何文之奇也；康成之注、公彦之疏，何學之博也。」

敖繼公曰：「儀禮先儒皆以爲周公所作，以其書考之，辭意簡嚴，品節詳備，非聖人莫能爲也。是經之言士禮特詳，其於大夫則但見其祭祀耳，而其昏禮、喪禮無聞焉，此必其亡逸者也。公食大夫禮云『設洗如饗』，謂如其公饗大夫之禮也。而今之經乃無是禮焉，則是逸之也明矣。又諸侯有覲禮，但用於王朝耳，若其邦交，亦當有相朝、相饗、相食之禮，又諸侯亦當有喪禮、祭禮，而今皆無聞，是亦其亡逸者也。」

熊朋來曰：「儀禮是經，禮記是傳，儒者恆言之，以冠義、昏義、鄉飲酒義、射義、燕義、聘義與儀禮士冠、士昏、鄉飲酒、射、燕、聘之禮相爲經、傳也，劉氏又補士相見、公食大夫二義，以爲二經之傳。及讀儀禮，則士冠禮自記冠義以後，即冠禮之記矣；士昏禮自記士昏禮凡行事以後，即昏禮之記矣；鄉飲酒自記鄉朝服謀賓介以後，即鄉飲之記矣；鄉射禮自記大夫與公士爲賓以後，即鄉射之記矣；燕禮自記燕朝服於寢以後，即燕禮之記矣；聘禮自記久無事則聘以後，即聘禮之記矣；公食大夫禮自記不宿戒以後，即公食大夫之記矣；覲禮自記凡俟於東廂①以後，即覲禮之記矣；士虞禮自記虞沐浴不櫛以後，即士虞禮之記矣；特牲饋食禮自記特牲以後，即特牲之記矣；士喪禮則士處適寢以後，附在既夕者，即士喪禮之記矣；既夕禮則啓之□②昕以後即既夕之記矣。漢儒稱既夕禮即士喪禮下篇，故二記合爲一也。喪服一篇，每章有子夏作傳，而記公子爲其母以後，又别爲喪服記，其記文亦有傳，是子夏以前有此記矣。十七篇惟士相見、大射、少牢饋食、有司徹四篇不言記，其所記者，十有三篇。然冠禮之記有孔子曰，其文與郊特牲所記冠義正同，其餘諸篇，惟既夕之記略見於喪大記之首，喪服之傳③與大傳中數相似，餘記自與小戴冠昏等六義不同，何二戴不以禮經所有之記文而傳之也？十三篇之後各有記，必出於孔子之後，子夏之前。蓋孔子定禮，而門人記之，故子夏爲作喪服傳，而並其記，亦作傳焉。三禮之中，如周禮大綱雖正，其間職掌繁密，恐傳之者不皆周公之舊。左傳所引周公制周禮曰，殊與今周禮不相似，亦恨其僅似左傳之文耳。大、小戴所記固多格言，而僞訛亦不免，惟儀禮爲禮經之稍完者，先儒謂其文物彬彬，乃周公制作之僅存者，後之君子有志於禮樂，勿以其難讀而不加意也。」又曰：「儀禮名

---

① 「廂」，文淵閣四庫本作「箱」。
② 「□」，四庫薈要本、文津閣四庫本無此空格。
③ 「傳」，補正、四庫諸本作「記」。

爲十七，實十五篇而已。既夕禮乃士喪禮之下篇也，有司徹乃少牢饋食禮之下篇也。」又曰：「聘禮篇末執圭如重，入門鞠躬，私覿愉愉等語，未知鄉黨用聘禮語，抑聘禮用鄉黨語，大抵禮經多出於七十子之徒所傳。按：朱子鄉黨集注引晁氏曰：『定公九年，孔子仕魯，至十三年適齊，其間無朝聘之事，疑使擯執圭兩條，但孔子嘗言其禮如此。』又引蘇氏曰：『孔氏遺書雜記、曲禮必非孔子之事也，見得古有儀禮之書，聖門因記其語。』」

〔補正〕

熊朋來條内「其所記者，十有三篇」，「所」當作「有」，「喪服之傳」，「傳」當作「記」。（卷五，頁十六）

吴澂曰：「儀禮十七篇，漢興，高堂生得之以授瑕丘蕭奮，奮授東海孟卿，卿授后蒼，蒼授戴德、戴聖。禮經殘闕之餘，獨此十七篇爲全書，自王安石行新經義，廢黜此經，學者罕傳習矣！」

何異孫曰：「儀禮一書決非秦、漢間筆，其制度必出於聖人，若斷以爲周公之作，則非所敢知。」

宋濂曰：「周制聘、覲、燕、饗、饋食、昏、喪諸禮，其升降揖讓之節既行之矣，然後筆之爲儀禮之文。」

何喬新曰：「儀禮未知孰作，或以爲周公之作也。孔子有學禮之言，禮記有讀禮之文，當是時，固已有簡牘之傳矣，決非秦、漢間筆也。其法度必出於聖人，若曰周公作之，則非所敢知也。遭秦焚書，禮經廢壞，其傳於世者，十七篇而已。冠、昏、相見二①篇，皆士禮也；鄉飲、鄉射三②篇，大夫禮也；燕、射、聘、覲、公食大夫五篇，諸侯禮也；士喪、既夕、士虞、特牲饋食四篇，皆諸侯之士喪祭禮；少牢饋食、有司徹二篇，皆諸侯之卿大夫祭禮；喪服一篇，則通言上下之制。漢興，高堂生得之，以授瑕丘蕭奮，奮授東海孟卿，卿授后蒼，蒼授戴德、戴聖，是爲今文。後魯恭王壞孔子宅，得古經五十六篇於壁中，河間獻王得而上之，其十七篇與儀禮正同，餘三十九篇藏於秘府，是爲古文。哀帝初，劉歆欲以列之學官，而諸博士不肯置對，竟不得立。唐初猶存，諸儒不以爲意，遂至於亡，惜哉！」

湛若水曰：「儀禮之爲經也，禮記之爲傳也，不可易矣。然而今也皆亡而不全，故有士冠禮而無天子、諸侯冠禮，有士昏禮而無天子、諸侯昏禮，其於喪、祭也亦然。故祭則小戴郊特牲也，大戴諸侯釁廟也，遷廟也；冠則公符也，及其散見於禮記也。班班焉爾，皆其傳也，而經則亡矣。」又曰：「儀禮有有經而無傳者矣，公食大夫也，士相見也。有有傳而無經者矣，郊特牲也，諸侯釁廟也，遷廟也，公符也，投壺也。有經中之傳者矣，凡儀禮之稱曰記者也。有傳中之傳者矣，玉藻之有深衣也，明堂之有月令也。吴文正以大戴釁廟、遷廟、投壺、公符、奔喪補經也，奈何曰非也，其爲逸經傳也。投壺之爲傳也何？徵曰稱魯令、薛令也，可知其爲傳。」又曰：「曲禮大醇而小疵，儀禮極醇而無疵，然而僅存其什一已耳。」

① 「二」，四庫諸本、備要本俱作「三」。
② 「三」，四庫薈要本、文津閣四庫本作「二」。

唐伯元曰：「儀禮存者爲古經，尚矣。凡禮有經、有記、有義、有傳，記亦經也，綴之經則不成章，傳亦義也，不曰義而曰傳，遜辭也。惟冠有義，惟喪有傳，而諸禮皆無者，失之也。」

李黼曰：「儀禮亦周公之所作也，凡冠、昏、喪、祭、飲、射、朝、聘之儀，法度數具焉，故謂之儀禮。」

吴繼仕曰：「儀禮經多散佚，如投壺、奔喪、世子、明堂，乃是經而逸於記中者。」

徐三重曰：「儀禮一書，無論是否先王之舊，即於今所傳者，若士大夫少而誦習之，長而謹守奉行之，終其身恐朝夕跬步有違也，如此心安得不收斂？身安得不齋飭？一言一動安得不循分秉禮而上臨下奉？何一人不賢良君子乎？此古昔敦讓教化，成就人材之軌物，所以臻太平盛治者，孰謂不由此道也。」

郝敬曰：「儀禮者，禮之儀，周衰禮亡，昔賢纂輯見聞，著爲斯儀，非必盡先聖之舊，然欲觀古禮，舍此末由矣！」又曰：「十七篇不言天子諸侯禮，鄭康成因冠、昏、喪、虞禮皆稱士，遂謂禮獨士存，拘也。士先四民，禮義由士出，故言禮繫之士，公卿大夫皆士之仕者，上而諸侯，又上而天子，可引而伸矣！故夫特牲不言士，少牢不言大夫，士用特牲而不止士也，大夫用少牢而不止大夫也，但舉隆殺爲例耳。讀禮者固執不通，遂謂天子諸侯禮亡，亦猶夫禮經存而樂經亡之陋説也。」又曰：「不讀儀禮，不見古人周詳縝密之思。」

錢馹曰：「高堂生傳士禮十七篇，又有古經出於淹中，河間獻王得而獻之，合五十六篇，並威儀之事，今所存十七篇，當與古經不殊，猶有三十九篇未行於世。」

萬斯大曰：「儀禮一書，與禮記相爲表裏，考儀文則儀禮爲備，言義理則禮記爲精。在聖人，即吾心之義理，而漸著之爲儀文；在後人，必通達其儀文，而後得明其義理。故讀禮記而不知儀禮，是無根之木，無源之水也。」

儀禮逸經

十八篇。

未見。

張采曰：「永樂初，太平守劉有年進逸禮，則知初唐所亡之書，國初猶有表獻者。」

黄虞稷曰：「明洪武中，御史沅州劉有年以辭秩養母，忤旨罰輸，站役通州，於州舊家得其書，獻之朝，命付史館。有年建文中起知太平府，成祖靖難，不行迎駕，謫戍雲南，後官交阯①按察司僉事卒。」

按：明一統志沅州劉有年，洪武中爲監察御史。永樂中，上儀禮逸經十有八篇，楊用修訝有年何從得之，又怪當時廟堂諸公不聞有表章傳布之請，且求之内閣，不見其書。吾意有年所進即草廬吴氏本爾，逸經八篇，傳十篇，適合其數。當時内閣諸老知其爲草廬書，是以館閣書目止載草廬本，無有年姓名也，此無足致疑者。

---

① 「交阯」，文淵閣四庫本作「交趾」。

經義考卷一百三十一

儀禮二

鄭氏玄**儀禮注**

隋志：「十七卷。」

存。

晉書：「元帝踐阼，周官、禮記鄭氏置博士，荀崧上疏曰：『儀禮一經，所謂曲禮，鄭玄於禮特明，皆有證據，宜置鄭儀禮博士一人。』」

阮孝緒曰：「古經出魯淹中，其書周宗伯所掌五禮威儀之事，有六十六篇，無敢傳者，後博士侍其生得十七篇，鄭玄注儀禮是也，餘篇皆亡。」

隋經籍志：「古經十七篇，惟鄭注立於國學，其餘並多散亡，又無師説。」

晁公武曰：「儀禮十七篇，鄭氏注，西漢諸儒得古文禮，凡五十六篇。高堂生傳士禮十七篇爲儀禮，喪服傳一卷，子夏所爲，其説曰周禮爲本，聖人體之，儀禮爲末，聖人履之，爲本則重者在前，故宗伯序五禮，以吉、凶、軍、賓、嘉爲次，爲末則輕者在前，故儀①先冠、昏，後喪、祭。」

〔補正〕

晁公武條内「故儀先冠、昏，後喪、祭」，「故儀」下，脱「禮」字。（卷五，頁十六）

儀禮音

七録：「二卷」。釋文序録：「一卷。」

佚。

王氏肅**儀禮注**

隋志：「十七卷」。

佚。

儀禮音

一卷。

①「儀」，應依補正、四庫薈要本、文淵閣四庫本應作「儀禮」。

佚。

陸德明曰：「儀禮喪服傳：『朝一溢米，夕一溢米。』鄭云：『二十四兩爲溢，爲米一升二十四分升之一。』射慈同。王肅、劉逵、袁準、孔倫、葛洪皆云：『滿手曰溢。』」

李氏軌**儀禮音**

七録：「一卷。」

佚。

袁氏準**儀禮注**

唐志：「一卷。」

佚。

晉書：「準，字孝尼，以儒學知名，官至給事中。」

王應麟曰：「唐藝文志袁準、孔倫、陳銓、蔡超宗、田僧紹之注，杜預、賀循、王逡之、崔游、蔡謨、趙成、沈文阿諸家之禮服，皆儀禮之學也。」

孔氏倫**儀禮注**

唐志：「一卷。」

佚。

陸德明曰：「倫，字敬序，會稽人，東晉廬陵太守。」

陳氏銓**儀禮注**

唐志：「一卷。」

佚。

陸德明曰：「不詳何人。」

蔡氏超**儀禮注**新、舊唐志①俱作「蔡超宗。」

唐志：「二卷。」

佚。

陸德明曰：「蔡超字希遠，濟陽人，宋丞相諮議參軍。」

田氏僊之**儀禮注**唐志書字。

唐志：「一卷。」

---

①「新、舊唐志」，文淵閣四庫本作「新、舊唐書」。

佚。

陸德明曰：「田僖之，字僧紹，馮翊人，齊東平太守。」

按：陸氏釋文序録載注解傳述人，於儀禮有鄭康成注，此外，馬融、王肅、孔倫、陳銓、裴松之、雷次宗、蔡超、田僑之、劉道拔、周續之凡十家，云自馬融以下，並注喪服。考隋經籍志，十家之中，惟載王肅儀禮注十七卷，其餘未嘗有全書注也。舊唐書經籍志於馬融喪服紀下云：又一卷鄭玄注，又一卷袁準注，又一卷陳銓注，又二卷蔡超宗注，又二卷田僧紹注，亦未載諸家有全書注。至新唐書藝文志始載袁準注儀禮一卷、孔倫注一卷、陳銓注一卷、蔡超宗注二卷、田僧紹注二卷，並不著其注喪服，則誤以喪服注爲儀禮全書注也。下至鄭氏通志略，既於儀禮全書注載袁準、孔倫、陳銓、蔡超宗、田僧紹姓名，而又於喪服傳注五家複出，由是西亭王孫授經圖、焦氏經籍志皆沿其誤，今未敢遽删去，仍兩載之，而辨其非是，當以陸氏序録爲正也。」

劉氏昌宗**儀禮音**

七録：「一卷。」

佚。

陸氏釋文多引之。

沈氏重**儀禮義疏**

三十五卷。

佚。

按：沈氏儀禮義疏，隋、唐經籍志俱無之，新唐書藝文志有周禮、禮記義疏各四十卷，而無儀禮，惟北史載之。

張氏沖**儀禮傳**

八十卷。

佚。

亡名氏儀禮義疏

隋志：「六卷。」

佚。

儀禮義疏見

隋志：「二卷。」

佚。

黄氏慶**儀禮章疏**

佚。

李氏孟悊**儀禮章疏**

佚。

賈公彦曰：「信都黄慶①者，齊之盛德；李孟悊者，隋曰碩儒。慶則舉大略小，經注疎漏，猶登山遠望而近不知；悊則舉小略大，經注稍周，似入室近觀而遠不察。二家之疏，互有修短，時之所尚，李則爲先。」

賈氏公彦**儀禮疏**

唐志：「五十卷。」玉海云：「舊史四十卷，今本亦作五十卷。」

〔校記〕

四庫本十七卷，汪閬源影宋刊單疏本五十卷。（儀禮，頁三七）

---

① 「黄慶」，文淵閣四庫本誤作「王慶」。

存。

公彦自序曰：「竊聞道本沖虛，非言無以表其疏；言有微妙，非釋無能悟其理。是知聖人言曲事，資注釋而成。至於周禮、儀禮，發源是一，理有終始，分爲二部，並是周公攝政太平之書。周禮爲末，儀禮爲本，本則難明，末便易曉。是以周禮注者則有多門，儀禮所注，後鄭而已，其爲章疏，有黄慶、李孟悊，二家之疏，互有修短。按：士冠三加，有緇布冠、皮弁、爵弁①。既冠，又著玄冠見於君，有此四種之冠，故記人下陳緇布冠、委貌、周弁，以釋經之四種。經之與記，都無天子冠法，而李云：委貌與弁皆天子始冠之冠，李之謬也。喪服一篇，凶禮之要，是以南北兩家章疏甚多，時之所以皆資黄氏。按：鄭注喪服引禮記檀弓云：絰之言實也，明孝子有忠實之心，故爲制此服焉。則絰之所作，表心明矣，而黄氏妄云：衰以表心，絰以表首。以黄氏公違鄭注，黄之謬也。黄、李之訓，略言其一，餘足見矣。今以先儒失路，後宜易塗，故悉鄙情，聊裁此疏，未敢專，欲以諸家爲本，擇善而從，兼增己義，仍取四門助教李玄植詳論可否，僉②謀已定，庶可施矣。函丈之儒，青衿之俊，幸以去瑕取玖，得無譏焉。」

晁公武曰：「齊黄慶、隋李孟悊各有疏義，公彦删二疏爲此書，國朝嘗詔邢昺是正之。」

朱子曰：「儀禮疏説得不甚分明。」

---

① 文淵閣四庫本無「弁」字。

② 「僉」，備要本誤作「合」。

衛湜曰：「公彦同李玄植編儀禮疏，儀禮自鄭注之後，僅有黄慶、李孟悊二家疏義，公彦等裁定爲五十卷。」

馬廷鸞序曰：「余生五十八年，未嘗讀儀禮之書，一日，從敗篋中得景德中官本儀禮疏四帙，正經、注語皆標起止，而疏文列其下。蓋古有明經、學究專科，如①儀禮經注，學者童而習之，不待屑屑然登載本文，而已熟其誦數矣。王介甫新經既出，士不讀書，如余之於儀禮者皆是也。然不敢付之茫昧幽冥，將尋訪本書傳抄，庶幾創通大義。然余老矣，懼其費日力，而卒無所補也，長兒珌曰：『家有監本儀禮經注，可取而附益之，以便觀覽。』意欣然，命之整緝，釐爲九帙，手自點校，并取朱氏禮書，與其門人高弟黄氏、楊氏諸家續補之編，分章析條，題要其上，遂爲完書。拊而歎曰：兹所謂儀禮者與？韓昌黎之言，豈欺我哉？其爲書也，於奇辭奥旨中，有精義妙道焉；於纖悉曲折中，有明辨等級焉。不惟欲人之善其生，且欲人之善其死；不惟致嚴於冠、昏、朝、聘、鄉、射，而尤嚴於喪、祭，後世徒以其推士禮而達之天子，以爲殘闕不可考之書。徐而觀之，一士也，天子之士與諸侯之士不同，上大夫與下大夫不同，等而上之，固有可得而推者矣。周公之經，何制之備也；子夏之傳，何文之奇也；康成之注、公彦之疏，何學之博也，小子識之。」

① 「如」，文津閣四庫本誤作「加」。

孔氏穎達**儀禮正義**

五十卷。

佚。

按：孔氏不聞有儀禮正義，唐、宋志俱無，授經圖獨著之，恐記憶之誤也，其載孔氏周禮正義亦然。

〔補正〕

竹垞按：孔氏不聞有儀禮正義，唐、宋志俱無，授經圖獨著之，恐記憶之誤也，其載孔氏周禮正義亦然。

按：此條似不必載，今應將書名併按語俱删去。（卷五，頁十六）

陸氏德明**儀禮釋文**

一卷。

存。

王氏方慶**禮經正義**

新唐志：「十卷。」

佚。

舊唐書：「王方慶，雍州咸陽人，起家越王府參軍，累遷太僕少卿，拜廣州都督。證聖元年，召拜洛州長史，尋加銀青光禄大夫，封石泉縣男，改琅琊縣男，以鸞臺侍郎同鳳閣鸞臺平章事，俄轉鳳閣侍郎，依舊知政事，改封石泉子，授太子左庶子，進石泉公，卒贈兗州都督，謚曰貞。中宗即位，追贈吏部尚書。方慶博學好著述，所撰雜①書，凡二百餘卷，尤精三禮，好事者多詢訪之。其家聚書甚多，不減秘閣，至於圖畫，亦多異本。」

王應麟曰：「王氏正義不著録。」

① 文淵閣四庫本無「雜」字。

經義考卷一百三十二

儀禮三

陳氏祥道**注解儀禮**

宋志：「三十二卷。」

佚。

范祖禹進劄子曰：「臣伏見館閣校勘太常博士陳祥道注解儀禮爲三十二卷，精詳博①洽，非諸儒所及。臣竊以儀禮爲書，其文難讀，其義難知，自古以來，學者罕能潛心，故爲之傳注者至②少，祥道深於禮學，凡二十年，乃成此書，先王法度，如指諸掌。昨進禮圖一百五十卷，已蒙皇上藏之秘閣，伏望聖慈

① 「博」，文淵閣四庫本作「該」。
② 「至」，文淵閣四庫本作「甚」。

特降指揮，取祥道新注儀禮，奉御下兩制看詳，并前所進禮圖，并付太常，以備禮官討論，必有補於制作取進止。」

玉海：「元祐八年正月，侍讀學士范祖禹言太常博士陳祥道注解儀禮三十二卷，精詳博洽，乞下兩制看詳，并所進禮圖付太常，以備禮官討論，從之。」

陸氏佃**儀禮義**

宋志：「十七卷。」

佚。

張氏淳**校定古禮**

通考：「十七卷。」

佚。

釋文

通考：「一卷。」

佚。

識誤

通考：「三卷。」宋志作一卷。

佚。

〔校記〕

四庫輯大典本儀禮識誤三卷。（儀禮，頁三七—三八）

淳自述曰：「劉歆言高堂生所得獨爲士禮，而今儀禮乃有天子、諸侯、大夫之禮，居其大半，疑今儀禮非高堂生之書，但篇數偶同耳。」

陳振孫曰：「古禮，永嘉張淳忠甫所校。乾道中，太守章貢曾逮仲躬刻之，首有目録一卷，載大小戴、劉向篇第異同，以古監本、巾箱木①、杭細本、嚴本校定，識其誤而爲之序。謂高堂生所傳士禮爾，今此書兼有天子、諸侯、卿、大夫禮，決非高堂所傳，其篇數偶同。自陸德明、賈公彦皆云然，不知何所據也。」

朱子曰：「張忠甫疑今儀禮非高堂生之書，但篇數偶同爾，此則不深考於劉歆説所訂之誤，又不察其所謂『士禮』者，特略舉首篇②以明之，其曰推而致於天子者，蓋專指冠、昏、喪、祭而言，若燕、射、朝、

---

① 「木」，依四庫諸本應作「本」。

② 「首篇」，文淵閣四庫本作「篇首」。

聘，則士豈有是禮而可推耶？」又曰：「儀禮，人所罕讀，難得善本，而鄭注、賈疏之外，先儒舊説，多不復見，陸氏釋文亦甚疎略。近世永嘉張淳忠甫校定印本，又爲一書以識其誤，號爲精密，然亦不能無舛謬。」又曰：「張忠甫所校儀禮甚子細，然卻於目録中冠禮玄端處便錯了，但此本較他本爲最勝。」

李氏如圭**集釋古禮**

十七卷。

釋宮

一卷。

綱目

一卷。

俱未見。

〔校記〕

四庫輯大典本儀禮集釋三十卷，儀禮釋宮一卷，經苑均有刊本。（儀禮，頁三八）

陳振孫曰：「廬陵李如圭寶之撰，紹興癸丑進士，嘗爲福建撫幹。釋宮者，經所載堂室門庭，今人所不曉者，一一釋之。」

中興藝文志：「儀禮既廢，學者不復誦習，或不知有是書。乾、道間，有張淳始訂其訛，爲儀禮識誤。淳熙中，李如圭爲集釋，出入經、傳，又爲綱目，以別章句之指；爲釋宮，以論宮室之制。朱熹嘗與之校定禮書，蓋習於禮者。」

魏了翁曰：「李氏儀禮集釋功夫緻密，附以古音，至不易得。第一惟鄭、賈之言是信，有不可盡從者。」

張萱曰：「宋淳熙間，李寶之如圭取鄭氏注而釋之，首一卷爲儀禮綱目，以分別章句之指，次集釋十七卷，皆發明前人未備，末一卷爲釋宮，考論宮室之制，凡一十九卷。」

周氏燔**儀禮詳解**

宋志：「十七卷。」

未見。

朱子熹**儀禮經傳通解**

宋志：「二十三卷。」

〔校記〕

四庫本卅七卷。（儀禮，頁三八）

存。

義。以至燕、射之禮，莫不皆然。蓋儀禮，禮之根本，而禮記，乃其枝葉，禮記本秦、漢上下諸儒解釋儀禮之書，又有他説附益於其間。今定作一書，先以儀禮篇目置於前，而附禮記於其後，如射禮則附以射義之類，若其餘曲禮、少儀，又自作一項，以類相從。前賢嘗謂儀禮難讀，以經不分章，記不隨經，而注、疏各爲一書，故讀者不能遽曉。今訂此本，盡去諸弊，恨不得令韓文公見之。」又乞修三禮劄子曰：「臣聞之，六經之道同歸，而禮、樂之用爲急，遭秦滅學，禮、樂先壞，漢、晉以來，諸儒補緝，竟無全書，其頗存者，三禮而已。周官一書，固爲禮之綱領，至其儀法度數，則儀禮乃其本經，而禮記郊特牲、冠義等篇，乃其義疏耳。前此猶有三禮、通禮學究諸科，禮雖不行，而士猶得以誦習而知其説。熙寧以來，王安石變亂舊制，廢罷儀禮，而獨存禮記之科，棄經任傳，遺本宗末，其失已甚。而博士諸生，又不過誦其虚文，以供應舉，至於其間，亦有因儀法度數之實而立文者，則咸幽冥，而莫知其源，一有大議，率用耳學臆斷而已。若乃樂之爲教，則又絶無師授，律尺短長，聲音清濁，學士大夫莫有知其説者，而不知其爲闕也。故臣頃在山林，嘗與一二學者考訂其説，欲以儀禮爲經，而取禮記及諸經史雜書所載，有及於禮者，皆以附於本經之下，具列①注疏諸儒之説，略有端緒，而私家無書檢閲，無人抄寫，久之未成。會蒙除用，學徒分散，遂不能就。而鐘律之制，則士友間亦有得其遺意者，竊欲更加參考，别爲一書，以補六藝之闕，而亦未能具也。欲望聖明特詔有司，許臣就秘書省關借禮、樂諸書，自行招致舊日學徒十數

朱子曰：「儀禮是經，禮記是解儀禮。且如儀禮有冠禮，禮記便有冠義；儀禮有昏禮，禮記便有昏

① 「具列」，文津閣四庫本誤作「其列」。

人，踏逐空閑官屋數間，與之居處，令其編類，雖有官人，亦不繫銜請俸，但乞逐月量支錢米，以給飲食、紙札、油燭之資，其抄寫人，即乞下臨安府差撥貼書二十餘名，候結局日，量支犒設，別無推恩，則於公家無甚費用，而可以興起廢墜，垂之永久，使士知實學，異時可爲聖朝制作之助，則斯文幸甚。」

子在跋曰：「右先君所著家禮五卷，鄉禮三卷，學禮十一卷，邦國禮四卷，王朝禮十四卷，今刊於南康道院。其曰經傳通解者，凡二十三卷，蓋先君晚歲之所親定，是爲絶筆之書。次第具見於目録，惟書數一篇，缺而未補，而大射禮、聘禮、公食大夫禮、諸侯相朝禮八篇，則猶未脱稿也。其曰集傳集注者，此書之舊名也，凡十四卷，爲王朝禮而□①卜筮篇亦缺，餘則先君所草定，而未暇删改者也，今皆不敢有所增益，悉從其稿。至於喪、祭二禮，則嘗以規摹次第，屬之門人黄榦，俾之類次，他日書成，亦當相從於此，庶幾此書始末具備。顧念先君早歲即嘗有志於是書，比在經筵，嘗具奏，欲請於朝，乞招致生徒，置局編次，而不果上，然其著述之旨意，具存此篇。今謹繕録如右，讀者當有以識其心之所存矣。禮缺樂壞，千有餘年，今幸討論粗見端緒，而天不假之年，使不克究其大全，而所就者止此，嗚呼已矣！其可爲千古之恨也夫！嘉定丁丑八月。」

中興藝文志：「熹書爲家禮三卷，鄉禮三卷，學禮十一卷，邦國禮四卷，王朝禮十四卷，其曰儀禮經傳通解者，凡二十三卷，熹晚歲所親定。惟書數一篇，闕而未補。」

李方子曰：「先生以儀禮爲經，而取禮記及諸經史書所載，有及於禮者，皆以附於本經之下，具列

---

① 「□」，四庫諸本無此空格。

注疏諸儒之說，補其闕遺，而析其疑晦，雖書不克就，而宏綱大要，固已舉矣。」

祝穆曰：「文公所編儀禮，上篇：士冠禮冠義附、士昏禮昏義附、士相見禮、鄉飲酒禮鄉飲酒義附、鄉射禮射義附、燕禮燕義附、大射禮、聘禮聘義附、公食大夫禮、覲禮。下篇：喪服喪服小記、大傳、服問、閒傳附、士喪禮、既夕禮、士虞禮喪大記、奔喪、問喪、曾子問、檀弓附、特牲饋食禮、少牢饋食禮。次以禮記曲禮、内則、玉藻、少儀、投壺、深衣爲一類，王制、月令、祭法三篇爲一類，文王世子、禮運、禮器、郊特牲、明堂位、大傳、樂記七篇爲一類，經解、哀公問、仲尼燕居、孔子閒居、坊記、儒行六篇爲一類，學記、中庸、表記、緇衣、大學五篇爲一類，以問吕伯恭，後更詳定。」

〔補正〕

祝穆條内「少牢饋食禮」下，當補云：「有司徹祭義、祭統附。」（卷五，頁十六）

陳振孫曰：「通解以古十七篇爲主，而取大、小戴及他書傳所載繫於禮者，附入之，二十三卷已成書，闕書數一篇。其十四卷草定未删改，曰集傳集注云者，蓋此書初名也，其子在刻之南康，一切仍其舊。」

王應麟曰：「文公以儀禮爲經，取禮記及諸經史書所載，附本經之下，具列注疏諸儒之説，爲經傳通解二十三卷，喪、祭二禮屬之門人黄榦類次。」

馬廷鸞曰：「愚按：記不隨經，注、疏各爲一書，讀者不能遽曉，此猶古易之彖、象、文言、繫辭，各自爲書，鄭康成所以欲省學者兩讀，而爲今易也。文公於禮書之離者合之，於易書之合者離之，是亦學者所當知也。」

熊禾刊通解疏序曰：「竊見儀禮爲六經之一，乃周公所作，孔子所定，元有三百三千之目，至漢僅存一十七篇。大、小戴記不過如春秋之左氏、公、穀，乃其傳耳。自王安石廢罷儀禮，但以小戴設科，與五經並行，自是學者更不知有禮經矣。文公晚年始爲經傳通解一書，自家、鄉以至邦國、王朝，凡禮之大綱細目，靡不具載，歷門人勉齋黃氏、信齋楊氏，三世始克成書，舊有刊本，兵燼之後，板帙散亡，兼初本所纂注疏，語頗傷繁，後信齋楊氏爲之圖解，又復過略。而文公初志，欲將通典及諸史志、會要等書，與夫開元、開寶、政和禮斟酌損益，以爲百王不易之大法，而志則未遂。今得考亭諸名儒參校訂定，墨本擬就書坊板行，以便流布，仍於所補儀禮各卷篇目之下，參以歷代沿革之制，及關、洛以來，諸儒折衷之説，酌古準今，損文就質，輯爲儀禮外傳以附其後，庶可繼先儒未畢之志，其於風教①，亦非小補。」

吴師道曰：「以三禮論，則周官爲綱，儀禮乃本經，而禮記諸篇，則其疏義，三者固有本末之相須而不可闕。是以子朱子慨然定爲儀禮經傳通解集注之書，未完者，門人又足成之，可謂禮書之大全，千古之盛典也。」

曾棨曰：「朱子挈②儀禮正經，以提其綱，輯周禮、禮記諸經有及於禮者，以補其闕，釐爲家、鄉、邦國、王朝之目，自天子至於庶人之禮，謂之儀禮經傳通解，然亦未及精詳。」

王鏊曰：「今經惟禮最繁亂，惜不一經朱子緒正。朱子嘗欲以儀禮爲經，禮記爲傳，經、傳相從，誠

---

① 「風教」，文淵閣四庫本作「風雅」。

② 「挈」，文淵閣四庫本誤作「絜」。

千古之特見也。若士冠禮則附以冠義，士昏禮附以昏義，士相見禮附以士相見義，鄉飲酒禮附以鄉飲酒義，鄉射禮附以鄉射義，燕禮附以燕義，大射禮附以大射義，聘禮附以聘義，公食大夫禮附以公食大夫義，覲禮附以朝事，如草廬所附亦得矣。然其餘有不可附者，亦無如之何，姑循其舊而釋之，庶不失古之義。朱子晚年注儀禮經傳，始家禮，次鄉禮，次學禮，次邦國禮，次王朝禮，秩然有序，可舉而行。然其間雜引大戴禮、春秋內、外傳、新序、列女傳、賈誼新書、孔叢子之流，雜合以成之，乃自爲一書，非以釋經也。至勉齋續喪、祭二禮，草廬纂言，割裂經文，某亦未敢從也。」

劉瑞序曰：「子朱子嘗欲請於朝修三禮，劄不果上，晚乃著儀禮經傳通解，始家禮，次鄉禮，次學禮，次邦國禮，而王朝禮終焉，凡四十七卷。視初論少異，蓋自成一家言矣。書未就，先生告終，喪、祭二禮，則成於勉齋黄氏，其規模次第，授於先生者也，爲卷凡二十有七。書刻於南京國子監，卷帙浩繁，點畫漫漶，士大夫非惟不之讀，識其名者或寡矣。瑞竊嘆曰：斯禮也，制作之宜，古今之變略備矣，後聖有作，將取而折衷焉。今與其棄也，無寧先識大義，而後講貫其精奥乎！乃命教授陳垐等，督諸生手録經、傳，讎校付刻，俾天下後世志於禮者有考焉。」

按：朱子儀禮經傳通解，一曰家禮：士冠禮第一，冠義第二，士昏禮第三，昏義第四，内則第五，内治第六，五宗第七，親屬第八。内治者，言人君内治之法；五宗者，言宗子之法，以治族人；親族①者，即爾雅之釋親篇，白虎通義所謂親屬記也。古無此三篇名，蓋創爲之。二曰鄉禮：士相見禮第九，

① 「親族」，依四庫薈要本、備要本應作「親屬」。

士相見義第十，投壺第十一，鄉飲酒禮第十二，鄉飲酒義第十三，鄉射禮第十四，鄉射義第十五。三曰學禮：學制第十六，學義第十七，弟子職第十八，少儀第十九，曲禮第二十，臣禮第二十一，鐘律第二十二，鐘律義第二十三，詩樂第二十四，禮樂記①第二十五，書數第二十六，學記第二十七，大學第二十八，中庸第二十九，保傅傳第三十，踐阼第三十一，五學第三十二，内學制、學義、臣禮、鐘律、鐘律義、詩樂、禮樂記、書數、保傅傳皆創名之，弟子職則取諸管子也。四曰邦國禮：燕禮第三十三，燕義第三十四，大射禮第三十五，大射義第三十六，聘禮第三十七，聘義第三十八，公食大夫禮第三十九，公食大夫義第四十，諸侯相朝禮第四十一，諸侯相朝義第四十二，皆沿古篇名，惟末二篇創爲之。其王朝禮則别爲集傳：覲禮一，朝事義二，曆數三，卜筮四，夏小正五，月令六，樂制七，樂記八，王制自甲至癸，凡十篇。」

〔補正〕

竹垞案内「親屬弟八」，「屬」下脱「記」字。「親族者」，當作「親屬記者」。「王制自甲至癸，凡十篇」下，脱「九」字。（卷五，頁十六）

儀禮釋宫

一篇

---

①「禮樂記」，四庫薈要本、文淵閣四庫本誤作「禮樂義」。

存。

〔補正〕

案：此即李如圭釋宫一卷。（卷五，頁十六）

黄氏榦**續儀禮經傳通解**

宋志：「二十九卷。」

存。

楊復序曰：「昔文公朱先生既修家、鄉、邦國、王朝禮，以喪、祭二禮屬勉齋黄先生編之。先生伏膺遺訓，取向來喪禮稿本，精專修改，書成，凡十有五卷。復伏讀曰：大哉書乎！秦、漢而①下未有也。近世以來，儒生習誦，知有禮記，而不知有儀禮；士大夫好古者，知有唐開元以後之禮，而不知有儀禮。今因篇目之僅存者，爲之分章句，附傳、記，使條理明白而易考，後之言禮者，有所據依，不至於棄經而任傳，遺本而宗末。王侯大夫之禮，關於綱常者爲尤重，儀禮既闕其書，後世以來處此大變者，咸幽冥而莫知其源，取具臨時，沿襲鄙陋，不經特甚，可爲感慨。今因小戴喪大記一篇，合周禮、禮記諸書以補其闕，而王侯大夫之禮，莫不粲然可考，於是喪禮之本末經緯，莫不悉備。既而又念喪禮條目散闊，欲撰儀禮喪服圖式一卷，以提其要，而附古今沿革於其後，草具甫就，而先生没矣。嗚呼！此千載之遺

---

① 「而」，文淵閣四庫本作「以」。

恨也。先生所修祭禮，本經則特牲、少牢、有司徹，大戴禮則釁廟，所補者則自天神、地祇、百神、宗廟，以至因事而祭者，如建國、遷都、巡狩、師田、行疫①、祈禳，及祭服、祭器，事序始終，其綱目尤爲詳備。先生嘗爲復言祭禮，用力甚久，規模已定，每取其書繙閱，而推明之間，一二條方欲加意修定，而未遂也。嗚呼！禮莫重於喪、祭，文公以二書屬之先生，其責任至不輕也。先生於二書也，推明文王、周公之典，辨正諸儒異同之論，掊擊後世蠹壞人心之邪説，以示天下後世，其正人心、扶世教之功至遠也。而喪服圖式、祭禮遺稿尚有未及訂定之遺恨，後之君子有能繼先王之志者，出而成之，是先生之所望也。抑復又聞之先生曰：『始余創二禮粗就，奉而質之先師，喜謂余曰：君所立喪、祭禮，規模甚善，他日取吾所編家、鄉、邦國、王朝禮，其悉用此規模更定之。』嗚呼！是又文公拳拳之意，先生欲任斯責而卒不果也，豈不痛哉？同門之士，以復預聞次輯之略，不可無言也，復因敬識其始末，以告來者。喪禮一十五卷，前已繕寫，喪服圖式今别爲一卷，附於正帙之外，以俟君子，亦先生平日之志云。」又曰：「嘉定己卯，喪禮始克成編，以次將修祭禮，即以其書稿本授曰：子其讀之，蓋欲通知此書本末，有助纂輯也。受書而退，啓緘伏讀，皆古今天下大典禮，其關繫甚重，其條目甚詳，其經傳異同，注、疏抵牾②，上下數千百載間，是非淆亂，紛錯甚衆，自此朝披夕閲，不敢釋卷。時在勉齋左右，隨事咨問抄識，以待先

① 「疫」，依補正、四庫薈要本應作「役」。
② 「抵牾」，应依文淵閣、文津閣四庫本作「牴牾」。

生筆削，不幸先生即①世，遂成千古之遺憾，日邁月征，今十餘年。南康學宫舊有家、鄉、邦國、王朝禮，及張侯虙續刊喪禮，又取祭禮稿本，併刊而存之，以待後之學者。故四方朋友皆有祭禮稿本，未有取其書而修定之者。顧何人敢任其責，伏自惟念齒髮侵衰，曩日幸有所聞，不可不及時傳述，竊不自揆，遂據稿本，參以所聞，稍加更定，以續成其書，凡十四卷云。」

張虙序曰：「南康舊刻朱文公儀禮經傳與集傳集注，而喪、祭二禮俄空焉，蓋以屬門人黄勉齋，俾之類次而未成也。虙來南康，勉齋已下世，深恨文公之志不終，士友間有言勉齋固嘗脱稿，今在南劍陳使君處，索之可也。南劍知之，果以其書來，至是鋟木一年而畢，是雖喪、祭兩門，而卷帙多前書三之一，點勘之功，鄉貢進士楊復爲多，助以王鎮圭、童君欽②、黄嵩三君③，披閱精强，錯簡脱字，往往無之。虙分符星渚，乃文公遺愛之地，高山仰止，惓惓④予懷，兹又得全其所欲述之書，豈非幸歟？第閑習禮度，不如式瞻儀刑⑤；諷味⑥遺言，不如親承音旨，誠有如古人之論，撫卷爲之三嘆也。」

---

① 「即」，文淵閣四庫本作「棄」。

② 「童君欽」，補正、四庫薈要本、文淵閣四庫本作「童居欽」。

③ 「君」，文淵閣四庫本作「人」。

④ 「惓惓」，文淵閣四庫本作「睠睠」。

⑤ 「刑」，備要本作「型」。

⑥ 「味」，文淵閣四庫本作「咏」。

〔補正〕

楊復序内「如建國、遷都、巡狩、師田、行疫」，「疫」當作「役」。張虙序内「童君欽」，「君」字當據續儀禮經傳通解序改作「居」。（卷五，頁十七）

陳振孫曰：「外府丞長樂黄榦直卿撰。榦，晦庵之壻，號勉齋。始晦庵著禮書，喪、祭二禮未及論次，以屬榦續成之。」

趙希弁曰：「儀禮經傳通解續卷①祭禮十四卷，右朱文公編集，而喪、祭二禮未就，屬之勉齋先生；勉齋既成喪禮，而祭禮未就，又屬之楊信齋；信齋據二先生稿本，參以舊聞，定爲十四卷，爲門八十一。鄭逢辰爲江西倉，進其本於朝。信齋，福州人，名復，字茂才。書既奏，贈文林郎。」

黄氏士毅**類注儀禮**

佚。

張杲曰：「士毅，字子洪，嘗入閩謁朱仲晦，因撰次朱子書説語類，郡守王遂爲買宅吴下以居。」

葉氏味道**儀禮解**

佚。

---

① 「卷」，四庫薈要本作「纂」。

劉氏熽**儀禮雲莊經解**

二十卷。

佚。

楊氏復**儀禮圖**

十七卷。焦氏經籍志作三十四卷，非。

存。

復自序曰：「學者多苦儀禮難讀，雖韓昌黎亦云，何爲其難也？聖人之文化工也，化工所生人物①品彙，至易至簡，神化天成，極②天下之至巧，莫能爲焉。聖人寫胸中制作之妙，盡天理節文之詳，經緯彌綸，混成全體，竭天下之心思，莫能至焉。是故其義密，其辭嚴，驟讀其書者，如登太華，臨滄溟望，其峻深既前且卻，此所以苦其難也。雖然，莫難明於易，可以象而求，莫難讀於儀禮，可以圖而見，圖亦象也。復曩從先師朱文公讀儀禮，求其辭而不可得，則擬爲圖以象之，圖成而義顯。凡位之先後秩序，物之輕重權衡，禮之恭遜文明，仁之忠厚懇至，義之時措從宜，智之文理密察，精粗本末，昭然可見。夫周

① 「物」，備要本誤作「之」。
② 「極」，備要本誤作「竭」。

公制作之僅存者，文物彬彬，如此之盛。而其最大者，如朝宗、會遇、大享、大旅、享帝之類，皆亡逸而無傳，重可歎也。嚴陵趙彦肅嘗作特牲、少牢二禮圖質諸先師，先師喜曰：『更得冠、昏圖及堂室制度并考之，乃爲佳爾。』蓋儀禮原未有圖，故先師欲與學者考訂，以成之也。復今所圖者，則高堂生十七篇之書也，釐爲家、鄉、邦國、王朝。喪、祭禮則因先師經傳通解之義例也，附儀禮旁通圖於其後，則制度名物之總要也。區區用心，雖未敢謂無遺誤，庶幾其或有以得先師之心焉。」

曾棨曰：「黄榦通解續，晚年祭禮尚未脱稿，又以授之楊復，復研精覃思，蒐經摭傳，積十餘年，以特牲饋食、少牢饋食爲經，冠之祭禮之首，輯周禮、禮記諸書，分爲經、傳，以補其闕。綜之以通禮，首之以天神，次之以地祇，次之以宗廟，次之以百神，次之以因祭，次之以祭物，次之以祭統。有變禮，有殺禮，有失禮，並見之。篇終郊祀、明堂、廟制，皆折衷論定，以類相從，各歸條貫，使畔散不屬者，悉入於倫理；疵雜不經者，咸歸於至當，而始得爲全書。又因朱子之意，取儀禮十七篇，悉爲之圖，制度名物，粲然畢備，以圖考書，如指諸掌，西山真德秀稱爲千古不刊之典焉。」

〔補正〕

曾棨條内「首之以天神，次之以地祇，次之以宗廟，次之以百神，次之以因祭，次之以祭物，次之以祭統。」丁杰按：續儀禮經傳通解篇次，百神在宗廟上，祭統在祭物上，此所引曾棨説誤。（卷五，頁十七）

吕柟序曰：「儀禮本周公所作，其篇目甚多，遭秦焚書，漢高堂生止傳其十七篇，與淹中經同，后蒼能明之。然多士、庶人、卿大夫、諸侯之禮。宋朱文公欲以儀禮爲經，禮記爲傳，其徒楊復遂圖解儀禮，存其編於十三經注疏中。柟卒業太學時，嘗約所友五七人，率其子弟習行於寶邛寺，今三十餘年，心之未①能忘也。近蒙聖恩，誤授今官，圖報靡稱，伏覩聖皇②以禮樂爲治，而太學尤禮樂所先之地，用是仰承德意，旁求儀禮圖本，偕其寮童公思與在監習禮，公侯伯及諸士子演行，使知揖讓進退之節，以沐聖上菁莪、棫樸之教，而效雍熙、太和之化也。第此書稀少，止訪獲一二善本，乃命監生王世康輩手抄其圖，月數日肄業焉，尋將具題，請勑工部刊印，而未遽行也。有監生盧堯文、魏學詩、汪尚庭、錢寅、佘誨者，稟求儀禮圖本以觀，爾乃奮然興身心，自書寫校正，且捐資刊刻成書，送觀以問序焉。柟嘆曰：美哉！此五士也，昔姚樞居於輝之蘇門，病一方學者之無書，乃自板小學諸經，嘉惠輝士，於是許衡亦自河内就書於輝，厥後元之數儒敦尚經義，尊崇古道，説者多歸功於樞焉。聖明③在上，家詩、書而户程、朱，夫豈前元可比？然而五士者之所刻，則固太學諸生之一助也，於是諸太學生皆高五士之志行，而五士之名不特如樞顯達後而始著矣。此固可徵聖世人才之盛，而諸士子於此書，尤當行之而必著，習之而必察也。嘉靖十五年丙申夏六月。」

童承敘跋曰：「儀禮有諸儒傳記，鄭康成注，賈公彦疏，朱文公又合經、傳爲通解，皆彰彰較著矣，公門人楊復又各爲之圖，俱可蹈迪，匪直易讀也。或曰高堂生所傳，特士禮爾，餘多散佚，又曰古禮於

① 「之未」，文淵閣四庫本作「未之」。
② 「皇」，文淵閣四庫本作「王」。
③ 「明」，文淵閣四庫本作「王」。

今無所用之，雖昌黎亦云然。夫禮也者，理也，先王以承天之道，以治人之情。孔子曰：『殷因於夏禮，所損益可知也。周因於殷禮，所損益可知也。』因者，其本也；損益者，其末也。協諸義而協，則先王所未有者，可以義起矣，故后蒼有推而致於天子之説。然今觀之，冠、昏、相見，士禮也；鄉飲、鄉射，大夫禮也；燕、射、覲、聘、公食大夫，諸侯禮也；士喪、既夕、士虞、特牲饋食，諸侯士禮也；少牢饋食、有司徹，諸侯卿大夫禮也；喪服則通於上下。顧獨曰士禮何哉？夫禮，無本不立，無文不行，雖夏、商之際，不能無文焉，至周而備爾，孔子曰：『虞、夏之文，不勝其質；商、周之質，不勝其文。』蓋思本也。然文之蠹也久矣，其在今宜無所於用，至其本，固未泯也。是故因其文而遡之，可知也；因其本而拓之，可行也，不猶①逾②於并其文而亡之乎？嘉靖己未，敘奉命來攝大學，得從司成吕公，後公取儀禮，命諸生肄習之，月再一試，蓋從者如堵墻焉。於是耳聆③鐘鼓鏗鏘之音，目覩綴兆俯仰之容，洋洋乎，辟雍庠序之教也。諸生盧堯文、汪尚庭、魏學詩、錢寅、秦誨④等，復取楊氏圖校而梓之，凡爲篇十有七，爲圖二百有五，爲旁通圖三十有五，周公遺文，庶幾不墜於地矣！故按圖以考文，其制精矣；據文以釋⑤義，其旨奥矣；推義以適治，其道博矣。使斯禮之大行也，鳳鳥之至，不可期乎？然敘聞河間獻

---

① 「猶」，文淵閣四庫本作「又」。

② 「逾」，備要本作「愈」。

③ 「聆」，備要本誤作「聆」。

④ 「秦誨」，補正、四庫薈要本、文淵閣四庫本作「奈誨」。

⑤ 「釋」，文淵閣四庫本作「繹」。

王得孔壁古禮五十六篇，後亡三十九篇，存者今數耳。元吴澄取二戴記及鄭注，纂逸禮八篇，又取戴義爲十傳，澄自謂得三十九篇之四。元至正間，司業李俊民嘗刻大學，而板今亡矣。又聞永樂間，沅州劉有年守太平，進逸禮十八篇，豈即是耶？澄於儀禮誠有功，然亦殘經之十一爾，聖遠言湮，可勝嘆哉！」

〔補正〕

童承敘跋内「錢寅、秦誨等」，「秦」字當據前所引李柟①序改「佘」。（卷五，頁十七）

桂萼曰：「儀禮經朱子考證已定，楊復圖尤爲明便，其文雖屬難讀，然因圖以指經，因經以求義，斯了然矣。」

儀禮旁通圖

一卷。

存。

陳普序曰：「大淵獻之歲，昭武謝子祥刊儀禮本經十七篇，及信齋楊氏圖成，熚②然孔壁淹中之出世也。使此書得數千本，落六合間，鳳鳥至有期矣。使河間獻王後、劉歆前有能爲子祥所爲，則三十九

① 「李柟」，當作「吕柟」。
② 「熚」，文津閣四庫本作「煜」。

篇可以至今不亡矣。嗚呼！此人之所以成位於兩間者，何獨昌於虞、夏、商、周，而深愛於秦、漢以來？十七篇，賴高堂生、鄭注、賈疏，千有餘年，緜緜如絲。而荆舒王氏加踐迹之，舉子不習，書肆不陳。晦翁、勉齋、信齋師弟子扶持，力倍於高堂、鄭、賈，心與周、孔、颜、孟①同其勞，亦僅不滅而已。萬家乃不見一本殘經，白鹿、章貢、桂林所刊晦翁、勉齋、信齋之書，千里求之或者有，半生望之不得見，今後復數十年，又當若何？子祥之書，捄焚拯溺之功，景星慶雲之瑞也。是經雖微，士冠、昏、喪、祭、鄉、相見，大夫祭幸皆無恙，天子諸侯亦幸存一二，故晦翁通解、勉齋喪禮、信齋祭禮得以爲依據，如累九層之臺，以下爲基，如不見足，而爲屨之不中者，如執柯以伐柯，柯在彼而則在手也，三十九篇駸駸乎不亡矣。然則十七篇之存，固亦有天意，廢之者有餘罪，興之者誠莫大之功也。三百之數不可考，以圖概之，三十九篇疑可得；三千在三百中，亦可舉。其旁通圖，名物制度尤明，盡合十七篇圖而熟之，既無昌黎難讀之患，而古人太平之具，一朝而在我矣。」

儀禮經傳通解續

十四卷。

存。

張萱曰：「宋淳祐間，信齋楊復著。朱晦庵編集儀禮經傳通解，獨喪、祭二禮未完，以屬黄勉

① 「颜、孟」，備要本作「孟、颜」。

齋榦續成之，勉齋即世，祭禮猶未就，於是信齋據二公草本，參以舊聞，精加修定，凡十四卷、八十一門。」

魏氏了翁**儀禮要義**

宋志：「五十卷。」

〔校記〕

四庫著録江蘇局有影宋刊本。（儀禮，頁三八）

未見。

聚樂堂藝文目有之。

馬氏廷鸞**儀禮本經疏會**

九卷。

佚。

廷鸞自序曰：「余家藏敗帙中，有景德年官本儀禮疏四帙，正經、注語，皆標起止，而疏又列其下。兒子請予附益之，因手自點校，取朱氏禮書，與其門人黄氏、楊氏諸家續補之編，章分條析，釐爲九卷，作而曰：兹其三代之禮，與於繁文奧旨中，有精義焉；纖悉委曲中，有明辨焉。不惟欲人之善其生，且欲人之善其死；不惟致嚴於冠、昏、朝、聘、鄉、社①，而尤嚴於喪、祭。後世徒以其紀士禮，而指爲闕書，不知由士禮可以達於天子。周公之經，何制之備也；子夏之傳②，何文之覈也；康成之注、公彦之疏，何學之博也，小子識之。」

方氏回**儀禮考**

未見。

高氏斯得**儀禮合抄**

佚。

陳氏普**儀禮説**

一卷。

存。

按：陳氏儀禮説惟士冠禮、鄉射禮、燕禮、聘禮四篇，載石堂集。

---

① 「社」，依四庫諸本，備要本應作「射」。

② 「傳」，文淵閣四庫本作「文」。

亡名氏儀禮類例

宋志：「十卷。」

佚。

經義考卷一百三十三

儀禮四

敖氏繼公**儀禮集説**

十七卷。

存。

繼公自序曰：「儀禮，何代之書也？曰：『周之書也。』何人所作也？曰：『先儒皆以爲周公所作，愚亦意其或然也。』何以言之？周自武王始有天下，然其時已老矣，未必暇爲此事也，至周公相成王，乃始制禮作樂，以致太平。故以其時考之，則當是周公之書。又以其書考之，辭意簡嚴，品節詳備，非聖人莫能爲，益有以見其果爲周公之書也。然周公此書，乃爲侯國而作也，而王朝之禮不與焉，何以知其然也？書中十七篇，冠、昏、相見、鄉飲、鄉射、士喪、既夕、士虞、特牲饋食，凡九篇，皆言侯國之士禮；少牢饋食上下二篇，皆言侯國之大夫禮；聘、食、燕、大射四篇，皆言諸侯之禮；惟覲禮一篇，則言諸侯朝天子之禮，然主於諸侯而言也。喪服篇中，言諸侯及公子大夫士之服詳矣，其間雖有諸侯與①諸侯之大夫爲天子之服，然亦皆主於諸侯與其大夫而言也。由是觀之，則此書決爲侯國之書無疑矣，然則聖人必爲侯國作此書者何也？夫子有言曰：『夫禮，必本於天，殽於地，列於鬼神，達於喪、祭、冠、昏、射、御、朝、聘，聖人以禮示之，故天下國家可得而正也。』以夫子此言證之，則是書也，聖人其以爲正天下之具也歟！故當是時，天下五等之國，莫不寶守是書，而藏之有司，以爲典籍無事，則其君臣相與講明之有事，則皆據此以行禮，又且班之於其國，以教其人。此有周之時，所以國無異禮，家無殊俗，兵寢刑措，以躋太平者，其以是乎！其後王室衰微，諸侯不道，樂於放縱，而憚於檢束也，於是惡典籍之不便於己，而皆去之。則其㷼之受於王朝者，不復藏於有司矣；㷼之藏於有司者，或私傳於民間矣。此十七篇之所以不絕如綫，而幸存以至今日也。或曰：此十七篇爲侯國之書固也，豈其本數但如是而已乎？抑或有亡逸而不具者乎？曰：是不可知也，但以經文與其禮之類考之，恐其篇數本不止此②也。公食大夫禮云『設洗如饗』，謂如其公饗大夫之禮也，而今之經乃無是禮焉，則是逸之也明矣。又諸侯之有覲禮，但用於王朝耳，若其邦交，當亦有相朝、相饗、相食之禮，又諸侯當亦有喪禮、祭禮，而今皆無聞焉，但經之言士禮特詳，其於大夫，則但見其祭祀耳，而其昏禮、喪禮，則無聞焉，此必其亡逸者也。是亦其亡逸者也。然此但以經之所嘗言、禮之所可推者而知之也，而況其間又有不盡然者乎？由此言

① 「與」，文淵閣四庫本作「及」。
② 「此」，文淵閣四庫本作「是」。

之，則是經之篇數本不止於十七，亦可見矣。但不知諸侯既去其籍之後，即失之邪，抑傳之民間，久而後失之也，是皆不可得而考矣。」

〔補正〕

自序内「此有周之時」，「之」當作「盛」。「但經之言士禮特詳」，「但」當作「是」。「則但見其祭祀耳」，「祀」當作「禮」。（卷五，頁十七）

又案：所引序末當補云：「此書舊有鄭康成注，然其閒疵多而醇少，予今輒删其不合於經者，而存其不謬者，意義有未足，則取疏、記或先儒之説以補之，又未足，則附以一得之見焉。」（卷五，頁十七）

又後序曰：「禮古經十七篇，其十三篇之後皆有記，四篇則無之，四篇者，士相見、大射、少牢上、下也。然以意度之，此四篇者，未必無一記之可言，或者有之，而亡逸焉爾。夫記者，乃後人述其所聞，以足經意者也，舊各置之於其本篇之後者，所以尊經，而不敢與之雜也。朱子作儀禮經解，乃始以記文分屬於經文每條之下，謂以從簡便，予作集説，而於此則不能從也。予非求異於朱子也，顧其勢有所不可耳。何以言之？儀禮諸篇之記，有特爲一條而發者，有兼爲兩條而發者，亦有兼爲數條而發者，亦有於經意之外别見他禮者。若其但爲一條而發者，固可用通解之例矣，非是，則未見其可也。何則？通解之書，規模大而篇數繁，其記文有不可附於本篇每條之下者，則或於其篇末見之，否則於他篇附之。故雖未必盡如其所謂以從簡便之説，而其於記文，亦皆包括而無所遺也。然以記者之意考之，則亦不爲無少異矣。予之所撰者，但十七篇之集説耳，若亦用此法，則其所遺者不既多乎？故不若仍舊貫之爲愈，而不敢效朱子通解之爲也。魯人所謂以吾之不可，學柳下惠之可者，吾有取焉耳，夫豈敢有求異之意哉？且夫易之爲書也，更四聖而後成：伏羲畫卦爻，文王、周公作卦爻之辭，孔子作文言、彖、象之辭。其始也，四聖之書，或前或後，各居一處，不相雜也，後世學者，乃各分而合之，以從簡便。及至朱子，復釐正之，以復古經之舊。夫文言與彖、象之辭，可以附於每卦每爻之下者也，朱子猶且正之，蓋不欲其相雜也，而況此記之文，有不可盡入於本篇每條之下者乎？由是言之，則予不敢用通解之法也，亦宜矣，又何足怪焉。大德辛丑仲秋望日。」

〔補正〕

後序内「所以尊經，而不敢與之雜也」，下當補云：「漢藝文志言禮經與記各自爲篇數，是班固時，經、記猶不相合也，今乃各在其本篇後者，其鄭氏置之與？」又朱子作儀禮經解，「經」當作「通」。（卷五，頁十七）

張萱曰：「敖注多仍舊文，與朱子通解稍異。」

姓譜：「敖繼公，字長壽，福州人，寓居湖州，邃通經術。趙孟頫師事之，平章高顯卿薦於朝，授信州教授，命下而卒。」

吴氏澂**儀禮逸經**

八篇。焦氏經籍志作六卷，非。

〔校記〕

四庫本儀禮逸經傳二卷。（儀禮，頁三八）

存。

澂自序曰：「儀禮逸經八篇，澂所纂次。漢興，高堂生得儀禮十七篇，後魯恭王壞孔子宅，得古文禮經於孔氏壁中，凡五十六篇，河間獻王得而上之，其十七篇與儀禮正同，餘三十九篇藏在秘府，謂之逸禮。哀帝初，劉歆欲以列之學官，而諸博士不肯置對，竟不得立。孔、鄭所引逸中霤禮、禘於太廟禮、王居明堂禮，皆其篇也。唐初猶存，諸儒曾不以爲意，遂至於亡。惜哉！今所彙八篇，其二取之小戴記，其三取之大戴記，其三取之鄭氏注。奔喪也、中霤也、禘於太廟也、王居明堂也，固①得逸禮三十九篇之四，而投壺之類，未有考焉。疑古禮逸者甚多，不止於三十九篇也。投壺、奔喪篇首與儀禮諸篇之體如一；公冠等三篇雖已不存此例，蓋作記者删取其要以入記，非復正經全篇矣。投壺，大、小戴不同，奔喪與逸禮亦異，則知此二篇亦經刊削，但未至如公冠等篇之甚耳。五篇之經文殆皆不完，然實爲禮經之正篇，則不可以其不完，而擯之於記云。特纂爲逸經，以續十七篇之末，至若中霤以下三篇，其經亡矣，而篇題僅僅見於注家片言隻字之未泯者，猶必收拾而不敢遺，亦我愛其禮之意也。」

〔補正〕

自序内「河閒獻王得而上之」，「王」下脱「亦」字。「不止於三十九篇也」，「篇」字當删，「云特纂爲逸經」，「云」當作「故」。（卷五，頁十八）

李俊民序曰：「儀禮逸經八篇，傳十篇，草廬吴先生之所纂次也。先生易、書、春秋、小戴記纂言、

① 「固」，備要本誤作「因」。

大戴記訂正經文，悉行於世，獨此十有八篇，學者未之見也。先生之孫，今禮部郎中當伯尚、高第弟子兵部員外郎危素太樸，鄉與俊民同官，學者乃請而得之，繕寫甚謹，校讎甚精，於是一時僚友謂宜刊布，以淑來學。遂命工繡梓，既畢，前大司成王公致道，以集賢侍講學士，復兼祭酒，見而嘉歎，俾序其概。俊民泰定初嘗拜先生於翰苑，先生之學，雖不敢妄議，姑即禮經而論之。秦焰既熄，掇拾遺餘，兼收並蓄，得傳於後，漢儒之力也。依稀論著，以傳其舊，唐賢之學也。會通經、傳，洞啓門庭，以袪千載之惑，朱子之特見也。若夫造詣室奥，疏剔户牖，各有歸趣，則至先生始無遺憾焉。世有好禮之士，先觀注、疏舊本，次考朱子通解，然後取先生所次所釋而深研之，乃知俊民之言爲不妄也。集賢公以爲然，遂書於其端云。」

〔補正〕

李俊民序内，「同官學者」，「者」當作「省」。「論著以傳其舊」，「傳」當作「存」。序末當補云：「至正十四年甲午七月。」（卷五，頁十八）

楊士奇曰：「此書刻板在北京國學，彭士揚爲典籍蒐閱崇文閣不完書板，而此獨完，即日印惠親友，蓋已廢棄六十餘年，其顯晦固有時哉！」

程敏政跋曰：「右元吴文正公儀禮逸經一卷，當時刻於國子監崇文閣，國朝宣德中尚存，見楊文貞公圖籍志，館閣書目亦有之。天順初，予被命讀，中秘書已無其本，而國監本亡久矣。大司寇何公廷秀亦思見此書，與予約護①訪必得，爲期餘二十年，竟無所聞也。成化甲辰春，過吴門，知楊儀、曹君謙喜畜書，諏之，云『家有藏本』。猝尋不獲，艤舟候數日，得之，亟以書報何公，何公復書曰：『斯禮之不墜，天也。』然欲謀重刻以傳，未有應者。弘治丁巳冬，予服闋，將入京，而縣學重作明倫堂，師生奉金帛，以記請，辭勿獲，則念學校禮之所從出也，受以舉斯役，且記是書得之之難，及予之癖。而凡繫禮之大者，有文正公序及李莊静先生之引，不容復贅云。」

〔補正〕

程敏政跋内「與予約護訪」，「護」當作「互」。（卷五，頁十八）

何喬新曰：「臨川吴文正公校正儀禮，既②因鄭氏序而詮次其篇章，凡經文散見於戴禮、鄭注者，則表而出之，爲逸經八篇。禮必有義，又取戴記所存，與清江劉原父所補者，爲傳十篇，若士相見義、公食大夫義，則原父所補也。予近讀原父文集，又得投壺一篇，蓋釋禮經投壺之義也，故録於朝事之後，以補逸經之傳焉。正經十七篇，有傳者十，逸經八篇，有傳者一，其餘缺焉，崇禮君子，雖追而補之可也。或曰：束皙補南陔諸詩，白居易補湯征，皆見非於君子，原父所補，亦南陔、湯征之類耳，豈可取以爲訓哉？予以爲不然，南陔、湯征，經也，經出於聖人所删，補之，僭也；冠、昏諸義，傳也，傳出於周末

---

① 「護」，四庫薈要本作「互」，文淵閣四庫本作「尋」。

② 「既」，備要本誤作「記」。

漢初諸儒所作，補之，奚不可耶？且朱子嘗補「格物致知」之傳矣，今與曾子之傳並列於學宫①，未有非之者，苟以補傳爲不韙，則朱子豈爲之哉？」又曰：「元吴文正公儀禮逸經一卷，刻在太學，楊文貞三禮考注跋，稱文正之書，爲其鄉人晏壁②所竊，又私加删改，走當時即求其書，而太學刻本已亡，搜訪十餘年無所得。友人羅太史倫校三禮考注梓行，而篇目注疏，悉用晏本，舛駁之跡，居然可見，而恨無文正原本可正也。成化癸卯，始得於楊循吉家，以付司業費君誾，就國學殘本刊足之。嗚呼！葩藻之書，板刻徧天下，先王典禮，往往無徵。幸大儒君子者出，每拳拳於斯。而書之行世，顯晦不常者如此，此古道之不復，而俗之所以不淳也。費君方職教化，首葺此編，以不廢先正復古垂教之心，其嘉惠後學，豈淺也哉。」

羅倫曰：「河南監察御史何廷秀謂予曰：『沅州劉有年，永樂初，守太平府，進儀禮逸經十八篇。逸經唐初已亡，宋、元諸儒皆未之見，有年何從而得之？』然廷秀之言非妄也，好古君子上請逸經，繼類成，編傳以戴記，其不入傳者，從纂言所類，別爲記以附焉，則先王之典，庶乎無遺矣。」

焦竑曰：「漢初，禮經出魯淹中，河間獻王得而奏之，乃高堂生獨傳十有七篇，即今之儀禮也。后蒼從堂③講業，尋以授戴德兄弟及沛人慶普，後三家並微。鄭玄明小戴之學，自爲之注，書乃盛行。喪

① 「學宫」，文淵閣四庫本作「學官」。
② 「晏壁」，文淵閣四庫、備要本作「晏璧」。
③ 「堂」，補正、四庫諸本作「高堂」。

服一篇，相傳出於子夏，而獻王又從李氏得周官書，以冬官缺，取考工記足成之，顧不知冬官未嘗缺也。蓋冢宰六屬，屬六十，今冬官之屬才二十八，而五官數各有羨，天官六十有三，地官七十八，春官七十，夏官六十九，秋官六十六，遺編斷簡，錯出乃爾，取其羨數還之，冬官不獨百工得歸其部，而六官譌舛因可類考，亦足快矣。儀禮多軼，永樂中，御史劉有年獻逸經十有八篇，時未加表章，旋就湮没。夫以古經出於千百世之後，而不爲寶惜，劉歆所謂『杜道餘，滅微學』，寧獨漢人而已？余深慨，特附著於篇，令好古者有所聞焉。」

〔補正〕

焦竑條内「后蒼從堂講業」，「從」下脱「高」字。（卷五，頁十八）

張采曰：「別書載沅州劉有年，洪武中，爲監察御史，永樂中，上儀禮逸經十八篇；一云永樂初，太平守劉有年進逸禮。則知唐初所亡之書，國初猶有表獻者，而今問之中秘，復云無有，然則古禮之興廢，豈人所能主哉？」

〔四庫總目〕

明一統志：沅州劉有年，洪武中，爲監察御史。永樂中，上儀禮逸經十有八篇，楊慎求之内閣，不見其書。朱彝尊經義考謂有年所進即澄此本。逸經八篇，傳十篇，適符其數，其説似乎有據，今世傳内閣書目惟載澄書，不著有年姓名，蓋當時亦知出於澄矣。（卷二十，頁十三，儀禮逸經傳二卷提要）

儀禮傳

十篇。

存。

澂自序曰：「儀禮傳十篇，澂所纂次。按：儀禮有士冠禮、士昏禮；戴記則有冠義、昏義；儀禮有鄉飲酒禮、鄉射禮、大射禮，戴記則有鄉飲酒義、射義，以至燕、聘皆然。蓋周末漢初之人作，以釋儀禮，而戴氏抄以入記者也。今以此諸篇正爲儀禮之傳，故不以入記，依儀禮篇次，粹①爲一編，文有不次者，頗爲更定。射義一篇，迭陳天子諸侯卿大夫之射，雜然無倫，釐之爲鄉射義、大射義二篇，士相見義、公食大夫義則用清江劉氏原父所補，並因朱子，而加考詳焉。於是儀禮之經，自一至九，經各有其傳矣，惟覲義闕，然大戴朝事一篇，實釋諸侯朝覲天子及相朝之禮，故以備覲禮之義，而爲傳十篇云。」

按：吴氏儀禮逸經八篇：投壺一，奔喪二，公冠三，諸侯遷廟四，諸侯釁廟五，中霤六，禘於太廟七，王居明堂八。傳十篇：冠義一，昏義二，士相見義三，鄉飲酒義四，鄉射義五，燕義六，大射義七，聘義八，公食大夫義九，朝事義十。方諸朱子通解目録，文簡而倫敘秩然，以之頒學官可也。

①「粹」，四庫薈要本、文淵閣四庫本、備要本作「萃」。

顧氏諒**儀禮注**

未見。

黄虞稷曰：「諒，字季友，吴江人，王行爲作傳。」

周氏昌**禮經纂要**

佚。

按：周昌，未詳何人，見王氏續文獻考。

經義考卷一百三十四

儀禮五

汪氏克寬**經禮補逸**

九卷。焦氏經籍志作十卷。

存。

克寬自序曰：「自樂亡而經行於世惟五，易、詩、書、春秋雖中不無殘闕，而未若禮經甚焉，然三百三千不傳，蓋十之八九矣。朱子嘗考定四經，謂三禮體大，未易緒正，晚年惓惓是書，未就而没，遂爲萬世缺典，克寬伏讀而加惋惜焉。世之三禮所傳，曰周禮，曰儀禮，曰禮記，其實禮記乃儀禮之傳，儀禮乃周禮之節文，而三禮之要，則在乎吉、凶、軍、賓、嘉五禮之别也。何則？吉禮之别十有二：以禋祀祀昊天上帝，以實柴祀日月星辰，以槱燎祀司中、司命、飌師、雨師，以血祭祭社稷、五祀、五嶽，以貍沈祭山林、川澤，以疈辜祭四方百物，以肆獻祼享先王，以饋食享先王，以祀春享先王，以禴夏享先王，以嘗秋享先王，以烝冬享先王。凶禮之别有五：以喪禮哀死亡，以荒禮哀凶札，以弔禮哀禍烖，以禬禮哀圍敗，以恤禮哀寇亂。賓禮之别有八：春見曰朝，夏見曰宗，秋見曰覲，冬見曰遇，時見曰會，殷見曰同，時聘曰問，殷頫曰視。軍禮之别有五：以大師之禮用衆，以大均之禮恤衆，以大田之禮簡衆，以大役之禮任衆，以大封之禮合衆。嘉禮之别有六：以飲食之禮親宗族兄弟，以昏、冠之禮親成男女，以賓射之禮親故舊朋友，以饗燕之禮親四方之賓客，以賑①膰之禮親兄弟之國，以賀慶之禮親異姓之國，此其大較也。然儀禮十有七篇，吉禮之存，惟特牲饋食篇，乃諸侯國之士祭祖廟之禮；少牢饋食及有司徹篇，乃諸侯卿大夫祭祖禰廟之禮。凶禮之存，惟喪服篇，乃制尊卑、親疎、冠絰、衣服之禮；士喪禮篇，乃士喪其親，自始死至既殯之禮；士虞禮篇，乃士既葬其親，迎精而反，日中而祭於殯宫之禮。賓禮之存，惟士相見禮篇，乃士以職位相親，始承贄相見之禮；聘禮篇，乃諸侯相交，久無事，使相問之禮；覲禮篇，乃諸侯秋朝天子之禮②。嘉禮之存，惟冠禮篇，乃士之子始加冠之禮；士昏禮篇，乃士娶妻之禮；鄉飲酒禮，乃鄉大夫賓興賢能飲酒之禮；鄉射禮篇，乃士爲州長，會民射於州序之禮；燕禮篇，乃諸侯燕饗其臣之禮；大射儀篇③，乃諸侯將有祭祀之事，與群臣宴飲之禮；公食大夫禮篇，乃諸侯以禮食鄰國小聘大夫之禮。自此之外，如朝覲、會同、郊祀、大饗、帝大喪之禮，蓋皆亡逸，況軍禮無存，非闕細

---

① 「賑」，四庫薈要本、備要本誤作「脤」。
② 「禮」，文淵閣四庫本作「篇」。
③ 「大射儀篇」，文淵閣四庫本作「大射義篇」。

故，此豈散軼已在於夫子正禮之前哉？是以當時吉禮之失，如：魯君之郊，僭天子之禮；孟獻子之禘，七月而爲之；夏父弗綦躋僖公而逆祀；三桓大夫立公廟於私家；管仲鏤簋朱紘；晏平仲豚肩不掩豆；至於太廟說笏，與燔柴於奥，諸侯宫縣①而祭以白牡之類是也。凶禮之失，如：伯魚②喪出母，期而猶哭；子路姊喪，過而弗除；子上母死而不喪；成人兄死不爲衰；有爲慈母練冠，爲妾齊衰者；有居喪沐浴佩玉，與浴於爨室者；有朝祥而暮歌，與既祥而絲屨組纓者；以至小斂而奠於西方，既祖而反柩受弔；有以大夫而遣車一乘；有葬其夫人而醯醢百罋之類是也。賓禮之失，如：天子下堂而見諸侯；諸侯朝覲而私覿主國；王臣以私好而朝諸侯者有焉；諸侯以强大，而盟天子之三公者有焉；庭燎之百，侯國用之，繡黼丹朱中衣，大夫用之者又有焉。嘉禮之失，如：魯昭公娶於吴，則不告天子；魯哀公爲重肆夏以饗③賓；天子以喪賓燕者有之；夫人出境而饗諸侯者有之；大夫④反坫與不識殺烝者又有之。軍禮之失，如：齊桓公亟舉兵作僞主以行；魯莊公及宋戰，以失御而敗；戰而復矢，始於升陘；敗而髽弔，始於臺鮐；以至蒐田不時、丘甲始作之類可考也。又況出師專征，習視故常，爭地黷武，歲無虚日。使禮經舊典具存於當時，則五禮之失，豈至如是之甚哉？由是知周之叔世，禮典已多散逸，蓋不特火於秦而亡於漢也。今考於儀禮、周官、大、小戴記、易、詩、書、春秋傳、孝

① 「縣」，文淵閣四庫本作「懸」。
② 「伯魚」，四庫薈要本作「伯虞」。
③ 「饗」，文淵閣四庫本作「享」。
④ 「大夫」，文津閣四庫本作「夫人」。

經、家語及漢儒紀録，凡有合於禮者，各著其目，列爲五禮之篇，名曰經禮補逸。是編也，於周公經世之典，雖未能極意象之微，然五禮之大體，蓋已包舉無遺，庶幾學者於此，俾由得失以觀其會通，而天之所秩於①造化之運不容息者，卒歸於性命之正，則三代可復也，明時制作之盛，或有擇焉，亦區區愛禮之一得云。」

〔補正〕

自序内「享」俱當作「饗」。「祀春」，「祀」當作「祠」。「蓋已包舉」，「已」當作「略」。（卷五，頁十八）

曾魯序曰：「六籍之闕也久矣，而禮爲甚。漢興，區區掇拾於秦火之餘，而淹中古經，旋復散失，所存者十有七篇而已。周官雖後出，而司空之篇竟莫得補，二戴所傳，又往往雜以秦、漢之記，然則學者之欲靚②夫成周三千三百之目之全，固亦難矣，宜乎其學之寥寥而莫講也。雖以韓子之賢，尚苦難讀，而謂於今誠無所用，矧他人哉！至宋慶曆、元祐諸儒，先後慨然有志於復古。及朱子乃始斷然謂周禮爲禮之綱，儀禮其本經，而禮記其義疏，於是創爲條目，科分臚列，出入經傳，補其遺闕，以爲王朝、邦國、家、鄉、學禮，而喪、祭二禮，則以屬門人黄氏，其有功於學者甚大。然其書浩博，窮鄉晚進有未易以遽究者，祁門汪先生德輔父，間嘗因其成法，別爲義例，以吉、凶、軍、賓、嘉五禮之目，會梓成書，名曰經禮補逸。辭約而事備，讀者便焉。學禮之士，誠能因汪氏之所緝，以達於朱子之書，則三千三百之目雖

① 「於」，四庫諸本作「與」。
② 「靚」，文淵閣四庫本作「觀」。

不可復覩其全，然郁郁乎文之盛，豈不若身歷而目擊之矣乎？昔者竊聞之：禮樂之在天下，有君無臣，則不能以明制作之本，臣能而君不之好，則議論無益於當時，必有大有爲之君，而復有善制作之臣，因治定功成之餘，以明中和之化，而後禮樂之興可必。然則其時也，惜乎先生老且病矣，明良在上，寧不有徵於斯文矣乎？先生生朱子之鄉，嘗游番易吳公可翁之門，篤志古學，老而彌厲，著書滿家，真古所謂鄉先生者也。間出是書以相視，且謂先人與吳公爲同志友，故俾序焉。魯於先生無能爲役，然承命不敢辭之也。」

〔補正〕

曾魯序内，「會梓成書」，「梓」當作「稡」。「身歷」，「歷」當作「履」。「然則其時也」，「則」下脱「今」字。「不敢辭之也」，「之」字當删。（卷五，頁十八）

程敏政書後曰：「鄉先正環谷汪先生著書凡十餘種，惟春秋胡傳纂疏刊行，餘多不傳。蓋聞先生既没，悉被一人竊去，攘爲己書矣。經禮補逸一編，尤號精確，不可得見，可見者，侍郎曾公之序耳。予族孫恕保每語及之，恆切憤恚，思盡復其書之亡者，未能也。其子儒學生啓從予游，知予之惓惓於是，乃百計購得之，其原本雖被改竄，然有附麗，而無刓補，真膺之迹，皦然甚明。使其人重録一過，則先生之故書不可釐正矣，此天不墜斯文，而後學之幸也。先生玄孫文彙、從玄孫仁知等，與恕保力圖刊布，祁門令武昌韓君伯清實助之。予因爲手校，且摹先生之像於編首，别爲附録一卷，使學者得以致高山景行之思焉。」

黄氏潤玉儀禮戴記附注

五卷。

未見。

楊守陳曰：「先生以朱子嘗欲編禮記附儀禮，乃取儀禮析爲四卷，而以禮記比類附之，不類者附諸①卷首②末，亦各有意義。又以五禮獨闕軍禮，因取周官大田禮補之，而以禮記諸篇載田事者附焉，别爲一卷，通五卷，皆爲之注釋，總曰儀禮戴記附注。」

〔補正〕

楊守陳條内，「不類者附諸卷首末」，「首」字當删。（卷五，頁十八）

何氏喬新儀禮敘録

十七卷。

未見。

喬新序曰：「儀禮十七篇，有禮有記。禮則其正經，先儒以爲周公所作；記則述其儀節之詳，蓋周

① 「諸」，文淵閣四庫本作「之」。

② 四庫薈要本無「首」字。

末諸儒所記，以補正經之未備者也。每篇正經居首，而記附焉，自高唐生①所傳，及唐石經皆如此。紫陽朱子作儀禮經傳通解，始以記文附於正經各章之末，臨川吴文正公疑其經、傳混淆，爲朱子未定之稿，乃重加考訂，一仍高堂之舊，而爲之詮次焉，先王之制度，粗可見矣。元季兵火，其書散亡，深可痛惜。喬新弱冠，嘗讀儀禮注疏而愛之，方研究其奥旨，尋以科舉之學中輟。登第以來，讀文正公三禮敘録，又知公嘗考定是經，鋭意求之，庶得以盡心焉，徧訪藏書之家無有也。三禮考注近刻於吾盱，廬陵楊文貞公以爲此文正公所考定，而晏璧彦文掩爲己作者也。竊嘗考之，文正公考定儀禮正經與記，一仍其舊。今考注仍於朱子經傳通解，雜然無倫，其所注釋，徒取鄭玄、賈公彦之説而綴輯焉，亦與易、書、戴記纂言之文不類，決非出於公手，豈晏氏不見公本，而以己意爲之耶？喬新不揣庸②陋，輒因唐人石經，兼考敘録，詳加校定，經自爲經，記自爲記，不相雜糅，其章次則依朱子所定，亦不敢妄爲紛更。冠、昏二篇，賓主問對，冠字醴醮之辭，石本在經文之後，今因朱子，移置各章之末，蓋欲便於讀者也，於是儀禮十七篇復爲完書。嗟夫！秦火之後，先王典禮，十亡八九，其存於世者，惟此十七篇而已。炎漢以來，雖未能舉行，然猶列之學官，師弟子講習焉。自王安石廢經用傳，士大夫知此經者鮮矣，喬新少嘗讀之，而不能無韓昌黎之患，每欲採摭諸儒之説爲之注，以成紫陽、臨川二大儒之志，今學殖荒落，不能爲已。姑校正遺經，藏之家塾，傳之同志，庶幾有好古之士，爲吾所欲爲者，豈非曠世之一快哉？」

① 「高唐生」，依補正、四庫諸本應作「高堂生」。
② 「庸」，文淵閣四庫本作「固」。

〔補正〕

自序内「高唐生」，「唐」當作「堂」。（卷五，頁十八）

程氏敏政**儀禮注**

未見。

丁氏璣**儀禮注**

佚。

湛氏若水**儀禮補逸經傳測**

一卷。

未見。

若水自序曰：「儀逸經篇名者何？曰經之逸也多矣，有士冠而天子諸侯闕，有士昏、士喪而天子諸侯大夫闕，有士大夫祭而天子諸侯闕之。四禮者，其見於公符，雜見於昏義，諸記則有之矣。王居明堂也，中霤也，投壺也，奔喪也，諸經亡者，則有之矣，存者其傳足徵也。予沿是補逸經名，凡十有五，庶幾存羊之意，而諸記或存其傳者耳。」

胡氏纘宗**儀禮鄭注附逸禮**

二十五卷。

未見。

李氏舜臣**禮經讀**

佚。

舜臣自序曰：「余讀冠禮『筮於庿門』，釋者曰『庿，古文廟字也』，蓋十七篇本古文爾，而承以秦隸。至於今則多俗筆，甲乙或易。如昏禮『下達，納采用鴈』，納本補紩，而『鴈，鵝也』，『酢，酸漿也，讀酬酢之酢』，豈不遠哉？不揣弇陋，正以大篆，用其邊旁，以爲楷書，兼以周禮、戴記正焉。」

何氏澄**刊正儀禮纂疏**

未見。

黄虞稷曰：「澄，字應清，歙人，有孝行。」

阮氏琳**儀禮經解**

未見。

王氏樵**校録古禮**

未見。

李氏黼**儀禮集解**

□卷①。

存。

黄虞稷曰：「黼，嘉靖間無錫人。」

王氏志長**儀禮注疏羽翼**

十七卷。

存。

郝氏敬**儀禮節解**

十七卷。

---

①「□卷」，文淵閣四庫本作「十卷」。

存。

敬自述曰："儀禮較周禮切近，周禮懸空鋪張，儀禮周旋裼襲，合下有實地，雖止於十七篇，推而演之，三千三百皆可義起。內鄉射即鄉飲酒禮，大射即燕禮，既夕即士喪禮，有司徹即少牢饋食禮，其實止十有二篇，然不啻詳已。昔之作者舉所嘗聞，潤色補綴，使後世知禮之儀文如是，古人陳迹如是，非責後世一一拘守，亦非士大夫禮存，天子諸侯禮亡之謂也。大抵冠、昏、喪、祭、朝、聘、燕、饗，禮之大端止此；飲食男女，養生送死，人生日用止此；升降進退，周旋規矩，行禮節文止此。天子諸侯，同此人倫，同此儀則，隆殺多寡，因時制宜，此皆行禮節目。朱仲晦欲以儀禮爲經，夫儀之不可爲經，猶經之不可爲儀也。經者，萬世常行；儀者，隨時損益。父子、君臣、夫婦、長幼、朋友，經也；禮儀三百，威儀三千，儀也，皆以節文斯五者。五者，三代相因，而儀者所損益。世儒耳食朱説，欲以儀禮爲經，割諸禮附之，嗟夫！諸禮家言，雖聖人復生，不能盡合矣。虞、夏、殷、周，因革損益，尚不相襲，乃世儒欲彌縫新故不同之迹，以通之百世，就使補輯完備，能必一一可用之今日乎？學禮者，所以貴達也。"

劉氏宗周**儀禮經傳考次**

未見。

陳氏林**儀禮會通圖**

二卷。

未見。

胡氏賓**禮經圖**

一卷。

未見。

譚氏貞良**儀禮名物考**

八卷。

佚。

貞良自序曰：「儀禮之難讀也，由於名物度數之未晰，故覺其辭義之艱深也，使名物度數之既辨，則其艱深者，且文從字順矣。崇禎丙子，秋試擯落，意不自聊，爰合鄭氏之注，賈氏之疏，陸氏之釋文，聶氏、楊氏之圖，以及諸家之説，考其名物度數而詮釋之。嗚呼！尚書百篇，伏生止記憶二十八篇，學者每致憾於古書之散佚，然使其盡存，聱牙詰曲，當無異是書之難讀，縱頒諸學官以取士，士必畏難，而習焉者寡矣。高堂生之禮僅存一十七篇，而士子罕肯誦習，司學校者，寧以小戴之記傳爲經，可爲長太息也。吾故釋其名物度數，俾吾後之人，不以難讀廢之，斯幸甚已①。」

① 「已」，文淵閣四庫本作「矣」。

按：儀禮雖存，治舉子業者，不講久矣。譚公欲便學者誦習，詮其名物度數，立意甚厚。惜也避地漳州之瑢溪，失於寇，亦古經之不幸也。

趙氏魏史**儀禮本義**

十七卷。

存。

魏史①自序曰：「儀禮者，周公監二代而制之以經世者也。中庸云：『優優大哉！禮儀三百，威儀三千。』大經小曲，皆謂之儀。是三百，儀禮之綱領；三千，儀禮之條件。禮經之大全，登孔門者，猶及見之，而孟氏以後，殘缺多矣。漢興，河間獻王得孔壁禮經五十六篇，自十七篇與高堂生所傳同外，餘□②三十九篇在秘府，謂之逸禮。繼以新莽之亂亡焉，故迄今所存，止此而已。其篇次，二戴與劉氏别録參差不同，而鄭本一依劉氏，其註疏，朱子蓋嘗以浮蕪病焉，欲力爲釐正而不果，近代吴氏亦嘗嗣爲考定焉而未盡。值世聖明，文運綦盛，史且賤老，不自揆其迂腐，蓋③心詮次，其間爲之本義如其篇，庶幾私淑前修，竟其未竟之志云。」

---

① 「魏史」，備要本誤作「魏氏」。
② 「□」，四庫諸本無此空格。
③ 「蓋」，四庫薈要本、文淵閣四庫本作「盡」。

錢氏𣚴**儀禮説**

一卷。

存。

張氏睿卿**儀禮考**

一卷。

存。

萬氏斯大**儀禮商**

二卷。

存。

亡名氏儀禮解詁

四卷。

未見。

按：山陰祁氏書目有之。

儀禮節要

三卷。

佚。

張萱曰：「抄本，莫詳撰集姓氏。」

經義考卷一百三十五

儀禮六

馮氏翼翁**士禮考正**

佚。

吉安府志：「馮翼翁，字子羽，永新人。登第授漢陽縣丞，歷官撫州守。劉岳申志其墓，以其父魯山先生暨弟㷭翁謂爲三馮。」

何氏休**冠儀約制**

一篇。

存。

王氏堪冠禮儀

一篇。

存。

杜佑曰：「晉惠帝時人。」

楊氏簡冠記、昏記

各一篇。

佚。

錢氏時冠昏禮

佚。

陳氏普士冠禮説

一篇。

存。載石堂集。

陳氏選**冠儀**

一卷。

未見。

范路曰：「陳選，字士賢，臨海人。天順庚辰進士，廣東左布政使。」

鄭氏若曾**士冠禮解**

一卷。

未見。

羅氏願**昏問**

一篇。

存。

陰氏秉衡**昏禮節要**

未見。

李鎧曰：「秉衡，字振平，内江人。隱居著述，鄉人呼之曰陰孟子。」

王氏承裕**昏禮用中**

未見。

李因篤曰：「王承裕，字天宇，三原人。端毅公恕少子，中弘治癸丑進士，官至南京户部尚書，卒謚康僖。」

王氏廷相**昏禮圖**

一卷。

存。

毛氏奇齡**昏禮辨正**

一卷。

存。

奇齡自述曰：「幼時觀鄰人娶婦，婦至不謁廟，不拜舅姑，牽婦入於房，合巹而就枕席焉。歸而疑之曰：『此非野合乎？若然，則娶與奔何擇焉？』以問塾師，塾師曰：『孺子焉知禮，禮不云乎，不成婦者不廟見，夫不先成婦，而謂可以見舅姑、入祖廟，未之前聞。』予曰：『婦必寢而後成乎？』塾師不能答。會先仲氏從郡歸，急①舉似之，仲氏愀然曰：『斯禮之不明，於今五百年矣，禮無不謁廟者，娶則告迎，入則謁至。曲禮曰「齋戒以告鬼神」，此告迎也。左傳曰「夫人姜氏入」，此謁至也，是故楚公子圍娶於鄭，有曰：圍布几筵，告於莊、共之廟而來。辭以告迎，而鄭公子忽娶於陳，歸不謁至。則陳鍼子譏之曰：「先配而後祖，是不爲夫婦，誣其祖矣。」何以能育，則是婦至之夕，必入而告謁，謂之謁廟，亦謂之朝廟，苟不告迎，是謂蒙先君。蒙者，欺也。不謁至，是謂誣祖，誣者，詐而不實也。欺與詐，即已爲夫婦，而同於不爲，故曰是不爲夫婦。則是不謁祖者不成婦，而反曰不成婦則不謁祖，是明與其書，而倒讀之也。且婦非薦寢而後成也，女之稱婦，在納采時已定之，而納徵則竟成其名，故納采辭曰：「吾子有惠貺室。」某室者，婦人之稱。而納徵則曰：「徵者，成也。」至是，而夫婦可以成也。是以公羊傳曰：「女在家稱女，在塗稱婦。」則在家時雖成婦，然名而不稱，及出門而即稱之，故往娶稱逆婦，既至稱婦入。春秋書法，明明可稽，未聞曰：「娶後三日，而後婦身以成也。」且夫廟見者，非謁見之見，成婦者，非夫婦之婦也。禮以爲婦至之夕，舅姑在堂，則舅姑爲主人，迎而拜之，謂之拜舅姑，而然後帥以謁廟。則此時之拜，賓主之拜也，猶之壻之拜。親迎雖舅壻交拜，而仍不謂之壻見，是以次日質明則上堂，而行婦見之禮，謂之成婦，昏禮所云成婦禮者是也。脱或不幸，而舅姑已亡，則迎婦謁廟，以長者爲主。而上堂之見，質明無有，必待祭而後行之，而祭必以時，一時三月，則感物悽愴，於是入廟，而修婦見之禮，謂之廟見。曾子問所云「三月而廟見，成婦之義」者，誠以入廟見婦不幸之事，故同一成婦，而

① 「急」，文淵閣四庫本作「争」。

婦見稱禮，廟見稱義。以爲婦見，則棗栗腶修，成子婦之儀；廟見，則僅扱地奠菜，而特豚盥饋，不能再舉，但以意行之，而儀節未備，故不曰禮而曰義，亦曰義在所殺耳。然且夫婦之稱成於納徵，而子婦之稱必俟廟見始成之，重子婦而輕夫婦。假未廟見而婦死，則雖爲夫婦三月，而不移於祖，不附於皇姑，歸葬於女氏之黨，曰「未成婦也」。則是久薦枕席，仍未成婦，而必成之於扱地一奠之後。晉江應元所云：貴其成婦，不貴其成妻者，蓋婦妻之辨，其爲重婦而輕妻，成在婦而不在妻，斷斷如此。自世不讀書，不識三禮，不深辨夫子春秋，秖①以宋學爲指歸，而宋人著書，一往多誤。伊川程氏有「三日廟見」之語，而朱元晦作家禮②，即承其誤，而著爲禮文曰：「三日廟見，主人以婦見於祠堂。」且曰：「入門而不見舅姑，三日而始廟見者，以未③成婦也。」夫以曾子所問，夫子所言，三月而廟見，成婦之義，明明正文，而乃曰：「三日廟見，不成婦不廟見。」以三月爲三日，以廟見爲見廟，以子婦而爲夫婦，以死舅姑爲生舅姑，以不廟見不成婦爲不成婦不廟見。以致④五百年來，自宋、元至於今，自流沙至於日出，彼我夢夢，同入酒國，舉生倫大事，男女百年一大嘉會，而草草野合，涉於無賴。至請召賓客，往來簡帖不曰「三日廟見」，則曰「兒媳某日行廟見禮」，抑又以凶喪不吉之辭公然行之。嗟乎！先王先聖安在耶？』予時聞其言，始而驚，既而悟，又既而憤然不平，以爲禮數衰息，安得日發仲氏言，而一一正之。乃驟丁

---

① 「秖」，文淵閣四庫本作「祇」。
② 「家禮」，文淵閣四庫本誤作「家語」。
③ 「未」，文淵閣四庫本作「不」。
④ 「致」，文淵閣四庫本作「至」。

鼎革，流離道路者，越數十年。每就人質難，而不得要領，暨歸休而仲氏逝矣。予嘗考宋學，推其所誤，大抵北宋宗周禮，而王氏誤之，南宋宗儀禮，而朱氏又誤之。荆公以周禮爲周公之書，而文公亦即以儀禮爲周公所著，夫周公著書，亦復何據？獨不曰有夫子之春秋在乎？晉韓宣子聘於魯，觀易、象、春秋曰：『周禮盡在魯矣。』夫春秋何與於周禮？而善觀禮者，即於春秋而得之。誠以先王無禮書，其所言禮，每散見之六籍之間，而春秋所書，較於周制①爲尤切。故予傳春秋，直以禮、事、文、義，立爲四例，而以禮爲首。以爲春秋是非，固有周一代典禮所取正也，乃不通者目之爲春秋之禮。夫先配後祖，春秋之禮也，而知禮者譏之，則不祖者春秋之禮，祖即非春秋之禮，而周之禮也。丁丑婦至，戊寅朝廟，春秋之禮也，夫子特貶而正之。則越日朝廟者，春秋之禮，至日即朝廟者，此非春秋之禮，而周之禮也。夫禮記者，夫子之後之書也，周禮、儀禮雖或爲周時所著，然並非春秋以前夫子經見之書也。況儀禮闕落，舉無全禮②，以儀禮無天子諸侯之禮，而謂天子諸侯必無禮，定非通人；以士昏禮無行媒、朝廟之文，而謂昏禮無媒妁、昏禮不朝廟，是爲妄士。惜予本無學，而仲氏又逝，全禮不明，將以俟後之有學者，因先録昏禮一節，記其所聞於仲氏之所言者，以就正有道，名曰辨正。嗟乎！世豈無知禮者耶？」

---

① 「周制」，文淵閣四庫本作「周禮」。

② 「禮」，四庫薈要本作「體」。

劉氏敞**士相見義**

一卷。

存。

東都事略：「劉敞字原父，袁州臨江人，舉進士甲科，官至集賢院學士，判西京留司御史臺。」

朱子曰：「劉原父卻會效古人爲文，其集中有數篇論全似禮記。」

陳氏師道**士相見禮**

一卷。

未見。

按：聚樂堂藝文目有之。

舒氏芬**士相見禮儀**

一卷。

存。

芬自序曰：「故事，謁闕里者，拜先師孔子畢，乃拜啓聖公，已，則遍觀宗廟之美，始造衍聖公宅，惟升堂再拜而已，芬言當行士相見禮。蓋公聖人之冑，所居所養，必異於人，而此禮又爲孔壁淹中所出也，若夫贄則可依時俗，用帕二方，亦古人將幣遺意，不拘於羔鴈雉腒之飾矣。因録一二策，將以告夫來謁闕里者。」

鄭氏樵**鄉飲禮**

宋志：「三卷。」又圖三卷。

佚。

高氏閌**鄉飲酒儀**

佚。

朱子曰：「紹興初，行鄉飲酒禮，其儀乃是高抑崇撰。如何不看儀禮，只將禮記鄉飲酒義做這文字，是貽笑千古者也。」

王氏炎**鄉飲酒儀**

一卷。

未見。

王氏時會**鄉飲酒禮辨疑**

一卷。

佚。

史氏定之**鄉飲酒儀**

宋志：「一卷。」

佚。

鄭氏起**鄉飲酒書**

佚。

何氏棟如**鄉飲圖考**

一卷。

未見。

許氏孚遠**鄉飲酒禮會通**

未見。

朱氏載堉**鄉飲酒樂譜**

六卷。

存。

繆泳曰：「鄭世子。」

馮氏應京**鄉飲圖説**

一卷。

未見。

駱氏問禮**鄉飲序次圖説**

一卷。

未見。

張氏敞**飲射輯略**

一卷。

未見。

聞人氏詮**飲射圖解**

一卷。

存。

詮序曰：「夫射何爲者也？夫射，聖人所以别賢愚，序長幼，以明禮樂者也。是故以進德者尚其藝，以盡倫者尚其節，以致中者尚其敬，以章順者尚其和。是故藝之德聖而智，節之道孫以通，和敬之施恭以安。君子行此四者，以治其身，則德日進，而家可齊，立不偏而行不疑矣；以之教人，則同德相勸而進不孤，同親相讓而倫不紊，立不獨立而人易親，行不獨行而人易從。是故男子生而懸弧焉，矧蓬以射天地四方，示有事也。自天子以至於庶人，罔不由射，以觀德行。故天子諸侯之射也，必先行燕禮，卿大夫之射也，必先行鄉飲酒之禮。是故燕也者，合學合射以考藝，而進退之，以明嫌義①，以明正道，所以明君臣之義也。飲也者，明貴賤，辨隆殺，象天象地，紀之以日月，參之以三光，合諸鄉射，而孝

① 「義」，文淵閣四庫本作「疑」。

弟之行立，所以明長幼之序也。是故燕必以大射，飲必以鄉射，大射以明君臣之義，鄉射以明長幼之序，皆所不廢也。孔子曰：『吾觀於鄉，而知王道之易易也。』則夫鄉飲、鄉射，夫亦學士之所必不可忽，君子進德盡倫之首事也。是故其藝章而德進矣，其節著而倫盡矣，飾之以禮樂，則所以養德，而俾之周旋中禮者，斯其至矣。嘉靖十有五年，春正月。」

朱子熹**鄉射疑誤**

一篇。

存。

王氏廷相**鄉射禮圖注**

一卷。

存。

廷相自序曰：「鄉射禮者，古大夫、士之射禮也。蓋射於鄉以詢衆庶，而察其志與容，將論賢而不遺也。夫人容止揖讓，而賢不肖以判，行同能偶之際，而好惡趨舍，群以之分，故曰射以觀德。由兹選士，其義廣矣，是故聖王務之。其爲禮也，委曲周盡，動合法象，觀其賓主之情，禮樂之節，器制之數，區位之宜，登降之容，獻酬之飾，蓋洽於人情，達於倫義者矣。君子一游於是，則和順①從容之心油然以興，鄙陋陵躐之氣如蛻斯釋。仁愛可以推之庭塾，忠敬可以推之君長，恂篤可以推之州閭，慈惠可以推之民庶，有非勉爾也，不言而會通者矣。仲尼曰：『吾觀於鄉，而知王道之易易也。』豈不信然哉？舊有關中本獨取三射，而略獻酬，學士之慕古者，恆以全禮②病之，然時異勢殊，亦難盡然矣。余乃取儀禮本篇，類次其事爲四十五節。省而不行者四節，舉射者二③十三節，通舉者四十一節，復取諸家疏解及舊圖注附之，仍會以今儀，以便習事。嗟乎！古今異宜，禮難盡一。禮者，情也，禮不同而情同，古亦幾矣。感物撰德，夫焉不足哉？故曰存乎其人焉耳。庾亮、武昌，亂區④也，舉古賓射時，士歎其有洙泗之風；劉昆、陳留，野儒也，桑弧蒿矢以習射，而縣令率屬就觀。況世會和平，彷彿隆古之運，有以禮樂自任者，則風動物化，夫豈不遠哉？」

葉氏良佩**燕射古禮**

一卷。

未見。

① 「順」，文淵閣四庫本作「盛」。

② 「禮」，文淵閣四庫本作「體」。

③ 「二」，文淵閣四庫本作「三」。

④ 「區」，文淵閣四庫本作「臣」。

徐氏樾**燕射禮儀**

一卷。

未見。

黔記：「貴州提學道貴溪徐樾撰。」

李延是①曰：「樾，中嘉靖壬辰進士。」

彭氏良臣**射禮纂**

一卷。

未見。

陳氏鳳梧**射禮集要**

一卷。

存。

繆泳曰：「陳鳳梧撰，冀北郭登庸爲湖廣提學副使，刊行之。」

---

① 「李延是」，文淵閣四庫本誤作「李延景」。

謝氏少南**射禮纂要**

一卷。

未見。

楊氏道賓**射禮儀節**

一卷。

未見。

繆泳曰：「晉江楊侍郎，官國子司業，著有射禮儀節，而江夏郭文毅加以考證成書。」

劉賢序曰：「國學故有高皇帝欽定射儀，出於草創之世，百戰之餘，士亡不争先命中者。禮取其足以銷雄心、抑勁氣而止，以故節目疎闊。其後涇野呂氏更定之，承平之時，道在潤色，意在會通其典故，綢繆其文章，是故制詳而教備。蓋欽定之儀，有射而後有儀，義主忠質；考定之儀，有儀而又增飾之，雖曰適中，然以①文勝矣。此温陵楊荆巖先生射禮儀節之所由纂也。夫禮苟繁，而使人病於難行，非所以爲禮，先生其穆然有□②從先進之思乎。江夏郭君，博物君子也，既以此書教習多士，而又爲之考射

---

① 「以」，四庫薈要本作「已」。

② 「□」，四庫薈要本、文津閣四庫本作「吾」，文淵閣四庫本無此空格。

法、射器、射職，以至位次、聲詩，繪圖附説，一準諸古，以廣先王造士之意。用壽、諸梓兩先生之思挽世道於古初者，實俔於此，孔子曰：『吾觀於鄉，而知王道之易易也。』讀儀節①一編，兩先生之所以佐王道者，豈其難哉？」

朱氏縉**射禮集解**

□②卷。

存。

縉序曰：「鄉射禮文具在，周公儀禮，鄭玄有注以釋其義矣，今復何爲而有是集解耶？蓋儀禮古文，昌黎嘗苦其難讀，鄭注簡切，後學罔晰其精微。矧③元聖之言，至理攸寓，窮之而愈無窮，味之而益有味乎？世儒著有射禮纂要、直指、節要等書，撰次雖爲詳明，而今之演習古射者，多慮漫無依據，艱於效慕，此集解所以不容不作也。是故祖述儀禮，參考群籍，要殊於同，會萬於一。先之以序事，使各有所執也；次之以考物，使各有所知也，然後設位以立周旋之準，陳器以備禮樂之文。儀節終始，次第具述，無非咀味古人糟粕，而演繹之耳。詎敢罔④作聰明，以亂典章之舊哉？復乃召集諸生，講解明悉，分

① 「儀節」，文淵閣四庫本誤作「儀禮」。
② 「□」，四庫薈要本、文淵閣四庫本注「闕」。
③ 「矧」，文淵閣四庫本作「況」。
④ 「罔」，文淵閣四庫本作「妄」。

以執事。未幾，按禮畫圖，舉而行之，則見其雍雍然，肅肅然，容止有儀，進退有度，甚矣！禮能變化人之氣質，何如是之速也，不足以徵德行之立乎？兼之禮器古樸，音樂鏗雅，時來觀者絡繹，依稀矍相堵墻，何者？殆原古禮廢墜日久，駭見修舉於學，宜其人皆争先而快覩之，亦不足爲異也已矣。事竣，舉人李生良能、貢士張生師夔，暨李生九敘、劉生玉光，偕通學諸生，力請備紀①，以風來學，辭終弗獲。竊惟宣父言夏、商之禮，尚慨杞、宋之無徵；晦庵撰楚辭之注，尤多闕疑之未訂，顧愚管窺蠡測之見，曷敢衒售以貽名家宗工之笑歟？雖然，敦行古禮，以正士習，實典文教者之責任也，義亦不得遜避，乃敢忘其蕪陋，庸書以爲序云。時嘉靖戊戌秋八月。」

李延是曰：「縉，零陵舉人，署郲縣儒學教諭。」

林氏文奎**射禮圖注易覽**

一卷。

未見。

吴氏霞**射禮輯説**

未見。

---

① 「紀」，文淵閣四庫本作「記」。

閩書：「吳霞字汝華，海澄人。」

姚氏坤**射禮直指**

一卷。

未見。

劉氏瞰**公食大夫義**

一卷。

存。

方氏回**覲禮辨**

一篇。

存。

經義考卷一百三十六

儀禮七

戴氏德**喪服變除**

舊唐志：「一卷。」通志略同。

佚。

〔校記〕

王謨、馬國翰均有輯本。（儀禮，頁三八）

馬氏融**喪服經傳注**

隋志：「一卷。」

佚。

〔校記〕

王謨、馬國翰均有輯本。馬氏注，黄奭亦有輯本。（儀禮，頁三八）

鄭氏玄**喪服譜注**

隋志：「一卷。」

佚。

〔校記〕

孔廣林、袁鈞、馬國翰均輯鄭氏喪服變除。（儀禮，頁三八）

喪服經傳注

隋志：「一卷。」

佚。

劉氏表**後定喪服**隋志作「喪禮」。

隋志：「一卷。」

佚。

〔校記〕

馬國翰輯本作新定禮。（儀禮，頁三八）

按：杜佑通典引劉表後定喪服文云：「父亡在祖後，則不得爲祖母三年，以爲婦人之服不可踰夫。孫爲祖服周，父亡之後，爲祖母不得踰祖也。」又云：「既除喪，有來弔者，以縞冠深衣於墓受之，畢事反吉。」又云：「君來弔臣，主人待君到，脱頭絰，貫左臂，去杖，出門迎。門外再拜，乃厭，還，先入門，東壁向君讓。君於前聽進，即堂先哭。乃止，於廬外伏哭，當先君止。君起致辭，子①對而不言，稽顙以答之。」

蔣氏琬**喪服要記**

隋志：「一卷。」

佚。

蜀志：「蔣琬字公琰，零陵湘鄉人。爲尚書令，遷大將軍，録尚書事，封安陽亭侯，延熙元年命開府，明年就加爲大司馬，卒謚曰恭。」

王氏肅**喪服要記**

隋志：「一卷。」

①「子」，備要本誤作「于」。

佚。

〔校記〕

王謨、馬國翰有輯本。（儀禮，頁三八）

按：王氏喪服要記，孔氏正義、杜氏通典多引之，其魯哀公葬父一篇，散見群書，今會粹爲一，可以補永嘉薛氏孔子集語所未及。文曰：「魯哀公祖葬其父，孔子問曰：『寧設桂樹乎？』哀公曰：『不也。桂樹者，起於介子推，子推，晉之人也。文公有内難，出國之狄，子推隨其行，割肉以續軍糧。後文公復國，忽忘子推，子推奉唱而歌，文公始悟當受爵。子推奔介山，抱木而燒死，國人葬之，恐其神魂貫於地，故作桂樹焉。吾父生於宮殿，死於枕席，何用桂樹爲？』孔子問曰：『寧設三桃湯乎？』哀公曰：『不也。桃者，起於衛靈公有女，乳母送新婦就夫家，道聞夫死，乳母欲將新婦返，新婦曰：「女有三從，今屬於人，死當卒哀。」因駕素車白馬，進到夫家，治三桃湯以沐死者，出東門北隅，禮三終，使死者不恨。吾父無所恨，何用三桃湯爲？』孔子問曰：『寧設五穀囊乎？』哀公曰：『不也。五穀囊者，起伯夷、叔齊讓國，不食周粟，而餓於首陽之山，恐魂之饑，故作五穀囊。吾父食味含哺而死，何用此爲？』孔子問曰：『寧設菰廬乎？』哀公曰：『不也。菰廬，起太伯，太伯出奔，聞古公崩，還赴喪，故作菰廬以障其尸。吾父無太伯之罪，何用此爲？』孔子問曰：『寧設桐人乎？』哀公曰：『不也。桐人，起於齊人，虞卿遇惡，繼母不得養，父死不能葬，知有過，故作桐人。吾父生得供養，何用桐人爲？』孔子問曰：『寧設魂衣乎？』哀公曰：『不也。魂衣，起苑荆於山之下，道逢寒死，友哀往迎其尸，愍神之寒，故作魂衣。吾父生服錦繡，死於衣被，何用魂衣爲？』」酈善長謂孔子非璠璵，送葬安用桂樹爲禮乎？王肅此證近於誣矣。

喪服經傳注

隋志：「一卷。」

佚。

〔校記〕

黄奭、馬國翰有輯本。（儀禮，頁三八）

射氏慈**喪服變除圖**

七録：「五卷。」

佚。

〔校記〕

王謨、黄奭、馬國翰均有輯本。（儀禮，頁三九）

陸德明曰：「慈，字孝宗，彭城人，吴中書侍郎。」

隋書：「慈，吴，齊王傅。」

喪服天子諸侯圖

舊唐志：「二卷。」

佚。

杜氏預**喪服要集**

隋志：「二卷。」

佚。

〔校記〕

馬國翰有輯本。（儀禮，頁三九）

袁氏準**喪服經傳注**

隋志：「一卷。」

佚。

衛氏瓘**喪服儀**

隋志：「一卷。」

佚。

劉氏逵**喪服要記**

七録：「二卷。」

佚。

隋書：「逵，晉侍中。」

崔氏游**喪服圖**

舊唐志：「一卷。」

佚。

晉書：「崔游，字子相，上黨人。魏末，察孝廉，泰始初，拜郎中。年七十餘，猶敦學不倦，撰喪服圖，行於世。」

賀氏循**喪服要紀**

七録：「六卷。」隋志、舊唐志：「十卷。」

佚。

〔補正〕

丁杰按：上文王肅及此賀循所撰，隋志作「要記」，舊唐志「記」俱作「紀」，本書於上文從隋志，於此從舊唐志，蓋不能定其孰是也。（卷五，頁十九）

〔校記〕

馬國翰有輯本。（儀禮，頁三九）

喪服譜

隋志：「一卷。」

佚。

孔氏倫**集注喪服經傳**

隋志：「一卷。」

佚。

〔校記〕

馬國翰有輯本。（儀禮，頁三九）

陸德明曰：「集衆家注。」

蔡氏謨**喪服譜**

隋志：「一卷。」舊唐志同。

佚。

〔校記〕

馬國翰有輯本。（儀禮，頁三九）

環氏濟**喪服要略**

隋志：「一卷。」

佚。

孔氏衍**凶禮**

隋志：「一卷。」

佚。

葛氏洪**喪服變除**

隋志：「一卷。」

佚。

〔校記〕

馬國翰有輯本。（儀禮，頁三九）

陳氏銓**喪服經傳注**

隋志：「一卷。」

佚。

〔校記〕

馬國翰有輯本。（儀禮，頁三九）

劉氏德明**喪服要問**

七録：「六卷。」

佚。

裴氏松之**集注喪服經傳**

隋志：「一卷。」

佚。

〔校記〕

馬國翰有輯本。（儀禮，頁三九）

陸德明曰：「松之，字士期，河東人。宋太中大夫，西鄉侯。」

庾氏蔚之喪服要記

七録：「三十一卷。」

佚。

隋書：「宋員外郎散騎常侍庾蔚之撰。」

〔補正〕

丁杰按：隋書經籍志於衛瓘喪服儀下云：「梁有喪服三十一卷，庾蔚之撰。」又賀循喪服要記下云：「梁有喪服要記，庾蔚之注。」又舊唐書經籍志云：「喪服要紀十卷，賀循撰，庾蔚之注。」合二志考之，則七録所謂「喪服三十一卷，庾蔚之撰」者，乃别是一書，非庾所注之要記也，此以二書合爲一，誤。

（卷五，頁十九）

喪服世要

七録：「一卷。」

佚。

費氏沈**喪服集議**

七録：「十卷。」

隋書：「宋撫軍司馬費沈撰。」

佚。

雷氏次宗**略注喪服經傳**

隋志：「一卷。」

佚。

〔校記〕

馬國翰有輯本。雷氏略注，王謨亦有輯本。（儀禮，頁三九）

釋慧皎高僧傳：「慧遠講喪服經，雷次宗、宗炳等並執卷承旨。次宗後別著義疏，首稱雷氏，宗炳因寄書嘲之曰：『昔與足下共於釋和尚間面受此義，今便題卷首稱雷氏乎？』」

周氏續之**喪服注**

佚。

蔡氏超宗**集注喪服經傳**

隋志：「二卷。」

佚。

劉氏道拔**喪服經傳注**

七録：「一卷。」。

佚。

陸德明曰：「彭城人，宋海豐令。」

張氏耀**喪服要問**

七録：「二卷。」

佚。

崔氏凱**喪服難問**

七録：「六卷。」

佚。

〔校記〕

馬國翰有輯本。（儀禮，頁三九）

王氏儉**喪服古今集記**

隋志：「三卷。」舊唐志同。

佚。

〔校記〕

馬國翰有輯本。（儀禮，頁三九）

喪服圖

隋志：「一卷。」

佚。

〔補正〕

杰案：此處空三行，今將隋、唐經籍、藝文志喪禮書目逐一檢對，前後已收採無遺，知此三行乃誤空也。（卷五，頁十九）

田氏僧紹**集解喪服經傳**

隋志：「二卷。」

佚。

司馬氏瓛**喪服經傳義疏**

七録：「五卷。」

佚。

隋書：「司馬瓛，齊散騎郎。」

王氏逸**喪服世行要記**舊唐書「逸」作「逡之」。

隋志：「十卷。」

佚。

隋書：「齊光禄大夫王逸撰。」

樓氏幼瑜**喪服經傳義疏**

七録：「二卷。」

佚。

隋書：「幼瑜，齊給事中。」

劉氏瓛**喪服經傳義疏**

七録：「一卷。」

佚。

沈氏驎士**喪服經傳義疏**

七録：「一卷。」

佚。

袁氏祈**喪服答要難**

隋志：「一卷。」舊唐志同。

佚。

唐書：「趙成問，袁祈答。」

賀氏游**喪服圖**

隋志：「一卷。」

佚。

崔氏逸**喪服圖**

隋志：「一卷。」

佚。

裴氏子野**喪服傳**

隋志：「一卷。」

佚。

賀氏瑒**喪服義疏**

隋志：「二卷。」

佚。

何氏𤫉①**喪服治禮儀注**七録作士喪儀注。

唐志：「九卷。」

佚。

何氏佟之**喪服經傳義疏**

隋志：「一卷。」

佚。

隋書：「佟之，梁尚書左丞。」

皇氏侃**喪服文句義疏**

隋志：「十卷。」

佚。

---

①「𤫉」，四庫薈要本作「胤」。

喪服答問目

隋志：「十三卷。」

佚。

孔氏智**喪服釋疑**

七録：「二十卷。」

佚。

謝氏嶠**喪服義**

隋志：「十卷。」

佚。

隋書：「嶠，陳國子祭酒。」

袁氏憲**喪禮五服**

隋志：「七卷。」

佚。

隋書：「憲，大將軍。」

王氏隆伯**喪禮鈔**

隋志：「三卷。」

佚。

張氏沖**喪服義**

三卷。

佚。

沈氏文阿**喪服經傳義疏**

舊唐志：「四卷。」

佚。

喪服發題

舊唐志：「二卷。」

佚。

謝氏徽喪服要記注

佚。

舊唐志：「五卷。」注：賀循書。

〔補正〕

舊唐志「徽」訛「微」，此從通典。（卷五，頁十九）

〔校記〕

王謨有輯本。（儀禮，頁三九）

按：杜氏通典引喪服要記文云：「公子之二宗，皆一代而已，庶兄弟既亡之後，各爲一宗之祖也。」其下有徽注云：「母弟與①妾子則貴，於嗣子則賤，與妾子同爲庶故也。既死之後，皆成一宗之始祖，即上所謂別子爲祖也。」又要記下文云：「嫡繼其正統者，各自爲大宗，乃成百世不遷之宗也。」其下有徽注云：「賀公答庾元規云：『雖非諸侯別子，始起是邦，而爲大夫者，其後繼之，亦成百代不遷之宗。』鄭玄亦云：『太祖謂別子始爵者也，雖非別子始爵者亦然。』愚謂是起是邦始受爵者。又問：『別子有十人，一族之中可有十大宗乎？』『然。』賀答傅純云：『別子爲祖，不限前後，此爲每公之子皆別也。』」又要記云：「凡諸侯之嗣子繼代爲君，君之群弟不敢宗君，君命其母弟爲宗，諸弟宗之，亦

① 「與」，依補正、四庫諸本應作「於」。

謂之大宗，死則爲齊衰九月。」其下有徽注云：「母弟雖貴，諸弟亦不敢服，既爲宗主，則齊衰九月，其母小君也，其妻齊衰三月，如大宗也，以母弟之貴故也。」又要記下文云：「若無母弟，則命庶弟之大者爲宗，諸弟宗之，亦如母弟，則爲之大功九月。」下有徽注云：「此大傳之小宗也，其母妻則無服，女公子服宗亦與男同。」要記下文云：「此二宗者，一代而已。」下有徽注云：「此二宗者，一代而已。」①下有徽注云：「此二宗亦不得並，故大傳曰：『有大宗而無②小宗者，有小宗而無大宗者，公子之謂也。』」

〔補正〕

竹垞按內「母弟與妾子」，「與」當作「於」。「『此二宗者，一代而已』，下有徽注云」，此十三字複出，當刪。（卷五，頁十九）

---

① 「下有」至「而已」等十三字疑涉上文而衍。

② 「無」，文淵閣四庫本誤作「庶」。

經義考卷一百三十七

儀禮八

孟氏詵**喪服正要**

唐志：「二卷。」

佚。

舊唐書：「孟詵，汝州梁人，舉進士。垂拱初，累遷鳳閣舍人，出爲台州司馬，後累遷春官侍郎，長安中，爲同州刺史。」

殷氏价**喪服極議**

通志：「一卷。」

佚。

龐氏景昭**喪服制**

通志：「一卷。」

佚。

張氏薦**五服圖**

佚。

裴氏茝**五服儀**

唐志：「二卷。」

佚。

新唐書：「茝，元和太常少卿。」

仲氏子陵**五服圖**

通志：「十卷。」

佚。

新唐書：「貞元九年上。」

伊氏失名**喪服雜記**

七録：「二十卷。」

佚。

徐氏失名**喪服制要**

隋志：「一卷。」

佚。

王氏失名**喪服記**

隋志：「十卷。」

佚。

嚴氏失名**喪服五要**

隋志：「一卷。」

佚。

卜氏失名駁喪服經傳

隋志：「一卷。」

佚。

樊氏失名喪服疑問

隋志：「一卷。」

佚。

戴氏失名喪服五家要記圖譜

七録：「五卷。」

佚。

亡名氏喪服義鈔

隋志：「三卷。」

佚。

喪服經傳隱義

七録：「一卷。」

佚。

喪服要略

隋志：「二卷。」

佚。

喪服祥禫雜議

七録：「二十九卷。」

佚。

喪服雜議故事

七録：「二十一卷。」

佚。

喪服君臣圖儀

七録：「一卷。」

佚。

五服圖

隋志：「一卷。」

佚。

五服圖儀

隋志：「一卷。」

佚。

五服略例

隋志：「一卷。」

佚。

喪服要問

隋志：「一卷。」

佚。

喪服假寧制

隋志：「三卷。」

佚。

論喪服決

隋志：「一卷。」

佚。

士喪禮儀注

唐志：「十四卷。」

佚。

五服志

宋志：「三卷。」

佚。

喪服加減

宋志：「一卷。」

佚。

崇文總目：「不著撰人名氏，雜記服制增損，文無倫次。」

五服儀

一卷。

佚。

五服法纂

一卷。

佚。

以上二書，載紹興續编到四庫闕書目。

梁氏觀國**喪禮**

五卷。

佚。

廣東通志：「梁觀國，字賓卿，南海人。再薦於鄉，不第，力排佛老，編喪禮五卷，革用道釋者，門人稱曰歸正先生。」

韓氏挺**服制**

宋志：「一卷。」

佚。

李氏隨**吉凶五服儀**

宋志：「一卷。」

佚。

劉氏筠**五服年月數**

宋志：「一卷。」

佚。

呂氏大臨**編禮**

三卷。

未見。

晁公武曰：「以士喪禮爲本，取三禮附之，自始死至祥練，各以類分，其施於後學甚惠，尚恨所編者，五禮中，特凶禮而已。」

沈氏括**喪服後傳**

佚。

括自述曰：「予爲喪服後傳，書成，熙寧中，欲重定五服，勑而予預討論雷、鄭之學，闕謬頗多。」

鄭氏文遹**喪服長編**

佚。

楊氏簡**喪禮家記**

一卷。

佚。

馮氏椅**喪禮**

佚。

葉氏起**喪禮會經**

未見。

黄虞稷曰：「起，字振卿，永嘉人。其書虞集爲之跋。」

車氏垓**内外服制通釋**

九卷。

存。

馬良驥曰：「公諱垓，字經臣，少諱若，綰鄉人所稱雙峰先生者也。居黄巖，領鄉薦，不第，季父詔溪先生安行，登永嘉潛室陳先生埴之門，公與從兄若水俱受學焉。凡河圖、洛書，先天太極之精微蕴奧，靡不探賾；異端百家之説，必反覆辨訂。至於禮經尤詳，如深衣之績①袵，先儒未有一定之論，公則用注疏皇氏廣頭在下之説，改正績②袵爲之③裳之上、衣之傍，而後深衣之制始得其宜。喪服親疏之隆殺，文公家禮尚或遺略，公乃作内外服制通釋一篇，其於正降義加多以義起，以補文公之未備，士之習禮者得之，如指諸掌焉。景定中，會稽王華甫守台於城之東湖，建上蔡書院，首聘公兄弟，處以賓職。咸淳中，朝廷以特科授迪功郎建寧浦城縣尉，公既老，遂不赴。」

牟楷序曰：「余聞雙峰先生服制有書舊矣，而常恨莫之見也。年幾耳順，先生之子大雅翁始編以示余，且俾題其首。余以晚學辭，弗獲，遂爲之言曰：美哉是書，其文公家禮之羽翼歟！或曰：『喪服之制，家禮備矣，此書之作，不殆於贅乎哉？』余謂不然，家禮著其當然，此釋其所以然也。孔子曰：『民可使由之，不可使知之。』徒由之而不求以知之，可乎哉？此先生之書所以作也。然禮有冠、昏、喪、祭，而此獨有取於喪，又何歟？禮之行由於俗之厚，俗之厚由於喪之重也，周公所以成周家忠厚之俗，亦惟喪、祭之重而已。喪、祭之重，民俗之厚也，民俗厚而後冠、昏之禮可行矣。噫！親喪固所自盡也，世降俗澆，齊、斬且莫之盡，況期功乎？期功之正者，且莫之盡，況若義、若降、若加者乎？噫！安得如先生者出，而司風俗之柄，即是書而躬行之，且律天下之人盡行之，則變澆爲淳，有不難者矣。噫！後之人讀是書而昧於天理者，烏足以知先生之心哉？先生姓車氏，諱垓，字經臣，玉峰先生之委

①② 「績」，四庫薈要本作「續」。

③ 文淵閣、文津閣四庫本無「之」字。

也。至元後己卯暢月。」

張復跋曰：「雙峰先生内外服制通釋，余聞其書①舊矣，今始獲一覩，其發明朱夫子家禮，殆無遺蘊，豈曰小補之哉？因思丱角時，從玉峰先生於上蔡東湖書院，引試聖則堂，舉孟子『使契爲司徒，教以人倫』章爲題，先生曰：『此帝堯命契教天下萬世以人道之始也。』余對曰：『朱夫子喪禮一書，豈非教天下萬世以人道之終乎？』先生喟然曰：『小子真能以隅反矣。』雙峰先生，玉峰先生之姪也，宜其熟於禮也。烏乎！微契不能啓之於前，微朱夫子不能成之於後，微先生通釋，又不能使後人行著而習察也。讀先生之書者，孝弟之心油然，如風之於草，雷之於蟄，豈曰小補之哉？時至元後庚辰六月。」

子瑢跋曰：「先君成此書，未脱稿而更化，及奔竄山谷，竟以疾終，家塾悉爲煨燼。時瑢兄弟尚幼，若罔聞知。洎長有識，而手澤無存，蚤夜痛心，有負先志。歲庚午春，先師栖筠鄭先生亡，余往弔，於先生書房中見内外服制通釋一書，儼然具在，驚喜無地。栖筠蓋先君之愛友，曾傳之，於是編寫成帙，衆謂是書有補世教，瑢不敢私，遂鋟諸梓，與衆共之。至元後戊寅孟春。」

從子惟賢跋曰：「是書之出，可與文公喪禮相表裏而並行也。或曰：朱子一代道學之宗，其肩可比乎？曰：不然。朱子於是書，猶君子之射也；我伯父雙峰於是書，乃養由基之射也。學專而精、詳而明，有補家禮之未備，有發前賢之未發，非謂學問相高也。爲之圖使人易見，爲之釋使人易知，易見易知，親疏隆殺之等，人人可得而盡矣。必師友講説云乎，有補於治道明矣。時至元後戊寅仲夏。」

① 「書」，文淵閣四庫本作「事」。

按：車氏書，予所儲者，闕第八卷以後，八書①目爲三殤以次降服，應服期而殤者，降服大功、小功；應服大功而殤者，降服小功、緦麻；應服小功而殤者，降服緦麻。卷九爲深衣疑義。

〔四庫總目〕

朱彝尊經義考曰：「車氏書，余所儲者，闕第八卷以後，卷八書目，爲三殤以次降服，應服期而殤者，降服大功、小功；應服大功而殤者，降服小功；應服小功而殤者，降服緦麻。卷九爲深衣疑義。」其標題則仍稱九卷，注存而不注闕，蓋未敢斷後二卷之必佚。（卷二十，頁四三，内外服制通釋七卷提要）

葉氏起喪禮會記

佚。

虞集後序曰：「先王既遠，禮樂崩壞，秦、漢以來，諸儒相與綴緝所傳聞，而誦説之，使後世猶得稍見緒餘者，則其功也。然其臆説，自爲牴牾，亦不無焉，自非真知聖人之道，不能有所決疑於其間。伊、洛諸君子出，然後制作之本，蓋庶幾矣。至於朱子，將觀於會通，以行其典禮，故使門人輯爲儀禮經傳通解，其志固將有所爲也。事有弗逮，終身念之，而所謂家禮者，因司馬氏之説，而粗加檃括，特未成書，而世已傳之。其門人楊氏以其師之遺意，爲之記注者，蓋以補其闕也。昔者戴氏之所記，言喪禮者

① 「書」，備要本作「卷」。

獨多，而楊氏之書，獨喪禮尤備，豈不以人倫之大，死生之際，而凶禮爲最重者乎？小子不敏，竊有意於其遺説之一二，然學未足，而年已邁，而亦未獲少有發明，是以常有感於斯。而永嘉葉起振卿之來京師，出所爲喪禮會紀以示余，其言曰：『昔服親之喪也，或有不得於心則疑，於理有所未盡，求諸家禮，則又見其足以少正，於今而疑其未備合於古，乃博考經傳，以爲此書，垂十五年而後成。』振卿時從事府史，公退之暇，人事盡廢，畢力於斯，故其詳整如此，然猶以爲未足，又將益考其所未至者焉。嗚呼！其志亦可尚矣。觀振卿之恂恂愿慤，嚴覈堅苦，悲世俗之衰微，求古昔之廢墜，亦其有見而不能自已，殆非求知於當時，以自衒者也。顧不鄙余，而俾與觀焉，余將留振卿以共成其志，而振卿授温陵幙官以出。余雖在成均，會朝廷多禮文之事，亦忽忽不暇，故略敘梗概，而歸温陵之士，尚多先代之遺聞乎，可以參徵。而振卿精神不衰，益加潤色，宜必有不止於斯者，請見於他日，尚未晚也。」

戴氏石玉**治親書**

三卷。

佚。

虞集序曰：「治親書者，戴君石玉之所編也。其意以爲，記禮者有曰：聖人南面，而聽天下，所宜①先者五，一曰治親。故雜取爾雅、儀禮、戴氏記及先儒之言而成之，凡三篇：一曰釋親，二曰宗法，三曰

① 「宜」，文淵閣四庫本誤作「且」。

服制，而親親之道備矣，品節之禮辨矣。予讀之而歎曰：考之於書，帝堯則曰『以親九族』，帝舜則曰『察於人倫』，其命契也，亦曰『百姓不親，五品不遜，敬敷五教，在寬』，然則治天下者，思盡人道以成善治，豈有出於此乎？今布衣韋帶之士，坐誦書史，慨然思古聖人爲治之道，有取於聖經賢傳，著而爲書，以自見其學，其必有見也夫。夫大學之道，其極致在於平天下，蓋其所講者如此，又何疑也？夫親親之名立，内有其序，外有其別，禮可得而行矣。名之不立，則或昧於一本之立，迷於疏戚之辨，謬於愛敬之節，溺於鄙倍狎昵之私，此犯上好亂之所由起也。治親而首釋，可謂善矣。古者天子有天下，諸侯有國，大夫有家，故宗法可得而行焉。秦人壞封建，後世雖復建侯立國，不能如王之制，故宗法不得行，而士無田不可以祭，則惡在其爲宗乎？爲士者猶然，況庶人乎？是故學者肆其説，而傳之可也。石玉所謂君子行其意者，庶幾得之。若夫服制之説，今所敘列先王之法、時君之訓、先儒之説，可謂備矣，余竊有慨焉。喪服者，所以著其哀，所以稱其情也。世俗淪降，不能三年之喪者多矣，又何緦小功之足察乎？雖然，君子之爲道也，亦教之孝弟而已矣。五十而慕，庶幾有聞大舜之風者焉。則其立制也，嘗欲節其過，以勉其不及焉。則凡石玉之所序者，可考而通之，以就其可行者矣。噫！論至於此，亦不過肆其説而傳①之云耳，不亦悲夫！孟子曰：『天下之本在國，國之本在家，家之本在身。』爲人上者，不有躬行心得之君子，孰能與於此哉？方今聖明在上，人文方興，必有諸侯王大臣能獻其書，以就一王禮

①「傳」，文淵閣四庫本作「通」。

樂之盛，千①數百年之間，戴氏復以禮顯，不亦偉與？」

〔補正〕

虞集序内「所宜先者五」，「宜」字當據禮記大傳改「且」。（卷五，頁二十）

張氏璦**喪服總類**

佚。

龔氏端禮**五服圖解**

未見。

周氏南老**喪禮舉要**

未見。

徐氏駿**五服集證**

一卷。

---

①「千」，備要本作「于」。

〔校記〕

四庫存目作六卷。（儀禮，頁三九）

存。

駿自序曰：「喪者，凶事也。聖人必達之喪，而使人盡夫送終之誠，故制五服，以取法於天地陰陽，別乎親疏之等，俾不相瀆亂者，故馮鼎元有曰：『禮莫嚴於五服，而五服莫嚴於父母，有父母，然後有吾身，身其枝也，終喪之服，可不嚴乎？』駿不自揣己，謹按文公家禮及我太祖高皇帝制製孝慈録，間亦採摭先儒至當之論，附以臆見之言，爲五服問答，凡三謄稿，始克成編，名曰五服集證。嘗以質諸先達，咸曰：『雖裒集衆説，以釋其義，足可俾爲人子者習之，以知其尊卑隆殺之道，而哀痛之心，莫不油然以生，則五服庶無相瀆者矣。』福建士夫書林詹氏讀書好禮，見而喜曰：『此五服書不可私於己。』遂慨然捐鏹，命工鋟梓，以永其傳。駿深懼舛駁，不能盡夫五服之旨，僭踰之罪，莫可逃乎，後之君子，倘改而正諸，則非惟區區之幸，抑亦後學之幸也。時正統三年，歲次戊午春二月。」

姜氏①璉**喪禮書**

未見。

黄虞稷曰：「璉，字廷器，蘭谿人。天順庚辰進士，歷知永平、贛州二府事。」

① 「姜氏」，備要本作「夏氏」。

蔡氏芳**喪禮酌宜**

未見。

温州府志："芳，字茂之，平陽縣人。弘治戊午舉人，官福建運副。"

王氏廷相**喪禮論**

一卷。

存。

魏坤曰："王氏喪禮論，並喪一，改葬二，嫂叔服三，喪中祭四，服官政五，葬北首六，遷廟七，過期葬八，居喪見人弔人食人遺人九，貧葬十，喪未歛服十一，居喪服食起居十二，喪服諸志十三，魂帛十四，衰制十五，風水十六，喪次十七，具載家藏集中。"

劉氏績**喪服傳解**

未見。

績自序曰："漢初，高堂生爲博士，傳儀禮十七篇。至武帝末，魯恭王壞孔子宅，得亡儀禮五十六篇，字皆篆書古文，其十七篇與高堂生所傳者同，其餘三十九篇，絶無師説，在於秘館，先儒以爲周公作。按記：『哀公使孺悲之孔子學士喪禮，士喪禮於是乎書。』則中晦而孔子述之者也。獨喪服，子夏爲傳，豈以通上下，兼經權，難知與？漢末，鄭玄爲十七篇注，唐賈公彦爲疏，其他皆亡矣。宋朱子爲通解，門人楊復爲圖，至敖繼公爲集説。嗚呼！去周、孔數千年，習者不知幾何人，傳者尚有此數家，然皆精不知藴奥，粗并亡制度，禮亦難言矣。我朝太祖有意於是，而儒臣近蹈前訛，惜哉！績承乏吏部，弘治甲子，太皇太后喪，因倡古反吉，玄端爲凶，衰服制無，漢以後附會説，諸大臣從之。尋守鎮江，治官三月即歸，杜門成初志，以内外徵不起，忘飲食、寵辱、死生，加百倍功，然後知禰祖上殺，子孫下殺，兄弟旁殺，以澤皆五世而斬也；天子、諸侯絶旁親，以其皆臣也；公卿大夫降旁親，以其尊不同也；爲人後者，女子出嫁降旁親，而正體父母期；持重大宗，不二斬也，然庶子不爲長子斬，宗子不爲出母服；無父則祖亦斬，無子則孫亦期；諸侯以下，男女尊同，則仍本服；公卿以下，女出嫁無主，則仍本服；臣不食禄，則同民三月；君已傳位，則從服期年。從有服而無服，從無服而有服，從重而輕，從輕而重，隨時隨人，取中無一定之法，乃行經之權也。孔子曰：『可與立，未可與權。』豈易知哉？是故兼前代之制作，莫如周公；定百王之大法，莫如孔子。是篇師徒述習，孔子既不易，則今日必不可易，今日必不可易，則後世又安能易哉？故績特爲訓，又圖以該之，使九族有等，而不容毫髮差，使五服皆同，而但有精①細異，一本始乎父子，旁親始乎兄弟，亂而有條，殊而可一，簡易之道如指掌，非妄作也。正德癸酉秋七月。」

① 「精」，四庫諸本、備要本作「粗」。

王氏廷相喪禮備纂

二卷。

存。

毛氏先舒喪禮雜記

一卷。

存。

汪氏琬喪服或問

一卷。

存。

徐氏乾學讀禮通考

一百二十卷。

存。

彝尊序曰：「禮有五，喪、祭重矣，曲臺之記，石渠之論，議於喪禮尤詳焉。晉人崇尚莊、老，宜其自放禮法之外，而於喪禮變除、假寧之同異，獨斷斷辨難，若杜預、衛瓘、袁準、孔倫、陳銓、劉逵、賀循、環濟、蔡謨、劉德明、葛洪、孔衍之徒，均有撰述。宋、齊以降，言凶禮者，不乏自唐徙五禮之名，置凶禮第五，於時許敬宗、李義府上顯慶新禮，以爲凶禮非臣子所宜言，去國恤一篇，自是天子凶禮遂闕，此柳宗元以不學訕之也。迨宋講學日繁，而言禮者寡，於凶事少專書，朱子家禮盛行於民間，而世之儒者，於國恤不復措意，其僅存可稽者，杜氏通典、馬氏通考已焉。嗚呼！慎終追遠之義輟而不講，斯民德之日歸於薄矣。刑部尚書崑山徐公居母憂，讀喪禮，撰通考一書，再期而成，尋於休沐之暇，瀏覽載籍，又增益之，凡一百二十卷。摭采之博，而擇之也精；考據之詳，而執之有要，此天壤間必不可少之書也。當孝莊太皇太后崩，公時由禮部侍郎遷都察院左都御史，仍直史館，自初喪至啓殯，禮無纖鉅，天子惟公是咨，公斟酌古今之宜，附中使入奏，悉中條理。蓋公於是書，默識於心，宜其折衷靡不當，上結主知，誠稽古之效矣。公歸田後，開雕是書，余因勸公並修吉、軍、賓、嘉四禮，庶成完書。公喜劇，即編定體例，分授諸子，方事排纂而公逝。又二年，先以刊完喪禮行世，彝尊夙承公命作序，至是乃書其大略，若是書綱要，公之發凡已詳言之，後之覽者，可以見公用力之勤也已。」①

毛氏奇齡**喪禮吾說篇**

十卷。

① 自「彝尊序曰」至「用力之勤也」，四庫薈要本、文津閣四庫本整段文字皆無。

存。

奇齡自序略曰：「三代之禮，至春秋已亡，孔子能説夏、殷禮，而杞、宋無徵。韓宣子聘魯，見易、象、春秋，即嘆爲周禮在魯。夫易、象何與於禮？秖春秋記事，多按典制爲是非，而即以爲一代之禮盡在於是。然則周禮之亡也久矣。是以孟子在滕，其國不知有三年之喪，而至於棺槨、衣衾厚薄何等，即門人如充虞、樂正子輩，亦不能爲之解也。特漢傳三禮，一録官政，而其一則但譜士禮，又闕軼未備，一則散輯諸議禮之文，彼我參錯，全然無可爲紀要者。少時與先仲兄相訂纂喪、祭二禮，以正末俗，而丁年避讎，老以一官還鄉里，胸腹既不足恃，而奔走隱匿，何能著書？往往偶記一禮，但默會其意，以爲之説，縱不之①考據，而疑即闕之。初還里時，先輯祭禮通考譜，藉以問世，而衰疾頓至，急取喪禮所爲説，因陋就簡，綴成帙，間較胸臆所未備者，縱或原文難稽，多以己意相疏校，而一往審慎，並不敢抄易其辭而變反其義，而至於武斷，則務絶焉。子不云乎，吾學周禮，今用之。則但從先古所傳，與習俗所誤，而較論其間，是亦夫子吾説之遺意也。因編綴將訖，而題以爲篇。」

甯氏成**爲人後者三十六難**

未見。

黄虞稷曰：「衡陽人。」

---

① 「不之」，文津閣四庫本作「不乏」。

薛氏蕙**爲人後解**

存。

趙氏彦肅**饋食禮圖**

未見。

楊復曰：「嚴陵趙彦肅嘗作特牲、少牢二禮圖，質諸先師文公，先師喜曰：『更得冠、昏圖，及堂室制度並考之，乃爲佳。』」

經義考卷一百三十八

禮記一

后氏蒼**曲臺記**

漢志：「九篇。」

佚。

七略：「宣帝時，行射禮，博士后蒼爲之辭，至今記之曰曲臺記。」

漢書：「魯高堂生傳士禮十七篇，訖孝宣世，后蒼最明。戴德、戴聖、慶普皆其弟子，三家立於學官。」又曰：「瑕丘蕭奮以禮至淮陽太守，東海孟卿事奮，以授后蒼、魯閭丘卿，蒼說禮數萬言，號曰后氏曲臺記。」

如淳曰：「行射禮於曲臺，后蒼爲記。」

晉灼曰：「曲臺，天子射宫也，西京無太學，於此行禮。」

服虔曰：「在曲臺校書著記，因以爲名。」

張晏曰：「曲臺在長安。臺臨道上。」

孫惠蔚曰：「曲臺之記，戴氏所述，然多載尸灌之義、牲獻之數，而行事之法、備物之體，蔑有具焉。」

顔師古曰：「曲臺殿在未央宫。」

王應麟曰：「大戴記公符篇載『孝昭冠辭』，其后氏曲臺所記與？」

慶氏普**禮記**

佚。

漢書：「后蒼授沛聞人通漢子方、梁戴德延君、戴聖次君、沛慶普孝公，由是禮有大戴、小戴、慶氏之學。」

後漢書：「董鈞習慶氏禮，永平初爲博士。」

按：后氏之禮分爲四家，聞人通漢雖未立於學官，而石渠禮論，其議奏獨多，慶氏亦必有書，顧未詳篇目。東漢之世，曹充父子尚傳其學，竊怪班史志藝文獨不及之，何歟？

曹氏充**禮章句辨難**

佚。

後漢書：「曹褒父充，持慶氏禮，建武中爲博士。顯宗即位，拜侍中。作章句辨難，於是遂有慶氏學。」

曹氏褒**禮通義**

十二篇。

佚。

演經雜論

百二十篇。

佚。

後漢書：「曹褒，字叔通，魯國薛人。舉孝廉，拜博士，遷侍中。博物識古，爲儒者宗，作通義十二篇，演經雜論百二十篇，又傳禮記四十九篇，教授諸生千餘人，慶氏學遂行於世。」

隋書：「大戴、小戴、慶氏三家並立，後漢惟曹充傳慶氏，以授其子褒，然三家雖存並微，相傳不絕。」

通典：「漢順帝以初月景①子，加元服於高廟，時兼用曹褒新禮。」

① 「景」，四庫薈要本作「丙」。

吕祖謙曰：「一代合有一代之禮，與其闕而不制，毋寧制而未善。曹褒禮即未善，亦不可因噎廢食，但褒專學讖緯，所論皆讖緯之言，此爲未善耳。」

葉適曰：「曹褒制漢禮，雖不行，然恨當時史官疎闊，不能略序其所以制作之意。」

戴氏德禮記

隋、唐志：「十三卷。」隋志夏小正別爲卷，唐志無小正之別。

闕。

〔校記〕

四庫本大戴禮記十三卷。（禮記，頁三九。）

漢書：「德號大戴，爲信都太傅，大戴授琅邪徐良斿卿，由是大戴有徐氏之學。」

劉向曰：「孔子三見哀公，作三朝記七篇，今在大戴禮。」

司馬貞曰：「大戴禮合八十五篇，其四十七篇亡，存三十八篇。」

孔穎達曰：「大戴禮遺逸之書，文多假託，不立學官，世無傳者。」

崇文總目：「大戴禮記十卷三十五篇，又一本三十三篇。」

中興書目：「今所存止四十篇，其篇第始三十九，編次不倫也。」

晁公武曰：「大戴禮十三卷，漢戴德纂，亦河間王所獻百三十一篇。劉向校定，又得明堂陰陽記三十三篇，德删其煩重，爲八十五篇。今書止四十篇，其篇目自三十九篇始，無四十三、四十四、四十五、六十一四篇，有兩七十四，蓋因舊闕録之。每卷稱今卷第幾，題曰『九江太守戴德撰』。按：九江太守，聖也，德爲信都王太傅，蓋後人誤題云。」

〔補正〕

晁公武條内「德删其煩重」，「煩」當作「繁」。（卷六，頁一）

朱子曰：「大戴禮無頭，其篇目缺處，皆是元無，非小戴所去取，其間多雜僞，亦有最好處，然多誤難讀。」又曰：「大戴禮本文多錯，注尤舛誤，或有注，或無注，皆不可曉。」又曰：「大戴禮冗雜，其好處已被小戴採摘來做禮記了，然尚有零碎好處在。」

韓元吉曰：「大戴禮十三卷，總四十篇，隋志所載亦十三卷，而夏小正別爲卷。唐志但云十三卷，而無夏小正之別矣。崇文總目則十卷，而云三十五篇，無諸本可正定也。蓋自漢興，得先儒所記禮書，凡二百四篇，戴德删之爲八十五篇，謂之大戴禮，戴聖又删德之書爲四十九篇，謂之小戴禮，今立之學官者，小戴書也。然大戴篇始三十九，終八十一，當爲四十三篇，中間缺者四篇，而重出者一篇，其上不見者，猶三十八篇，復不能合於八十五篇之數，豈但當爲八十一耶？其缺者或既逸，其不見者，抑聖所取者也。然哀公問、投壺二篇，與小戴書無甚異，禮察篇與經解亦同，曾子大孝篇與祭義相似，則聖已取之篇，豈其文無所删者也。勸學、禮三本見於荀卿子，至『取舍』之説及保傅，則見於賈誼疏，間與經子同者，尚多有之。按：儒林傳德事孝宣，嘗爲信都太傅，聖則爲九江太守。今德書乃題九江太守，未知何所據也？大抵漢儒所傳，皆出於七十子之徒，後之學者，僅習小戴記，不知大戴書多矣。其探索陰陽，窮析物理，推本性命，雜言禮樂之辨、器數之詳，必有自來。以是知聖門之學，無不備也。予①家舊傳此書，嘗得范太史家一本校之，篇卷悉同，其訛缺謬誤，則不敢改益，懼其寖②久，而傳又加舛也，乃刊置建安郡齋，庶可考焉。」

〔補正〕

韓元吉序内，「而重出者一篇」下，當補「原注云：兩篇，七十三」八字，序末當補云「淳熙乙未歲後九月。」（卷五，頁一）

史繩祖曰：「大戴記一書雖列之『十四經』，然其書大抵雜取家語之書，分析而爲篇目。又勸學一篇，全是荀子之辭，保傅一篇，全是賈誼疏，以子史雜之於經，固可議矣。其公符篇載成王冠，祝曰『成王冠，周公使祝雍祝王，曰：「達而勿多也。」祝雍曰：「使王近於民，遠於年，嗇於時，惠於財，親賢使能。」陛下離顯先帝之光耀，以承皇天嘉祿，欽順仲夏之吉日，遵並大道邠或，秉集萬福之休靈，始加昭明之元服，推遠稚免之幼志，崇積文武之寵德，肅勤高祖清廟，六合之内靡不息，陛下永永與天無極。』然予考之家語冠頌，則大戴所取前後文皆同，惟家語云：『周公冠成王，而朝於祖，命祝雍作頌曰：「祝王達而未幼。」祝雍辭曰：「使王近於民，遠於年，嗇於時，惠於財，親賢而任能。」其頌曰：「令月吉日，王始加元服，去王幼志，服袞職，欽若昊天，六合是式，率爾祖考，永永無極。」此周公之制也。』大戴所載辭冗長，視此典雅，固不類矣，而祝辭内有先帝及陛下字，皆秦始皇方定皇帝及陛下之稱，周初豈曾有

① 「予」文津閣四庫本作「余」。
② 「寖」，四庫薈要本、文淵閣四庫本、備要本作「寖」。

此，可謂不經之甚，家語止稱王字，辭達而義明，當以家語爲正。」

〔補正〕

史繩祖條内，謂公符篇載成王冠祝辭内，有「先帝」及「陛下」字，皆秦始皇方定，皇帝及陛下之稱，周初豈曾有此。按：「陛下離顯先帝之光耀」至「與天無極」，續漢禮儀志劉昭注引博物記，此皆孝昭帝冠詞，故大戴記「與天無極」下，有「孝昭冠詞」四字，蓋文在前，而目在後耳。此所引史繩祖説，以爲成王冠詞，蓋誤連上讀。（卷六，頁一）

按：大戴禮記本無甚踳駁，自小戴之書單行，而大戴記遂束之高閣。世儒明知月令爲吕不韋作，乃甘棄夏小正篇不用，殊不可解。學齋史氏其論説亦不取大戴，然由其説推之，則大戴記在宋日曾列之於經，故有「十四經」之目，此亦學者所當知也。

陳振孫曰：「漢信都王太傅戴德延君、九江太守聖次君皆受禮於后蒼，謂①大、小戴禮者也。漢初以來，迄於劉向校定中書，諸家所記，殆數百篇，戴德删其煩重爲八十五篇，聖又删爲四十九篇，相傳如此。今小戴四十九篇行於世，而大戴之書所存止此，自隋、唐志所載卷數皆與今同，而篇第乃自三十九而下，止於八十一，其前闕三十八篇，末闕四篇，所存當四十三，而於中又闕②，第七十二複出一篇，實存四十篇，意其闕者，即聖所删耶？然哀公問、投壺二篇，與今禮記文不異，他亦間有同者，保傅傳世言賈

① 「謂」，四庫薈要本作「所謂」。

② 「闕」下，依補正、文淵閣四庫本當有「四篇」二字。

誼書所從出也。今考禮察篇湯、武、秦定取舍一則，盡出誼疏中，反若取誼語勦入其中者，公符篇至録漢昭帝冠辭，則此書殆後人好事者采獲諸書爲之，故駮雜不經，決非戴德本書也。題九江太守，迺戴聖所歷官，尤非是。」

〔補正〕

陳振孫條内「謂大、小戴禮者也」，「謂」上脱「所」字。「而於中又闕弟七十二」，「又闕」下，脱「四篇」二字。（卷六，頁一）

王應麟曰：「大戴禮哀公問、投壺二篇與小戴無甚異；禮察篇首與經解同；曾子大孝篇與祭義相似；而曾子書十篇皆在焉；勸學、禮三本見於荀子；保傅篇則賈誼書之保傅、傅職①、胎教、容經四篇也，漢書謂之保傅傳；易本命篇與家語同，但家語謂子夏問於孔子，孔子曰：然。吾昔聞老聃，亦如汝之言。子夏曰：商聞山書曰云云。大戴以子曰冠其首，疑此篇子夏所著，而大戴取以爲記也。踐阼篇載武王十七銘，蔡邕銘論謂武王踐阼，咨於太師，作席几楹杖器械之②銘十有八章，按：後漢朱穆傳注及太平御覽諸書引太公陰謀，崔駰傳注引太公金匱，以諸書參考之，則又不止於十八章矣。」又曰：「大戴禮既已闕佚，其間又多雜誤，後漢儒林傳與隋經籍志諸書，言三禮皆不及大戴云。」

熊朋來曰：「大戴第一篇第三十九，末篇第八十一，中間乃有兩篇七十三，而闕四十三、四十四、四

①「傅職」，文淵閣四庫本缺一「傅」字，文津閣四庫本、備要本「傅」誤作「傳」。
②「之」，文淵閣四庫本誤作「七」。

十五、六十一，篇目紊亂尚如此，況經文乎？小戴删取爲今禮記，除大學、中庸、曲禮、檀弓、月令、學記、樂記、禮運、内則等篇，及冠、昏、聘、射、鄉飲諸義尚多可删。而大戴篇中所取曾子之言，及武王踐阼、明堂之類，有可取者，大戴之明堂篇①能記龜文之位爲明堂九室②，而記之也，小戴之明堂位，又奚取焉？且如『行以采茨，趨以肆夏』、『場③中采茨，趨中肆夏』，保傅兩言之，而玉藻及周禮樂師、大馭皆誤作『趨以采薺④，行以肆夏』，鄭康成雖改正於大戴之注，明言玉藻、周禮文誤，而玉藻、周禮之文，鄭氏未及改。采茨乃堂上之歌詩，宜接武而行；肆夏乃堂下之金奏，宜布武而趨，學者當依大戴禮及注，改正『趨行』二字也。」

〔補正〕

熊朋來條内「場中采茨」，「場」當作「步」。又云「鄭康成雖改正於大戴之注，明言玉藻、周禮文誤，而玉藻、周禮之文，鄭氏未及改。」丁杰曰：按周書盧辨傳，大戴禮係辨所注，注内猶有引駮鄭康成説處，此以爲爲鄭注，誤。（卷六，頁一）

鄭元祐曰：「漢儒傳經雖未必盡純，而其間多可采者，若大戴禮是已。按漢書儒林傳，戴德，字延君，嘗爲信都太傅，今大戴禮乃題九江太守戴德撰，宋宣和間山陰傅崧卿蓋已病其訛謬，以爲世亡漢

---

① 「明堂篇」，文淵閣四庫本誤作「明堂位篇」。

② 「九室」，文淵閣四庫本誤作「九十」。

③ 「場」，依補正、四庫諸本應作「步」。

④ 「采薺」，文淵閣四庫本誤作「采茨」。

史，而大戴禮獨傳，後人詎知德爲信都太傅歟？其爲書凡十三卷，總四十篇。隋志亦以爲十三卷，而夏小正别爲卷；唐志但云十三卷，而無夏小正之别。至傅氏鰲析經傳，始可讀，然今不敢鈔入傅氏説，懼紊舊章也。若崇文總目則十卷，而云三十五篇者，無諸本可定也。或謂漢儒得記禮之書，凡二百四篇，戴德删之爲八十五篇，謂之大戴禮，聖又删德之書爲四十九篇，謂之小戴禮。小戴爲人見何武傳，此所不論。然大戴禮首題三十九，終八十一，凡四十三篇，中間缺者四篇，重出一篇，其不可復見者，則三十八篇，故不能合於八十五篇之數。其缺者既不可復見，抑聖取以爲小戴之書歟？其間禮察篇與小戴經解同；曾子大孝篇與祭義同；勸學則荀卿首篇也；哀公問、投壺二篇盡在小戴書，然其諸篇亦多可采。潁川韓元吉在淳熙間得范太史家本校定，蓋謂①小戴取之以記禮，其文無所删者也。若夫取舍、保傅等篇，雖見於賈誼政事書，然其增益三公、三少之責任與夫胎教，古必有其説，否則不應有是也。至於文王官人篇，則與汲冢周書官人解相出入，夫汲冢書出於晉太康中，未審何由相似也？若公符武王祝辭而稱陛下，於考古何居？餘諸篇，先儒取以爲訓，論者謂其探索陰陽，窮析物理，推本性命，嚴禮樂之辨，究度數之詳，要皆有從來，第不可致詰，然其書度越諸子也明矣。海岱劉公庭幹以中朝貴官出爲嘉興路總管，政平訟理，發其先府君御史節齋先生所藏書，刊諸梓，寘②之學，大戴禮其一也。遂昌鄭某向嘗學於金華胡汲仲先生之門，每以諸生拜御史公，得聞緒論上下數千載，亹亹忘倦，而公不究德，故

① 「謂」，四庫薈要本作「爲」。
② 「寘」，文津閣四庫本作「置」。

始發於嘉興公，公以某嘗承教於御史公也，故授某識之卷末云。」

〔補正〕

鄭元祐序内「若夫取舍、保傅等篇」。丁杰曰：大戴記無取舍篇，「取舍」之説，見禮察篇内，此所引鄭元祐説，蓋引用紹興書目序而誤也，序見玉海。（卷六，頁二）

又若公符武王祝辭而稱「陛下」，於考古何居？杰按：此篇所載祝詞，乃成王，非武王也。又稱「陛下」者，乃孝昭帝冠詞也，此有二誤。（卷六，頁二）

黄佐曰：「大戴禮記十三卷，漢信都王太傅戴德所纂，蓋因河間獻王所得百三十一篇，劉向校定又得明堂陰陽記三十二篇，德删其煩重爲八十五篇，其篇目始三十九，終八十一，中間第①四十五、第六十一四篇復闕，第七十三②，末復闕四篇，總四十篇，蓋小戴所取，後人合其餘篇，仍爲大戴記者也。雖爲小戴摘取，而精粹之語，往往猶有存者。投壺、哀公問，小戴既已取去，而此猶存，投壺、公冠、諸侯遷廟、諸侯釁廟，吴澄取入儀禮逸經，朝事一篇，取以備覲禮之義，哀公問衍去，保傅傳多與賈誼語同，公符篇録孝昭冠詞，故朱子謂大戴禮多雜誤難讀。先正劉定之有言『非禮之亡也，漢儒去取之不精也』，蓋韙言云。」

①「第」下，依補正、四庫薈要本、文淵閣四庫本當有「四十三、四十四」六字。

②「三」下，依補正、四庫薈要本、文淵閣四庫本當有「一篇複出」四字。

〔補正〕

黄佐條内，「中閒弟四十五」，「弟」字下脱「四十三、四十四」六字，「弟七十三」下，脱「一篇複出」四字。（卷六，頁二）

周氏西麓涉筆曰：「大戴禮公冠篇載漢昭帝冠辭，及郊天、祀地、迎日三辭，皆典馴簡樸，有史佚、余公①風味，班固徒取麟馬以下夜祠諸篇文詞峭美者入禮樂志，此皆不録，可恨也。」

〔補正〕

周氏西麓涉筆條内，「余公風味」，「余」當作「祭」。（卷六，頁二）

陸元輔曰：「大戴禮主言第三十九與家語王言解大同小異，哀公問五義第四十與家禮②五儀解前半篇同，哀公問於孔子第四十一自童③首至『然後能以其能教百姓』，家語問禮篇有之，『孔子侍坐』以下與家語大婚解略同，禮三本第四十三，荀卿禮論篇有之，比此加詳，禮察第四十六自篇首至『徙善遠罪而不自知』，經解終篇有之，『取舍』之説取賈誼疏，保傅第四十八前半與賈誼疏同，曾子大孝第五十二，禮記祭義有此而加詳，衛將軍文子第六十自首至『亦未逢明君也』，與家語弟子行篇略同，五帝德第六十二，家語亦有此篇，大略多同，勸學第六十四自首至『豈有不至④哉』，與荀子勸學篇大同小異，末段荀

① 「余公」，依補正、四庫薈要本、文淵閣四庫本應作「祭公」。
② 「家禮」，疑當作「家語」。
③ 「童」，依補正、四庫諸本、備要本應作「章」。
④ 「至」，補正、四庫諸本作「聞」。

子宥坐篇有此，多不同，子張問入官第六十五與家語大同小異，盛德篇六十六①自『民之爲奸邪』以下，家語有之，而詳略不同，『德法者御民之銜』至『御天地與人與事者，亦有六政』，家語執轡篇有之，大抵相似②，朝事義第七十七自『聘義』至『諸侯務焉』，與聘義同，投壺第七十八，禮記亦有此篇，比之爲略，公符第七十九，家語冠頌有是而不同，本命第八十，家語有是篇而略，自『有恩有義』至『聖人因教以制節』，與禮記喪服四制同，易本命八十一『凡地』以下至『聖人爲之長』，家語執轡篇有之。要之先儒所記禮書七十四篇，皆七十子之徒及周、秦間老儒相傳先王之制，及孔氏之微言，而漢儒會粹之，大戴、小戴又遞爲刪定，故其書與他書異同者如此。」

〔補正〕

陸元輔條內「自童首」，「童」當作「章」。「豈有不至哉」，「至」當作「聞」。「盛德篇六十六」，「篇」當作「弟」，「德法者御民之銜」至「御天地與人與事者，亦有六政」，當云「至亦所進退緩急異也。」（卷六，頁二）

盧氏辨**大戴禮注**

存。

---

① 「盛德篇六十六」，補正、四庫薈要本、文淵閣四庫本作「盛德第六十六」。
② 「相似」，備要本無此二字。

後周書：「盧辨，字景宣，范陽涿人。博通經籍，爲太學博士，以大戴禮未有解詁，乃注之。其兄景裕謂曰：『昔侍中注小戴，今爾註大戴，庶纂前修矣。』累遷尚書右僕射，進位大將軍。」

王應麟曰：「大戴禮，盧辨注，非鄭氏。朱文公引明堂篇鄭氏注云：『法龜文。』未考北史也。」

馬氏定國**大戴禮辨**

一卷。

佚。

元好問曰：「定國，字子卿，茌平人。阜昌初，齊王豫授監察御史，仕至翰林學士，自號薺堂先生。」

〔補正〕

元好問條内「茌平人」，「茌」當作「茌」。（卷六，頁二）

吴氏澂**大戴禮序録**

一篇。

存。

澄①自述曰：「大戴記三十四篇，澄②所序次。按隋志，大戴記八十五篇。今其書闕前三十八篇，始三十九，終八十一，當爲四十三篇，中間第四十三、第四十四、第四十五、第六十一四篇復闕，第七十

①② 「澄」，文淵閣四庫本作「澂」。

三有二，總四十篇。據云八十五篇，則末又闕其四，或云止八十一，皆不可考。竊意大戴類粹此記，多爲小戴所取，後人合其餘篇，仍爲大戴記，已入小戴記者不復録，而闕其篇。是以其書冗泛，不及小戴書甚，蓋彼其膏華，而此其查滓耳。然尚或間存精語，不可棄遺。其與小戴重者，投壺、哀公問也，投壺、公冠、諸侯遷廟、諸侯釁廟四篇既入儀禮逸經，朝事一篇又入儀禮傳，哀公問小戴已取之，則於彼宜存，於此宜去。此外猶三十四篇，夏小正猶月令也，明堂猶明堂位也，本命以下雜録事辭，多與家語、荀子、賈傅等書相出入，非專爲記禮設，禮運以下諸篇之比也。小戴文多綴補，而此皆成篇，故其篇中章句罕所更定，惟其文字錯誤，參互考校，未能盡正，尚俟好古博學之君子云。」

經義考卷一百三十九

禮記二

戴氏聖禮記

隋志：「二十卷。」

存。

漢書：「聖以博士論石渠，至九江太守，號小戴，授梁人橋仁季卿、楊榮子孫，由是小戴有橋、楊氏之學。」

隋書：「漢初，河間獻王得仲尼弟子及後學者所記一百三十一篇獻之，時無傳之者，至劉向考校經籍，檢得一百三十篇，第而敘之，又得明堂陰陽記三十三篇、孔子三朝記七篇、王史氏記二十一篇、樂記二十三篇，凡五種，合二百十四篇，戴德刪其煩重，合而記之爲八十五篇，謂之大戴記，而戴聖又刪大戴之書爲四十六篇，謂之小戴記。漢末馬融遂傳小戴之學，融又益月令一篇、明堂位一篇、樂記一篇，合四十九篇。」

孔穎達曰：「禮記之作，出自孔氏，但正禮殘闕，無復能明，故范武子不識殽烝，趙鞅及魯君謂儀爲禮。至孔子没後，七十二子之徒共撰所聞，以爲此記，或録舊禮之義，或録變禮所由，中庸是子思伋所作，緇衣公孫尼子所撰，鄭康成云：『月令，吕不韋所修。』盧植云：『王制，漢文時博士所録。』其餘衆篇皆如此例，未能盡知所記之人。」

張説曰：「禮記，漢朝所編，遂爲歷代不刊之典。」

劉敞曰：「今之禮非醇經也，周道衰，孔子没，聖人之徒合百説而雜編之，至漢而始備，其間多六國、秦、漢之制，離文斷句，統一不明。惟曾子問一篇最詳，而又不可信。」

李清臣曰：「自秦焚書之後，學者不得完經，亡者已亡，而存者大抵皆雜亂，已不可全信。漢之儒者，各守所見，務以自名其家，亦非有聖人之言，而託之於聖人，學者謂聖人之重也，不敢輒議，又從而傳師之，斯教之大害也。五經獨禮、樂尤爲秦之所惡，絶滅幾盡，今之禮經，蓋漢儒鳩集諸儒之説，博取累世之殘文，而後世立之於學官，夏、商、周、秦之事，無所不統，蓋不可以盡信矣。」

程子曰：「禮記雜出於漢儒，然其間傳聖門緒餘，其格言甚多。如：樂記、學記、大學之類，無可議者；檀弓、表記、坊記之類，亦甚有至理，惟知言者擇之。如王制、禮運、禮器，其書亦多傳古意；若閒居、燕居，三無五起之説，文字可疑。」又曰：「禮記之文，删定未了，其中有聖人格言，亦有俗儒乖謬之説，本不能混，如珠玉之在泥沙，豈能混之？只爲無人識，則不知孰爲泥沙，孰爲珠玉也。」

張子①曰：「禮記雖雜出於諸儒，亦無害義處，如中庸、大學出於聖門，無可疑者。」

周諝曰：「禮記雜記先王之法言，而多漢儒附會之疵，此學者所宜精擇。」

周行己曰：「禮記四十九篇，雜出諸儒傳記，不能悉得聖人之旨，考其文義，時有牴牾，然而其文繁，其義博，學者博而約之，亦可弗畔。蓋其説也，粗在應對進退之間，而精在道德性命之要，始於童幼之習，而卒於聖人之歸，惟達古道者，然後能知其言。」

李巽曰：「禮記非盡聖人之意也，非盡宣尼所述也，當時雜記也。」

葉夢得曰：「世言三代、周公、孔子之道，詳者莫如禮記，然禮記之傳駁，真得孔子之言者，惟中庸與大學爾。」

晁公武曰：「漢戴聖纂，所謂小戴者也。此書乃孔子没後，七十子之徒所共録。中庸，孔伋作；緇衣，公孫尼子作；王制，漢文帝時博士作。河間獻王集而上之，劉向校定二百五十篇，大戴既删八十五篇，小戴又删四十六篇，馬融傳其學，又附月令、明堂義，合四十九篇。」

〔補正〕

晁公武條内「劉向校定二百五十篇」。　丁杰曰：「按：隋志作二百十四篇，以漢志考之，當爲二百十五篇。疑此所引晁公武説，原作十五，而傳寫訛爲五十，檢文獻通考，亦與此同，姑仍之。」（卷六，頁二）

---

①「張子」，備要本誤作「孟子」。

胡寅曰：「禮運，子游作；樂記，子貢作。」

鄭耕老曰：「禮記九萬九千二十字。」

陳振孫曰：「漢儒輯録前記，固非一家之言，大抵駁而不純，獨大學、中庸爲孔氏之正傳，然初非專爲禮作也。唐魏徵嘗以小戴禮綜彙不倫，更作類禮二十篇，蓋有以也。」

虞氏曰：「禮記乃儀禮之傳。儀禮有冠禮，禮記則有冠義以釋之；儀禮有昏禮，禮記則有昏義以釋之；儀禮有鄉飲酒禮，禮記則有鄉飲酒義以釋之；儀禮有燕禮，禮記則有燕義以釋之；儀禮有聘禮，禮記則有聘義以釋之。其他篇中，雖或雜引四代之制，而其言多與儀禮相爲表裏。儀禮，周公所作，而禮記則漢儒所録，雖曰漢儒所録①，然亦儀禮之流也。」

項安世曰：「禮記諸篇有相牴牾者，蓋諸家之書，各記其師説，如本朝諸臣之家，喪、祭之禮，各成一書，亦不能以相似也。世之好學者總而集之，以資考訂可也，必欲曲爲之説，使貫爲一家，則妄之甚者也。檀弓之言喪，或以爲大功，或以爲齊衰，或以爲當使之喪，或以爲不使之喪，或以爲可反，或以爲不可反，如此之類甚多，惟其各載姓名，故後人不以爲疑，而得以置議論取舍於其間，未有合爲一説，而並用之者也。」

羅璧曰：「梁沈約謂漢初典章簡略，諸儒捃拾遺文片簡與禮事相關者，編次篇帙，皆非聖人之言。月令取吕不韋春秋，中庸、表記、坊記、緇衣取子思，樂記取公孫尼子，學記出毛生，王制出漢文博士。

---

① 「雖曰漢儒所録」，文淵閣四庫本無此句。

蓋漢儒本欲補聖人之言以明道，但未折衷於聖人，記不免雜，禮不免鑿也。」

王應麟曰：「記百三十一篇，今逸篇之名可見者有三正記、別名記、親屬記、明堂記、曾子記、禮運記、五帝記、王度記、王霸記、瑞命記、辨名記、孔子三朝記、月令記、大學志。」

虞集曰：「小戴記四十九篇，雖記載之文不一，而曾子、子思道學之傳在焉，不學乎此，則易、詩、書、春秋未易可學也。且夫堯、舜、三代之遺説，天子、諸侯、大夫、士之①成制，吉、凶、軍、賓、嘉之具物，雖或殘闕參錯，然舍此幾無可求者。」

朱升曰：「禮有數有義。名物制度者，數也；其所以然者，義也。數非目擊而身履之者，未易知也，義則學者可推而知矣。儀禮，經也，所記者，名物制度，禮記則傳其義焉。遠古無傳，則求其數也難，不若姑因其義之可知者，使學者盡心焉，以求古聖制作之意，而通乎其餘，此設科者不得不舍經而用傳也。」

湛若水曰：「儀禮譬則其易也，禮記譬則其十翼也；儀禮譬則其春秋也，禮記譬則其三傳也。傳則不必同也，相表裏也，相左右也，皆足發明也，其非者，當自見之。」又曰：「以記爲經，則雜焉不可也，以之爲傳，則或雜焉可也。彼春秋三傳誣妄者多矣，然而以爲傳焉，無傷也，精而擇之，存乎人爾。」

郝敬曰：「是書漢儒戴聖所記，多先聖格言，七十子門人、後裔轉相傳述，非出一手。如：中庸，子

---

① 文淵閣四庫本無「士之」二字。

思所作，緇衣，公孫尼父①所撰，月令，吕不韋所修，王制，漢文帝時博士所録，三年問，荀卿所著。真贋相襲，而瑕不掩瑜。先儒推周禮、儀禮以爲經，欲割記以爲傳。夫三書皆非古之完璧，而周禮尤多揣摩，雜以亂世陰謀富強之術，儀禮枝葉繁瑣，未甚切日用，惟此多名理微言，天人性命易簡之旨，聖賢仁義中正之道，往往而在。如大學、中庸兩篇，豈周官、儀禮所有？故三禮以記爲正，今之學官，守此程士，良有以也。」又曰：「禮非夫子原定之書矣，後儒各記所聞，致相矛盾，達觀自能折衷，其有不知，存而勿論，牽強附合，失之愈遠。如王制云『公侯國方百里，伯七十里，子、男五十里。』而周禮云『公五百里，侯四百里，伯三百里，子二百里，男百里。』王制云『天子三公九卿下至元士百二十人』，而周禮官職且多至三百六十，若其人不可勝數也。王制云『次國三卿一命於其君，小國三②卿皆命於其君』，而周禮云『諸侯之卿大夫士皆命自天子。』月令『封諸侯於孟夏』，而祭統云『出田邑以秋』。雜記云『公圭九寸，侯、伯圭七寸，子、男圭五寸』，而周禮云『子執穀璧，男執蒲璧』。聘記云『諸侯朝天子，圭繅皆九寸三采，諸侯圭繅皆八寸二采』，而周禮大宗伯、考工記皆云天子諸侯圭璧長短，各以等差。禮器云『天子堂九尺』，而考工記云『堂崇三尺』。王制云『諸侯於天子，五年一朝』，又云③『天子與諸侯相見曰朝』，而周禮大宗伯云『春曰朝，夏曰宗，秋曰覲，冬曰遇』。然儀禮惟有覲禮，無所謂朝、宗、遇，而大行人又有

---

① 「公孫尼父」，補正、四庫諸本作「公孫尼子」。
② 「三」，補正、四庫諸本作「二」。
③ 「云」，文津閣四庫本作「曰」。

『九服分六歲來朝』之説。禮器云『天子席五重，諸侯席三重』，周禮司几筵職云『天子席三重，諸侯再重』。周禮典命禮云『各視其命數，天子大夫四命四牢』。而檀弓云『大夫遣車五乘』，諸侯之卿大夫與天子之卿大夫命數異，而廟制與相見之贄、小斂之衣、几筵之席，諸侯與天子、卿大夫、士又無別。曲禮、王制、月令皆云『五祀惟大夫祭』，周禮亦云『五祀』，而祭法云『王立七祀，諸侯五祀，大夫三祀，士二祀，庶人一祀』。王制『天子七廟』，或云九廟，『士二廟』，又云士一廟。祭法自天子至於士廟外，各有壇墠，而王制但有五七等數，無壇墠，王制、祭統皆云『夏祭曰禘』，郊特牲、祭義云『春禘』，明堂位云『季夏六月禘』，雜記又云『七月禘』，然則禘者，常祭耳，而喪服小記、大傳皆云王者禘其祖之所自出，不王不禘，則祭無復有大於禘者矣。祭法『天於泰壇，地於泰折①』，周禮圜邱②方澤，樂舞玉帛，天地各異，是祭天與地分也。而詩周頌昊天有成命爲祀天地之樂，則是祭天地本合也，祭義云『郊之祭，大報天而主日，以月配③』。是祭日月與天合也，而祭法又云祭日月星與四時水旱同，郊用犢，日月用少牢，周禮亦云『禋祀昊天上帝，實柴祭④日月星辰』，則是祭日月與天又分也。月令『仲夏大雩於上帝』是五月也，而春秋傳云『龍見而雩』，是四月也。郊特牲云『郊用騂尚赤』，而周禮大宗伯以蒼璧祀⑤天，其牲各倣其

① 「折」，文津閣四庫本作「圻」。
② 「圜邱」，四庫薈要本、文淵閣四庫本作「圜丘」。
③ 「以月配」，依補正、四庫諸本應作「配以月」。
④ 「祭」，四庫薈要本、文津閣四庫本作「祀」。
⑤ 「祀」，補正、四庫諸本作「禮」。

器之色，是郊牲又用蒼也，祭法天地皆騂犢，而周禮『陽祀騂牲，陰祀黝牲』，是地牲之①用黑，不用騂也。曲禮云『大饗不卜』，表記亦云『大事有時』，而周禮大宰祀五帝卜日，祀大神祇亦如之，是又無時也。郊特牲云『郊用辛』，而月令云『擇元日』，是又不定於辛也。社用甲日，而月令『仲春擇元日，命民社』，周書召誥『社以戊日』，是又不定於甲也。曲禮大夫祭以牽②牛，而儀禮大夫祭以少牢也。中庸云『上祀先公以天子之禮』，而周禮司服云『祀先公用毳冕』，則是以侯禮也。雜記云『士弁而祭於公，冠而祭於己』，而論語云『宗廟之事，端章甫爲小相』，章甫，冠名，是祭於公亦冠也，玉藻以玄冠爲齋冠，玄端以③天子燕居諸侯之祭服，而士冠、昏與卿大夫聘享，上下通用玄冠玄端，周禮冕衣裳五等皆祭服，而曾子問云『冕而親迎』，樂記云『魏文侯端冕聽鼓瑟④』，則是亦衣端也，周書顧命成王、康王臨朝，君臣皆冕服，則是冕服不止祭也。禮器云『天子龍衮，諸侯黼，大夫黻，士玄衣熏裳⑤』，而周禮云『侯、伯鷩冕，子、男毳冕，孤希冕，大夫玄冕，士皮弁服』，玉藻云『國君帶朱綠，大夫玄華，士緇』，故士冠禮三加帶皆緇，而雜記又云『諸侯、大夫帶皆五采，士二采』。祭義云『君用玄冕，夫人用副幃⑥』，而周禮又云『王后用副

① 「之」，補正、四庫諸本作「又」。
② 「牽」，補正、四庫諸本作「索」。
③ 「以」，四庫諸本作「爲」。
④ 「鼓瑟」，補正、四庫諸本作「古樂」，備要本作「鼓樂」。
⑤ 「熏裳」，四庫諸本作「纁裳」。
⑥ 「幃」，依補正、四庫諸本、備要本應作「褘」。

禕』。喪大記云『復衣不以衣尸，不以斂』，而士喪禮又云『以衣尸』。喪大記云士小斂，陳衣於房，西領北上；大斂，陳衣於序，東西領南上，而士喪禮云大、小斂皆陳衣於房，皆南領西上。周禮云『天子含用玉』，而雜記云『用貝』。喪大記云『君於大夫疾，三①問之』，而雜記云『卿大夫疾，君問無算』；喪大記云『公之喪，大夫俟練而歸，士卒而②歸』，雜記云『大夫次於公館以終喪，士練而歸』。奔喪云『大功望門而哭，齊衰望鄉而哭』，雜記又云『聞兄弟之喪，大功以上，見喪者之鄉而哭』。士喪禮『小斂朔奠皆陳鼎，遣奠陳五鼎，皆具牲牢』，周禮牛人亦云『喪事共奠牛』，而雜記有子以『遣車視牢具』、『載粻③』爲『非禮』，『喪奠脯醢而已』。喪大記云四鄰賓客弔其君後，主人而拜，蓋君爲臣主，君拜則主人拜其後，而曾子問又云『衛靈公弔季桓子之喪，哀公爲主拜，季康子亦拜』，孔子謂『喪有二孤，季康子之過』，則後拜又非也。曾子問云『金革之事無避也者，伯禽有爲爲之』，喪大記又云『既卒哭，弁絰帶金革之事無避也』；曾子問云『慈母無服』，儀禮又云『慈母如母服』。檀弓云『天子之哭諸侯也，爵弁絰緇衣』，而周禮又云『天子爲諸侯緦衰』；檀弓云『祥而縞，是月禫，徙月樂』，則是祥之月不作樂，而又云『孔子既祥，彈琴十日，而成笙歌』；雜記云『杞④用桑』，儀禮特牲又云『杞⑤用棘』。郊特牲云『鼎俎奇而籩豆偶』，鄉

① 「三」，備要本誤作「二」。
② 「而」，四庫諸本作「哭」，四庫薈要本作「哭而」。
③ 「粻」，四庫諸本作「粻」。
④ 「杞」，補正、四庫諸本作「杝」。
⑤ 「杞」，四庫薈要本、文津閣四庫本作「杝」。

飲酒義云『六十者三豆，八十者五豆，是豆亦奇也』。檀弓云『孔子惡野哭者』，又云『孔子哭，伯高曰：「吾哭諸野。」』曲禮云『卜筮不相襲』，而周禮又云『大事先筮後卜』；玉藻云『天子日食少牢，月朔太牢』，而周禮又云『王日一舉』，是日食亦大牢也。射義云『天子歌騶虞』，周禮亦然，而儀禮鄉射亦歌騶虞，是士庶人與天子同樂也。周禮司射①云『王射六耦三侯』，儀禮大射『諸侯三侯射三侯②』，周禮『王虎熊豹侯，諸侯熊豹侯，卿大夫麋侯』，而鄉射記又云：『天子熊侯白質，諸侯麋侯赤質，大夫、士布侯畫虎豹鹿豕。』如此之類，錯雜紛挐③，師説相承，言人人殊，雖使考證詳確，古今異宜，亦難盡用。而鄭康成輩好信不通，執此徵彼，及其不合，牽強穿鑿，譸張百出。初學爲其所眩惑，隨聲應和，莫知其譌，世儒所以苦於讀禮也。」

〔補正〕

郝敬條内，「公孫尼父」，「父」當作「子」。「小國三卿」，「三」當作「二」。「以月配」，當作「配以月」。「禋祀昊天上帝」，「祀」下脱一「祀」字。「實柴祭日月星辰」，「祭」當作「祀」。「蒼璧祀天」，「祀」當作「禮」。「是地牲之用黑」，「之」當作「又」。「大夫祭以牽牛」，「牽」當作「索」。「端冕聽鼓瑟」當作「聽古樂」。「用副幃」，「幃」當作「禕」。「雜記云『杞用桑』，儀禮特牲又云『杞用棘』」，「杞」皆當作「枇」。

---

① 「司射」，補正、四庫諸本作「射人」。

② 「侯」，四庫諸本作「耦」。

③ 「挐」，四庫薈要本、文津閣四庫本作「拏」。

「周禮司射」，當作「周禮射人」。（卷六，頁三）

顔茂猷曰：「禮記多漢儒附會成之，然其精者，已洞心徹髓矣，後世得有所稽，以融會其意，亦藉是經焉。」

禮記群儒疑義

七録：「十二卷。」

佚。

隋書注：「戴聖撰。」

橋氏仁**禮記章句**

四十九篇。

佚。

後漢書：「橋玄七世祖仁，從同郡戴德學，著禮記章句四十九篇，號曰『橋君學』，成帝時爲大鴻臚。」

按：橋、楊本傳小戴之學，班史敘次甚明，此云戴德，恐誤。

高氏誘**禮記注**

佚。

按：高氏禮注，藝文類聚引之。

鄭氏玄**禮記注**

隋志：「二十卷。」

存。

後漢書：「玄本習小戴，後以古經校之，取其義長者，爲鄭氏學，又注小戴所傳禮記四十九篇。」

李覯曰：「鄭康成注禮記，其字誤處但云『某當爲某』，玉藻全失次序，亦止於注下發明，未嘗便就經文改正，此蓋尊經重師，不敢自謂己見爲得。」

〔補正〕

案：玉藻之文，鄭云：「脱亂者四處，闕一處，複一處。」（卷六，頁三）

朱子曰：「鄭康成考禮名數大有功，事事都理會得，如漢律令亦皆有注，儘有許多精力。」

衛湜曰：「鄭氏注禮雖間有拘泥，而簡嚴該貫，非後學可及。嘗讀朱文公中庸章句，以『戒謹其所不睹，恐懼其所不聞』與『莫見乎隱，莫顯乎微』爲兩事，剖①析精詣，前所未有，今觀鄭注，已具斯旨。」

郝敬曰：「小戴記四十九篇，大都先賢流傳，後儒補緝，非真先聖之舊，而鄭康成信以爲仲尼手澤，遇文義難通處，則稱竹簡爛脱，而顛倒其序；根據無實，則推夏、殷異世，而逃遁其説；節目不合，則游

① 「剖」，文淵閣四庫本作「割」。

移大夫士庶之間，而左右兩可；解釋不得，則託爲殊方語音，而變换其文，牽强穿鑿，殊乖本初。蓋鄭既以記爲經，不敢矯記之非，世儒又以鄭爲知禮，不敢議鄭之失，千餘年所以卒瞀瞀然耳。」

禮記音

七録：「一卷。」

佚。

盧氏植**禮記注**

隋志：「十卷。」唐新、舊志同。釋文序録：「二十卷。」

佚。

〔校記〕

王謨、臧庸、黄奭、馬國翰均有輯本。（禮記，頁三九）

陸德明曰：「曲禮『去國三世』，鄭云『自祖至孫』，而盧植、王肅注云：『世，歲也，萬物以歲爲世。』」

元行沖曰：「小戴禮行於漢末，馬融爲傳，盧植合二十九篇爲之解，世所不傳。」

朱子曰：「東漢諸儒考禮煞好，盧植也好。」

王應麟曰：「詩疏嘗引盧植禮記注。」

按：續漢書禮儀志注亦引植注①，通典亦引之。

蔡氏禮辨名記

佚。

王應麟曰：「春秋正義引辨名記云：『倍人曰茂，十人曰選，倍選曰雋，千人曰英，倍英曰賢，萬人曰傑，倍傑曰聖。』禮記正義引之以爲蔡氏。」

① 「注」，文淵閣四庫本誤作「志」。

經義考卷一百四十

禮記三

王氏肅禮記注

隋志：「三十卷。」新、舊唐志同。佚。

〔校記〕

馬國翰有輯本。（禮記，頁四十）

朱子曰：「王肅議①禮，必反鄭玄。」

王應麟曰：「肅，字子雍。魏志有傳，集説以肅爲元魏人，誤也。有兩王肅，在元魏者，字恭懿，不

① 「議」，文淵閣四庫本作「儀」。

以經學名。」

按：王肅注禮，以月令爲周公所作。

禮記音

七録：「二卷。」

佚。

孫氏炎**禮記注**

隋志：「三十卷。」唐新、舊志同。

佚。

〔校記〕

馬國翰有輯本。（禮記，頁四十）

按：唐張燕公駁魏鄭公類禮云：「禮記傳習，已向千年，至魏孫炎始改舊本，以類相比，則炎所注禮，不用小戴原本可知。」

鄭氏小同**禮義**

七録：「四卷。」新、舊唐志作禮記義記。

佚。

隋志注：「小同，魏侍中。」

杜氏寬**刪集禮記**

佚。

杜氏新書曰：「寬，字務叔。舉孝廉，除郎中。經傳之義多所論駁，草創未就，惟刪集禮記及春秋左氏傳解，今行於世。」

射氏慈**禮記音義隱**

隋志：「一卷。」七録同。唐志：「二卷。」

佚。

〔校記〕

馬國翰有輯本。射氏音義隱，並有王謨輯本。（禮記，頁四十）

册府元龜：「射慈，字孝宗，爲中書侍郎，撰喪服變除圖五卷、禮記音一卷。」

謝氏楨**禮記音**

七録：「一卷。」

佚。

陸德明曰：「不詳何人。」

司馬氏伷**禮記寧朔新書**

七録：「二十卷。」唐新、舊志同，隋志作八卷。

佚。

舊唐書：「司馬伷序，王懋約註。」

孫氏毓**禮記音**

七録：「一卷。」

佚。

繆氏炳**禮記音**

七録：「一卷。」

佚。

蔡氏謨**禮記音**

七録：「二卷。」

佚。

陸德明曰：「謨，字道明，濟陽考城人，晉司徒文穆公。」

曹氏躭**禮記音**

七録：「二卷。」唐志同。

佚。

陸德明曰：「躭，字愛道，譙國人。東晉安北諮議將軍。」

尹氏毅①**禮記音**

七録：「二卷。」唐志同，釋文序録：「一卷。」

佚。

陸德明曰：「天水人，東晉國子助教。」

---

① 「毅」，文淵閣四庫本作「穀」。

范氏宣**禮記音**

七録：「二卷。」

佚。

〔校記〕

馬國翰有輯本。（禮記，頁四十）

陸德明曰：「宣，字宣子，濟陽人。東晉員外郎。」

〔補正〕

按：經典釋文序録「郎」下，有「不就」二字。册府元龜儒學類引此，作「徵員外郎不就」。蓋經典釋文脱「徵」字，而此書並「不就」二字失去耳。（卷六，頁三）

按：釋文詮爾雅注「蝗」字，引范宣禮記音：「音横。」

徐氏邈**禮記音**

七録：「三卷。」唐志同。

佚。

〔校記〕

馬國翰有輯本。（禮記，頁四十）

劉氏昌宗**禮記音**

七録：「五卷。」

佚。

徐氏爰**禮記音**

隋志：「二卷。」唐志同，釋文序録：「三卷。」

佚。

雷氏肅之**禮記義疏**

七録：「三卷。」

佚。

隋志注：「肅之，宋豫章郡丞。」

按：雷氏義疏：樂記「治世之民安以樂」，讀至「安」絶句，「以樂」二字爲句①。

① 文淵閣四庫本無「爲句」二字。

庾氏蔚之**禮記略解**

隋志：「十卷。」唐志同。

佚。

〔校記〕

馬國翰有輯本。（禮記，頁四。）

陸德明曰：「蔚之，字□隨①，潁川人。宋員外常侍。」

〔補正〕

陸德明曰：「蔚之，字□隨」，當作「季隨」。（卷六，頁四）

業氏遵**禮記注**唐志「業」作「葉」。

七録：「十二卷。」唐新、舊志同。

佚。

陸德明曰：「遵，字長孺，燕人，宋奉朝請。」

① 「□隨」，依補正、四庫諸本、備要本應作「季隨」。

何氏佟之**禮記義**

唐志：「十卷。」

佚。

〔補正〕

案：唐志又有「禮答問十卷，何佟之撰。」（卷六，頁四）

樓氏幼瑜**禮記捃拾**

三十卷。

禮記摭遺別説

七録：「二卷。」

俱佚。

浙江通志：「幼瑜，字季玉，南齊時金華人。」

梁武帝禮記大義

隋志：「十卷。」唐志同。

佚。

簡文帝禮大義

二十卷。

佚。

賀氏瑒**禮記新義疏**

隋志：「二十卷。」

佚。

〔校記〕

馬國翰有輯本。（禮記，頁四十）

皇氏侃**禮記義疏**

隋志：「九十九卷。」唐志：「五十卷。」

佚。

〔校記〕

馬國翰有輯本。（禮記，頁四十）

梁書武帝紀：「大同四年冬十二月，兼國子助教皇侃表上所撰禮記義疏五十卷。」

陸德明曰：「梁國子助教皇侃撰禮記義疏五十卷，又傳喪服義疏，並行於世。」

孔穎達曰：「皇氏雖章句詳正，微稍繁廣，又既遵鄭氏，乃時乖鄭義，此是木落不歸其本，狐死不首其丘，未爲得也。」

禮記講疏

隋志：「四十八卷。」唐志：「百卷。」

佚。

按：隋、唐志二書卷數懸殊，蓋以義爲講，以講爲義也。

沈氏重**禮記義疏**

隋志：「四十卷。」唐志同。

佚。

〔校記〕

馬國翰有輯本。（禮記，頁四十）

禮記音

佚。

陸德明曰："重撰問禮、禮記音。"

戚氏袞**禮記義**

四十卷。

佚。

陳書："戚袞，字公父，鹽官人。梁武帝除揚州祭酒從事史，就國子博士宋懷方質儀禮義，懷方，北人，自魏攜儀禮、禮記疏，秘惜不傳，及將亡，謂家人曰：『吾死後，戚生若赴，便以儀禮、禮記義本付之，若其不來，即宜隨屍而殯。』其爲儒者推許如此。尋遷員外散騎常侍兼國子助教。"

褚氏暉**禮記文外大義**

隋志："二卷。"

佚。

隋志注："暉，秘書學士。"

劉氏芳**禮記義證**

隋志：「十卷。」唐志同。

佚。

〔校記〕

馬國翰有輯本。（禮記，頁四十）

劉氏儁**禮記評**

隋志：「十一卷。」唐志：「十卷。」

佚。

熊氏安生**禮記義疏**

唐志：「四十卷。」

佚。

〔校記〕

馬國翰有輯本。（禮記，頁四十）

孔穎達曰：「熊氏違背本經，多引外義，猶之楚而北行，馬雖疾而去愈遠矣。又欲釋經文，惟聚難義，猶治絲而棼之，手雖繁而絲益亂也。」

緱氏禮記要鈔

隋志：「十卷。」

佚。

何氏禮記義

隋志：「十卷。」

佚。

按：孔氏禮記疏每引何胤之說。疑即胤書。

無名氏禮記音義隱

隋志：「七卷。」

佚。

禮記隱

唐志：「二十六卷。」

佚。

按：陸氏釋文每引禮記隱義。如云：「樂浪人呼容□①十二石者爲鼓，齊人以相絞許爲掉磬。腱，筋之大者。魚須文竹，以魚須飾文竹之邊。俠之爲移也。符長，符謂甘露醴泉之屬，長謂麟鳳五靈之屬。」考隋志不載，惟唐志有禮記隱二十六卷，疑其脱去「義」字，即是書也。孔氏禮疏亦引之。②

禮記義疏

隋志：「三十八卷。」

佚。

禮記疏

隋志：「十一卷。」

佚。

禮大義

隋志：「十卷。」

① 「□」，四庫諸本無此空格，備要本作「米」。
② 「孔氏禮疏亦引之」，文津閣四庫本此句爲正文，非注文。

佚。

禮大義章

隋志：「七卷。」

佚。

禮記類聚

唐志：「十卷。」

佚。

孔氏穎達**禮記正義**

唐志：「七十卷。」

〔校記〕

四庫本六十三卷。（禮記，頁四十）

存。

穎達自序曰：「夫禮者，經天緯地，本之則大一之初；原始要終，體之乃人情之欲。夫人上資六氣，下乘四序，賦清濁以醇醨，感陰陽而遷變，故曰人生而静，天之性也；感物而動，性之欲也。喜怒哀樂之志於是乎生，動静愛惡之心於是乎在，精粹者雖復凝然不動，浮躁者實亦無所不爲。是以古先聖王鑒其若此，欲保之以正直，納之於德義，猶襄陵之浸，修隄防以制之；泛駕之馬，設銜策以驅之。故乃上法圓象，下參方載，道之以德，齊之以禮。然飛走之倫，皆有懷於嗜慾，則鴻荒之世，非無心於性情。燔黍①則大享之濫觴，土鼓乃雲門之拳石。冠冕飾於軒初，玉帛朝於虞始，夏、商革命，損益可知；文、武重光，典章斯備。洎乎姬旦負扆臨朝，述曲禮以節威儀，制周禮而經邦國。禮者，體也，履也，郁郁乎文哉，三百三千，於斯爲盛，綱紀萬事，彫琢六情。非②彼日月照大明於寰宇，類此松筠負貞心於霜雪，順之則宗祐③固，社稷寧，君臣序，朝廷正；逆之則綱紀廢，政教煩，陰陽錯於上，人神怨於下，故曰人之所生，禮爲大也。非禮無以事天地之神，辨君臣長幼之位，是禮之時義大矣哉。暨周昭王南征之後，彝倫漸壞，彗星東出之際，憲章遂泯。夫子雖定禮正樂，頹綱暫理，而國異家殊，異端並作。畫蛇之説，文擅④於縱横；非馬之談，辨離於堅白。暨乎道喪兩楹，義乖四術，上自游、夏之初，下終秦、漢之際，其間岐途詭説，雖紛然競起，而餘風曩烈，亦時或獨存。於是博物通人，知今温古，考前代之憲章，

①「黍」，文津閣四庫本誤作「忝」。
②「非」，文津閣四庫本誤作「辟」。
③「祐」，依四庫薈要本、文淵閣四庫本、備要本應作「祏」。
④「擅」，文淵閣四庫本誤作「檀」。

參當時之得失，是①以所見，各記舊門②，錯總鳩聚，以類相附，禮記之目，於是乎在。去聖愈遠，異端漸扇，故大、小二戴，共氏而分門；王、鄭兩家，同經而異注。爰從晉、宋，逮於周、隋，其傳禮業者，江左尤盛，其爲義疏者，南人有賀循、賀瑒、庾蔚、崔靈恩、沈重、宣、皇甫侃等，北人有徐道明、李業興、李寶鼎、侯聰、熊安③等，其見於世者，惟皇、熊二家而已。熊則違背本經，多引外義，猶之楚而北行，馬雖疾而去愈遠矣。又欲釋經文，惟聚難義，猶治絲而棼之，手雖繁而絲益亂也。皇氏雖章句詳正，微稍繁廣，又既遵鄭氏，乃時乖鄭義，此是木落不歸其本，狐死不首其丘，此皆二家之弊，未爲得也。然以熊比皇，皇氏勝矣，雖體例既別，不可因循，今奉敕删理，仍據皇氏以爲本，其有不備，以熊氏補焉。必取文證詳悉，義理精審，翦其繁蕪，撮其機要。恐獨見膚淺，不敢自專，謹與中散大夫、守國子司業臣朱子奢、國子助教臣李善信、守太學博士臣賈公彦、行太常博士臣柳士宣、魏王東閣祭酒臣范義頵、魏王參軍事臣張權等，對共量定，至十六年，又奉勅與前修疏人，及儒林郎、守太學助教、雲騎尉臣周玄達、儒林郎、守四門助教、雲騎尉臣趙君贊、儒林郎、守四門助教、雲騎尉臣王士雄等，對敕使趙弘④智，覆更詳審，爲之正義，凡成七十卷。庶能光贊大猷，垂法後進，故取其意義列之云爾。」

① 「是」，補正、四庫諸本作「俱」。
② 「門」，依四庫諸本、備要本應作「聞」。
③ 「熊安」，補正、四庫薈要本、文淵閣四庫本作「熊安生」。
④ 「弘」，四庫薈要本避作「宏」，下同。

〔補正〕

自序内「是以所見」，「是」當作「俱」。「其爲義疏者，南人有賀循、賀瑒、庾蔚、崔靈恩、沈重、宣、皇甫侃等，北人有徐道明、李業興、李寶鼎、侯聰、熊安等」，「庾蔚」下，脱「之」字，「熊安」下，脱「生」字。按：衛湜集説引此，作「沈重、范宣、皇甫侃」，多一「范」字。玉海引此，作「沈重、皇侃」，無「宣」字、「甫」字，此蓋依注疏本也。「東閣祭酒」，「閣」當作「閤」。「故取其意義」，「取」當作「敘」。（卷六，頁四）

新唐書志：「禮記正義七十卷，祭酒孔穎達、司業朱子奢、國子助教李善信、太學博士賈公彦、柳士宣、范義頵、魏王參軍事張權等奉詔撰，周玄達、趙君贊、王士雄、趙弘智等覆審。」

衛湜曰：「自晉、宋而下，傳禮學者，南人有賀循、賀瑒、庾蔚、崔靈恩、沈重、范宣、皇甫侃等，北人有徐道明、李業興、李寶鼎、侯聰、熊安生等，何止數十家。正義實據皇甫侃以爲本，而以熊安生補其所不備，後世但知爲孔氏之書而已。」又曰：「劉原父七經小傳載檀弓『聖人之葬人與？人之葬聖人也』，以『與』爲語助辭，世多稱之，然正義已有是説。」

王應麟曰：「祭酒邢昺等奉詔是正，咸平二年六月，昺上新印禮記疏七十卷，賜諸王輔臣人一本。」

陳澔曰：「鄭氏祖讖緯，孔疏惟鄭之從，雖有他説，不復收載，固爲可憾，然其灼然①可據者，不可易也。」

① 文淵閣四庫本無「灼然」二字。

魏氏徵**類禮**唐書作次禮記。

唐志：「二十卷。」

佚。

舊唐書：「魏徵以戴聖禮記編次不倫，遂爲類禮二十卷。以類相從，删其重複，采先儒訓注，擇善從之，研精覃思，數年而畢。太宗覽而善之，賜物千段。」

魏鄭公諫録詔曰：「禮經殘闕，其來已久，漢代戴聖爰記舊聞，古今所宗，條目雜亂，先儒傳授，多歷年數，咸事因循，莫能釐正。特進鄭國公徵文高翰林，學綜册府，服膺典禮，有志討論。乃依聖所記，更事編録，以類相從，别爲編第，並更注解，文義粲然，遂得先聖微言，因兹重闡，後之學者，多有弘益，宜付秘省。」

唐會要：「貞觀十四年五月二十一日，詔以特進魏徵所撰，賜皇太子及諸王，並藏本於秘府。」

朱子曰：「魏徵以小戴禮綜彙不倫，更作類禮二十篇，數年而成。太宗美其書，録寘①内府，今此書不復見，惜哉！」

---

① 「寘」，文津閣四庫本作「置」。

陸氏德明**禮記釋文**

四卷。

存。

王氏玄度**注禮記**

唐志：「二十卷。」

佚。

王氏元感**禮記繩愆**

唐志：「三十卷。」

佚。

王氏方慶**禮經正義**

唐志：「十卷。」

佚。

元氏行沖**類禮義疏**

唐志：「五十五卷①。」

〔補正〕

當作五十卷。（卷六，頁四）

佚。

舊唐書：「元行沖，河南人。後魏常山王素連之後，舉進士，累遷國子祭酒，拜太子賓客、弘文館學士，封常山郡公。初，左衛率府長史魏光乘奏請行用魏徵所著類禮，上令行沖集學者撰義疏，將立學官，行沖於是引國子博士范行恭、四門助教施敬本檢討刊削，勒成五十卷，開元十四年八月奏上之。尚書左丞相張説駁奏曰：『今之禮記，是前漢戴德、戴聖所編録，歷代傳習，已向千年，著爲經教，不可刊削。至魏孫炎始改舊本，以類相比，有同抄書，先儒所非，竟不行用。貞觀中，魏徵因孫炎所修，更加整比，兼爲之注，先朝雖厚加賞錫，其書竟亦不行。今行沖等解徵所注，勒成一家，然與先儒第乖，章句隔絶，若欲行用，竊恐未可。』上然其奏，於是賜行沖等絹二百疋，留其書，貯於内府，竟不得立於學官。行沖恚諸儒排己，退而著論以自釋，名曰釋疑，其詞曰：客問主人曰：『小戴之學，行之已久，康成銓②注，

① 「五十五卷」，補正、四庫薈要本、文津閣四庫本作「五十卷」。

② 「銓」，文津閣四庫本作「詮」。

見列學官。傳聞魏公，乃有刊易，又承制旨，造疏將頒，未悉二經孰爲優劣？』主人答曰：『小戴之禮行於漢末，馬融注之，時所未覩，盧植分合二十九篇而爲説解，代不傳習。鄭絪子幹，師於季長，屬黨錮獄起，師門道喪，康成於竄伏之中，理紛挐①之典，志存探究，靡所咨謀。而猶緝述忘疲，聞義能徙，具於鄭志，向有百科。章句之徒，曾不窺覽，猶遵覆轍，頗類刻舟，王肅因之，重茲開釋，或多改駁，仍按本篇。又鄭學之徒，有孫炎者，雖挾玄義，乃易前編。自後條例支分，箴石間起。馬伷增革，向②逾百篇；葉遵删修，僅全十二。魏公病群言之錯雜，紬衆説之精深。經文不同，未敢刊正，注理睽誤，寧不芟礱。成畢上聞，太宗嘉賞，賚縑千匹，録賜儲藩。將期頒宣，未有疏義。聖皇纂業，敦古崇儒，高曾規矩，宜所修襲，乃制昏愚，甄分舊義。其有著遺往説，理變新文，務加捜窮，積稔方畢，具録呈進，敕付群儒，庶能斟詳，以課疏密。豈悟章句之士，堅持昔言，持嫌知新懟，欲仍舊貫，沈疑多月，擯壓不申。優劣短長，定於通識，手成口答，安敢銓量。』客曰：『當局稱迷，傍觀見審，累朝詮定，故是周詳，何所爲疑，不爲申列。』答曰：『是何言歟？談豈容易？昔孔安國注壁中書，會巫蠱事，經籍道息，族兄臧與之書曰：「相如常忿俗儒淫詞冒義，欲撥亂反正，而未能果，然雅達通博，不代而生，浮學守株，比肩皆是。衆非難正，自古而然。誠恐此道未申，而以獨智爲議也。」則知變易章句，其難一矣。漢有孔季産者，專於古學；有孔扶者，隨俗浮沈。扶謂産云：「今朝廷皆爲章句内學，而君獨修古義，修古義則非章句内學，

① 「挐」，四庫薈要本、文津閣四庫本作「拏」。
② 「向」，四庫薈要本作「尚」。

非章句内學，則危身之道也。獨善不容於代，必將貽患禍乎！」則知變易章句，其難二矣。劉歆以通書屬文，待詔官署，見左氏傳而大好之，後蒙親近，欲建斯業。哀帝欣納，令其討論，各遷延推辭，不肯置對。劉歆移書責讓，其言甚切，諸博士等皆忿恨之。名儒龔勝，時爲光禄，見歆此書，乃乞骸骨，司空師丹，因大發怒，奏歆改亂前志，非毁先朝所立。帝曰：「此廣道術，何爲毁耶？」由是犯忤大臣，懼誅，求出爲河南太守，宗室不典三河，又徙五原太守。以君賓之著名好學，公仲之深博守道，猶迫同門朋黨之議，卒令子駿負謗於時。則知變易章句，其難三矣。子雍規玄數十百件，守鄭學者，時有中郎馬昭，上書以爲肅謬。詔王學之輩，占答以聞。又遣博士張融，案經論詰，融登召集，分别①推處，理之是非，具聖證論。王肅酬對，疲於歲時。則知變易章句，其難四矣。卜商疑聖，納誚於曾輿；木賜近賢，貽嗤於武叔。自此之後，惟推鄭公。王粲稱伊、洛已東，淮、漢之北，一人而已，莫不宗焉。咸云先儒多闕，鄭氏道備，粲竊嗟怪，因求其學。得尚書注，退而思之，以盡其意，意皆盡矣，所疑之者，猶未喻焉。凡有兩卷，列於其集。又王肅改鄭六十八條，張融覈之，將定臧否，融稱玄注泉深廣博，兩漢四百餘年，未有偉於玄者。然二郊之際，殊天之祀，此玄誤也。其如皇天祖所自出之帝，亦玄慮之失也。及服虔釋傳，未免差違，後代言之，思弘聖意，非謂揚己之善，掩人之名也。何者？君子用心，願聞其過，故仲尼曰「過也，人皆見之，更也，人皆仰之」是也。而專門之徒，恕己及物，或攻先師之誤，如聞父母之名，將謂

① 「别」，文淵閣四庫本誤作「集」。

亡者之德言，而見壓於重壤也。故王邵①史論曰：「魏、晉浮華，古道夷替，洎②王肅、杜預，更開門户。歷載三百，士大夫恥爲章句。惟草野生以專經自許，不能究覽異義，擇從其善。徒欲父康成，兄子慎，寧道孔聖誤，諱聞鄭、服非，然於鄭、服甚憒憒，鄭、服之外，皆讎也。」則知變易章句，其難五也。伏以安國尚書、劉歆左傳，悉遭擯於曩葉，咸見重於來今。故知二人之鑒，高於漢廷遠矣。孔季産云：「物極則變，比及百年外，當有明直君子，恨不與吾同代者。」於戲！道之行廢，必有時者歟？僕非專經，罕習章句，高名不著，易受輕誣。頃者修撰，殆淹年月，賴諸賢輩能左右之，免致愆尤，仍叨賞賚，内省昏朽，其榮已多。何遽③持一己之區區，抗群情之噂沓，捨勿矜之美，成自我之私，觸近名之誡④，興犯衆之禍？一舉四失，中材不爲，自用韜聲，甘此沈默也。』」

新唐書：「元澹，字行沖，以字顯。」

成氏伯璵**禮記外傳**

唐志：「四卷。」

---

①「王邵」，四庫薈要本作「王劭」。
②「洎」，應依四庫薈要本、文津閣四庫本作「洎」。
③「遽」，四庫薈要本誤作「據」。
④「誡」，文淵閣四庫本誤作「誠」。

〔校記〕

馬國翰有輯本。（禮記，頁四十）

佚。

中興書目：「禮記外傳四卷，中山成伯璵撰，吴郡張幼倫注，四門博士劉素明序，凡一百一十條，分義例、名數二體，又各分上、下卷，雖舉禮記爲目，實兼三禮言之。」

晁公武曰：「義例二卷五十篇，名數二卷六十九篇，雖以禮記爲目，通以三禮言之，劉素明序，張幼倫注。」

〔補正〕

晁公武條内「劉素明序」，案：晁志作「明素」，此蓋依玉海。（卷六，頁四）

按：禮記外傳今逸不傳，太平御覽每引之，有曰「吉、凶、軍、賓、嘉五禮之目也。吉禮者，祭祀郊廟，社稷之事是也；凶禮者，喪記之説，年穀不登，大夫去國之事也；軍禮者，始黄帝與蚩尤戰于涿鹿之野；賓禮者，貢獻朝聘之事是也；嘉禮者，好會之事也，起自伏羲以儷皮焉。始制嫁娶，其後有冠、鄉飲酒、鄉射、食耆老、王燕族人之事是也。但前代象天，其禮質而略；後代法地，其事煩而文。唐、虞之際，五禮明備，周公所制文物極矣」。觀此，則一書之大綱，略可見也。

楊氏逢殷**禮記音訓指説**

宋志：「二十卷。」

未見。

亡名氏禮記字例異同

唐志：「一卷。」

未見。

新唐書：「元和十三年詔定。」

經義考卷一百四十一

禮記四

邢氏昺**禮選**

二十卷。

佚。

宋史：「雍熙中，邢昺撰禮選二十卷，獻之。太宗探其帙，得文王世子篇，覩之甚悦，因問衛紹欽曰：『昺爲諸王講説，曾及此乎？』紹欽曰：『諸王常時訪昺經義，昺每至發明君臣父子之道，必重復陳之。』太宗益喜。上嘗因内閣暴書，覽而稱善，召昺同觀，作禮選贊賜之。昺言：『家無遺稿，願得副本。』上許之，繕録未畢而昺卒，亟詔寫二本，一本賜其家，一本俾置冢中。」

李氏清臣**禮論**

二篇。

存

張子載禮記説

三卷。

未見。

魏了翁序曰：「横渠張先生之書，行於世者，惟正蒙爲全書，其次則經學理窟及信聞録，已不見於吕與叔所狀先生之言行，至於詩、書、禮、樂、春秋之書，則方且條舉大例，與學者緒正其説，而未及就。其在朝廷講行冠、昏、喪、祭、郊廟之禮，乃以孤立，寡與議，卒不用。既移疾西歸，欲與門人成其初志，亦未及爲，而卒於臨潼。今禮記説一編，雖非全解，而四十九篇之目，大略固具，且又以儀禮之説附焉。然則是編也，果安所從得與？嘗反復尋繹，則其説多出於正蒙、理窟、信聞諸書，或者先生雖未及定著爲書，而門人會粹遺言，以成是編與？亦有二程先生之説，參錯其間。蓋先生之學，其源出於程氏，豈先生常常諷道之語，而門人並記之與？先生强學質行，於喪、祭之禮，尤謹且嚴。其教人必以禮爲先，使人有所據守，若有聞①焉，則告之以知禮成性之道。其行之於家也，童子必使之執幼儀、親灑掃；女子則觀祭祀、納酒漿，久以固其肌膚之會、筋骸之束，而養其良知良能之本。然其始也，聞者莫不疑笑，久而後信其説之不我欺也。翕然丕變，以先生之從。嗚呼！是烏可强而致然與？豈人心之所無，而

① 「聞」，四庫薈要本、文淵閣四庫本作「問」。

可以襲而取之與？人受天地之中以生，莫不有仁義禮智之性具乎其心，故仁其體也，義其用也，知以知之，禮則所以節文，仁義者也。且自父坐而子立，君坐而臣立推之，凡升降上下，周旋裼襲之文，喪、祭、射、御、冠、昏、朝、聘之典，夫孰非其性情所有，天理之自然，而爲之品節者與？此所謂①天秩天敘，此其是也。然出天理，則入人欲，故品節云：『爲者，又將以人情，或縱之防限也。孔、孟教人，要必以是爲先，今所謂禮記、儀禮諸書，雖曰去籍於周衰，煨燼於秦虐，淆亂於漢儒。然所謂經禮、曲禮者，錯然於篇帙之中，其要言精義，則有可得而推尋者也。後生小子，自其幼學，因而從事乎此，不幸時過，而後知學者亦有以倍致其力焉。則將變化氣質，有以復其性情之正，雖柔可強，雖顔子四勿之功，可體而自致之也。所謂忠信之薄、人情之僞者，亦將曉然知其爲異端之説矣。』此先生有功於禮樂之大意也，敢識篇末，以告同志，又以自儆云。」

〔補正〕

魏了翁序内「若有聞焉」，「聞」當作「問」。（卷六，頁五）

章氏望之禮論

一篇。

佚。

① 「此所謂」，文淵閣四庫本作「夫孰非」。

建寧府志：「章望之，字表民，浦城人。簽書建康軍節度判官，以光禄寺丞致仕。李覯謂仁、義、禮、智、信、樂、政、刑，皆出於禮，望之因著禮論一篇，以訂其説。」

劉氏彝**禮記中義**

四十卷。

佚。

李氏格非**禮記精義**

宋志：「十六卷。」

未見。

衛湜曰：「李文叔精義，就曲禮、檀弓、王制、喪服小記、大傳、少儀、學記、樂記、雜記、喪大記、祭法十一篇中，隨所見爲之義。」

王氏安石**禮記發明**

一卷。

未見。

禮記要義

二卷。

未見。

周氏諝**禮記解**

未見。

諝自序曰：「夫禮者，性命之成體者也。蓋道德仁義同出於性命，而所謂禮者，又出乎道德仁義，而爲之節文者也。方其出於道德仁義，則道德仁義者，禮之本也。故曰：『仁者，人也。親親爲大。義者，宜也，尊賢爲大，親親之殺，尊賢之等，禮所生也。』方其爲之節文，則道德仁義反有資於禮也。故曰：『道德仁義，非禮不成。』嗚呼！此禮之所以爲禮者也。若夫吉凶之殊，軍賓之別，其言不盡於意，其意必寓於象。故一服飾，一器械，有以存於度數之間者，象也，象則文也。及推而上之，有以見於度數之表者，意也，意則情也。所謂意者，歸於性命而已矣。書曰『天秩有禮，自我五禮有庸哉！』蓋其以欲滅命，以人廢天者，聖人不爲。惟其天秩之所有，是乃聖人之所庸者也。然聖人所以庸之者，豈特使天下後世，知有尊卑之分，而苟自異於禽獸耳。蓋又將爲入道之資也。聖人既没，禮經之殘缺久矣，世之所傳曰周禮、曰儀禮、曰禮記，其間獨周禮爲太平之成法；儀禮者，又次之；禮記者，雜記先王之法言，而尚多漢儒附會之疵，此學者所宜精擇。」

經解、哀公問、仲尼燕居、孔子閒居、中庸、表記、大學，共十七篇，不見於中興館閣書目。」

衛湜曰：「延平周諝，字希聖。解王制、禮運、禮器、郊特牲、玉藻、學記、樂記、祭法、祭義①、祭統、

陳氏祥道**禮記講義**

二十四卷。

未見。

陳氏暘**禮記解義**

宋志：「十卷。」

佚。

方氏慤**禮記解**

通考：「二十卷。」

未見。

朱子曰：「方氏禮解，儘有説得好處。」

---

①「祭義」，文淵閣四庫本作「祭儀」。

陳振孫曰：「政和三年表進，自爲之序。以王氏父子禮記獨無解義，乃取所撰三經義及字說，申而明之，著爲此解，由是得上舍出身。其所解文義亦明白。」

衛湜曰：「方氏、馬氏及山陰陸氏三家，書坊鋟板傳於世。方氏最爲詳悉，有補初學，然雜以字說，且多牽合，大爲一書之累。間爲與長樂陳氏講義同者，方自序亦謂『諸家之說，於王氏有合者，悉取而用之』，則其説不皆自己出也。」

浙江通志：「方慤，字性夫，桐廬人。父死，廬墓覃思積年，注禮記集解。政和三年，領鄉薦，至京師，表進於朝，詔賜上舍，釋褐，而頒其書於天下。八年中進士，仕至禮部侍郎。」

馬氏晞孟**禮記解**

通考：「七十卷。」

未見。一齋書目有。

陳振孫曰：「晞孟，字彦醇，未詳何人。亦宗王氏者。」

朱子曰：「方、馬二解，合當參考，儘有好處，不可以其新學而黜之。」

衛湜曰：「方氏、馬氏及山陰陸氏三家，方氏最詳，馬氏頗略。馬氏大學解又與藍田吕氏同，朱文公或問以爲吕氏，今從之。」

江西通志：「馬希①孟，廬陵人，熙寧癸丑登第。」

吕氏大臨芸閣禮記解

通考：「十卷。」中興書目：「一卷。」

〔補正〕

案：晁志作「四卷」，書録解題作「十六卷」，此蓋依衛湜集説及玉海。（卷六，頁五）

未見。

晁公武曰：「芸閣禮記解十卷，吕大臨與叔撰。與叔師事程正叔，禮學甚精博，中庸、大學，尤所致意也。」

陳振孫②曰：「按：館閣書目作一卷，止有表記、冠、昏、鄉、射、燕、聘義、喪服四制，凡八篇。今又有曲禮上下、中庸、緇衣、大學、儒行、深衣、投壺八篇。此晦庵朱氏所傳本，刻之臨漳射垛，書坊稱芸閣吕氏解，即其書。」

〔補正〕

陳振孫條内「鄉、射、燕、聘義」，「射」上，脱「飲酒」二字。（卷六，頁五）

---

① 「希」，四庫薈要本作「晞」。

② 「陳振孫」，文淵閣四庫本作「陳振叔」。

衛湜曰："藍田吕與叔禮記解，中興館閣書目止一卷。今書坊所刊十卷，有禮記上、下①、孔子閒居、中庸、緇衣、深衣、儒行、大學八篇。"

禮記傳

宋志："十六卷。"

未見。

張萱曰："吕氏禮記傳十六卷，今闕第三卷。宋淳熙中，朱晦庵刻之臨漳學官。"

何氏述**禮記傳**

二十卷。

佚。

閩書："何述，字明道，浦城人。元豐二年進士，歷徽猷閣待制，知永興軍，移師涇原。"

楊氏訓**禮記解**

二十卷。

① "禮記上、下"，依四庫諸本應作"曲禮上、下"。

佚。

閩書：「楊訓，字公發，浦城人。元豐五年進士，知東陽縣，轉朝奉郎。」

慕容氏彦達**禮記解**

佚。

陸元輔曰：「彦達，字叔遇，毘陵人。元豐中登科。」

陸氏佃**禮記解**

宋志：「四十卷。」

佚。

衛湜曰：「陸氏説多可取，間有穿鑿，亦字學之誤也。」

〔補正〕

衛湜條内「之誤也」，當作「誤之也」。（卷六，頁五）

宋中興藝文志：「陸佃新義牽於字説，宣和末，其子宰上之。」

〔補正〕

按：衛湜、宋中興藝文志二條，當在述禮新説一條之後。（卷六，頁五）

浙江通志：「陸佃，字農師，山陰人，官至尚書右丞。」

述禮新説

宋志：「四卷。」

佚。

禮象

宋志：「十五卷。」

存。未見全本。

陳振孫曰：「陸佃撰，以改舊圖之失，其尊、爵、彝、鼎，皆取公卿家及秘府所藏古遺器，與聶圖大異。戴岷隱分教吾鄉，作閣齋館池上，畫此圖於壁，而以『禮象』名閣，與論堂禮圖相媲云。」

按：陸氏禮象，丹徒張先生鵬巡撫山東，獲之章丘李中麓家，惜已殘闕矣。

葉氏夢得**禮記解**

未見。

衛湜曰：「葉少藴解曲禮、檀弓、王制、文王世子、祭義、祭統、哀公問、仲尼燕居、孔子閒居、坊記、表記、緇衣、儒行、大學、昏義、鄉飲酒義、射義、燕義、聘義十九篇，仲子模過庭録時有論説。」

李氏夔**禮記義**

十卷。

佚。

陸元輔曰：「宋朝奉大夫右文殿修撰邵武李夔斯和撰。」

亡名氏禮記小疏

宋志：「二十卷。」

佚。

禮記名義

通志：「十卷。」

佚。

禮記名數要記

通志：「三卷。」

佚。

禮記外傳名數

通志：「二卷。」

佚。

禮記評要

通志：「十五卷。」

佚。

禮樞

一卷。

佚。

右見紹興續到闕書目。

禮鑰

佚。

右見朱子語類。

經義考卷一百四十二

禮記五

胡氏銓**禮記傳**

宋志：「十八卷。」

佚。

衛湜曰：「禮記解義，惟嚴陵方氏、廬陵胡氏始末全備。」

陳氏長方**禮記傳**

佚。

劉氏懋**禮記集説**

佚。

陸元輔曰："劉愍，字勉之，胡藉溪門人。學者稱恆軒先生，爚之父也。"

夏氏休**破禮記**

宋志："二十卷。"

未見。

中興藝文志："夏休以禮記多漢儒雜記，於義有未安者，乃援禮經以破之。然中庸、大學，實孔氏遺書也。"

衛湜曰："紹興間進士夏休撰破禮記二十卷，斷章析句，妄加譏詆，中庸、大學猶且不免，其不知量甚矣。"

黄氏祖舜**禮記説**

佚。

吴氏仁傑**禮記解**

佚。

朱子曰："吴斗南説：『"禮，不王不禘。"王，如"來王"之"王"。要荒之君，世見中國。一世王者立，則彼一番來朝，故王者行禘禮以接之，彼本國之君一世繼立，則亦一番來朝，故歸國則亦行禘禮。』

此説亦有理，所謂『吉禘於莊公』者，亦此類，非五年之禘也。」

蔣氏繼周**禮記大義**

七卷。

佚。

括蒼彙記：「蔣繼周，字世修，青田人。紹興甲戌進士，歷館職二十年，仕至御史中丞、禮部尚書，卒贈太師，謚文恭。」

游氏桂**禮記經學**

十二卷。

佚。

衛湜曰：「廣安游桂，字元發。著經學十二卷。」

曹學佺曰：「宋廣安游桂著。桂，號畏齋，隆興進士，官四川制置。大全注采入者十七條。」

樊氏光遠**禮記講義**

二卷。

佚。

呂氏祖謙禮記詳節

佚。

王氏炎禮記解

佚。

楊氏炳禮記解

佚。

閩書：「楊炳，字若晦，晉江人。乾道二年進士，累遷中書舍人，權吏部尚書，以寶謨閣直學士奉祠。」

莊氏夏禮記解

佚。

陸元輔曰：「莊夏，字子禮，永春人。淳熙中進士，官至兵部侍郎，以寶謨閣待制奉祠，進煥章閣待制。自號藻齋老人，著禮記解。」

黃氏櫵仲**禮記解**

佚。

閩書：「櫵仲，字道夫，龍谿人。淳熙二年進士，汀州録事參軍。」

曾氏光祖**禮記精義**

十五卷。

佚。

周必大曰：「光祖，字景山，吉州安福人。淳熙乙未登第，奉議郎，知臨江新喻縣事。」

郭氏叔雲**禮經疑**

闕。

廣東通志：「郭叔雲，字子從，潮陽人。有禮經疑二十餘條，見文公集中。」

颜氏棫**禮記解**

佚。

王圻曰：「棫，字叔堅。淳熙中以上舍釋褐，官至吏部尚書。」

輔氏廣**禮記解**

未見。

衛湜曰："慶源輔漢卿取注疏、方氏、馬氏、陸氏、胡氏諸説，倣呂氏讀詩記編集，間有己説。"

劉氏爚**禮記解**

佚。

許氏升**禮記文解**

佚。

趙氏汝談**禮記注**

佚。

李氏心傳**禮辨**

二十三卷。

佚。

余氏復**禮記類説**

佚。

王圻曰：「復，寧德人。光宗初，策士大廷，覽復所對，曰：『余復直而不訐。』擢第一，後入史館，兼實録檢討①。」

林氏震**禮問**

佚。

舒氏璘**禮解**

佚。

邵氏囦**禮解**

未見。

衛湜曰：「金華邵囦，字萬宗。解曲禮、王制、樂記、中庸、大學五篇。」

① 文淵閣四庫本無「檢討」二字。

應氏鏞**禮記纂義**

二十卷。

未見。

衛湜曰：「金華應鏞，字子和，有纂義二十卷。」

陳澔曰：「近世應氏集解，於雜記、喪大、小記等篇，皆闕而不釋。噫！慎終追遠，其關於人倫世道非細故，而可略哉？」

岳氏珂**小戴記集解**

佚。

魏氏了翁**禮記要義**

宋志：「三十三卷。」

未見。

〔校記〕

江蘇局有復宋刊本三十三卷。（禮記，頁四十）

按：聚樂堂藝文目有之。

衛氏湜禮記集説

宋志：「一百六十卷。」

存。

魏了翁序曰：「禮，自正義既出，先儒全書，泯不復見。自列於科目，博士諸生，亦不過習其句讀，以爲利禄計。至金陵王氏，又罷儀禮，取士僅存周官、戴記之科，而士習於禮者滋鮮。就戴記而言，如檀弓、喪禮諸篇，既指爲凶事，罕所記省，則其所業，僅一二十篇耳。苟不得義，則又諉曰『此漢儒之説也』，棄不復講。所謂解説之詳，僅有方、馬、陳、陸諸①家，然而述王氏之説者也。惟關、洛諸大儒，上接洙、泗之傳，乃僅與門人弟子難疑答問，而未及著爲全書。嗚呼！學殘文闕，無所因襲，驅一世而冥行焉，豈不重可嘆與？平江衛氏世善爲禮，正叔又自鄭注、孔義、陸釋，以及百家之所嘗講者，會粹成書，凡一百六十卷。正叔名湜，自號櫟齋，今爲武進令。」

湜自序曰：「禮記四十九篇，自二戴分門，王、鄭異註，歷晉迄陳，雖南北殊隔，家傳師授，代不乏人。唐正觀②中，孔穎達等詳定疏義，稍異鄭説，罔不芟落，諸家全書，自是不可復見。由正觀③至五代，踰三百年，世儒競攻專門之陋，學禮者幾無傳矣。本朝列聖相承，崇顯經學，師友淵源，跨越前代。

---

① 「諸」，文淵閣四庫本誤作「之」。

②③ 「正觀」，四庫諸本作「貞觀」。

故經各有解，或自名家，或輯衆說，逮今日爲尤詳。禮記並列六籍，乃獨闕①焉。諸儒間嘗講明，率散見雜出，而又窮性理者略度數，推度數者遺性理，欲其參考並究，秩然成書，未之有也。予晚學孤陋，濫承緒業，首取鄭注、孔義，翦除蕪蔓，採摭樞要，繼遂博求諸家之說，零篇碎簡，收拾略徧。至若說異而理俱通，言詳而意有本，詆排孔、鄭，援據明白，則亦併録，以俟觀者之折衷。其有沿襲陳言，牽合字說，於義舛駁，悉置勿取。日編月削，幾二十餘載而後成，凡一百六十卷，名曰禮記集說。傳禮業者，苟能因衆說之淺深，探一經之旨趣，詳而度數，精而性理，庶能貫通，而盡得之矣。」又後序曰：「予舊習諸家訓解，每病世儒勦取前人之說，以爲己出，近得延平周諝希聖解，一再繙閱，始知陳氏、方氏亦推衍其說者耳。比歲，樞密何公澹本生繼母亡，疑於持服，太學生喬嘉、朱九成、黄會卿移書何公，引『逮事父母，則諱王父母，不逮事父母，則不諱王父母』之文，以爲本朝方慤解此一節，謂特庶人之禮耳，此說見鄭康成注，乃指爲方慤，蓋後人掇拾前言，而觀者據新忘舊，莫究其始。先儒之書，日就湮晦，此予之所慨嘆，而集說所由作也。他人著書，惟恐不出於己，予之此編，惟恐不出於人。因不敢謂此編能盡經旨，後有達者，何嫌論著，謹無襲此編所已言，没前人之善可也。」又跋尾曰：「紹定辛卯歲，湜備員江東漕筦，大資政趙公善湘以制師攝漕事，見余集說，欣然捐資鋟木，以廣其傳。次年秋，予秩滿而歸，迨嘉熙己亥夏，首尾閲九載矣，中雖倅金陵叨綸院，僅食年餘之禄，餘悉里居需次，因得徜徉於書林藝圃，披閲舊帙，搜訪新聞。遇有可採，隨筆添入，視前所刊，增十之三，間亦删去冗複。竭來嚴瀨，適繼郡計空

① 「闕」，文淵閣四庫本误作「闢」。

竭之後，廉勤自力，補苴培植，粗可支吾。乃撙節浮費，别刊此本，期與學者共之。」

陳振孫曰：「直秘閣崑山衛湜正叔集諸家説，自注疏而下，爲一書，各著其姓氏，寶慶二年表上之，由是寓直中祕，魏鶴山爲作序。」

盧熊蘇州府志：「湜，字正叔。好古博學，除太府寺丞，將作少監，皆不赴。嘗集禮記諸家傳注，爲一百六十卷，名曰禮記集説。寶慶二年上之，終朝散大夫，直寶謨閣，知袁州，學者稱爲櫟齋先生。」

張萱曰：「櫟齋禮記集説，宋寶慶間武進令衛湜撰。進取鄭注、孔義、陸釋，以及百家講説，粹爲一書，凡一百六十卷，各記論説①姓名，以聽學者自擇，魏了翁序之。」

按：衛氏集説援引解義，凡一百四十四家，不專采成書也，如文集、語録、雜説及群經講②論，有涉於禮記者，皆裒輯焉。今以經籍、藝文志暨諸家書目未著於録者疏之，晉有淳于纂、曹述初、劉世明，唐有田瓊，宋則四明沈焕晦叔、宣繒子平、吴興沈清臣正卿、錢唐于有成君錫、新定顧元常平甫、邵甲仁仲、嚴陵俞仲可③可中；不書字者：柯山周處約、四明李元白、演山黄敏求、高要譚惟寅、宣城奚士達、建安潘植、會稽高文彪、眉山家頤、孫佖、臨邛宋遠孫；不書地者：劉氏孟冶、葉氏棣、吴氏華、王氏子墨、孫氏景南、柯氏④垌、晏氏光、湛氏循、毛氏信卿、蔣氏君實；書地不書名者：東山何

① 文淵閣四庫本無「論説」二字。
② 「講」，文淵閣四庫本作「詳」。
③ 「俞仲可」，四庫諸本作「喻仲可」。
④ 「柯氏」，備要本作「林氏」。

氏、建安劉氏、新安王氏、海陵查氏、西蜀董氏；止書姓者：費氏、虞氏、施氏、盧氏、譙氏、許氏、俞氏、王氏、陳氏、葉氏、鄭氏、二張氏。姑就其目存之，俟博古君子，或有考云。

〔四庫總目〕

自鄭注而下，所取凡一百四十四家，其他書之涉於禮記者，所採録不在此數焉。今自鄭注、孔疏而外，原書無一存者。朱彝尊經義考採摭亦最爲繁富，而不知其書與不知其人者，凡四十九家，皆賴此書以傳，亦可云禮家之淵海矣。（卷二一，頁五，禮記集説一百六十卷提要）

竺氏大年**禮記訂義**

佚。

寧波府志：「竺大年，字耕道，奉化人，受業於沈焕，著禮記訂義。楊琪①銘其墓。」

戴氏良齊**禮辨**

佚。

林右曰：「當今經書，雖皆具完，而禮經獨爲殘闕，加以漢儒之説，有不純也。郡先哲戴大監嘗力爲之辨，草廬吴文正公師之，得其説。」

---

①「楊琪」，文淵閣四庫本作「揚琪」。

謝鐸曰：「戴良齊，字彦肅，號泉溪，黄巖人。嘉熙二年進士，累官秘書少監。」

黄氏以翼**禮記説**

佚。

何喬遠曰：「宗台受業於陳北溪，著禮説。」

楊氏畿**禮記口義**

佚。

宋氏聞禮**禮記解**

佚。

范氏鍾**禮記解**

佚。

宋史：「范鍾，字仲和，蘭溪人。嘉定二年進士，嘉熙三年，拜端明殿學士，簽書樞密院事，四年，參知政事，淳祐五年，拜左丞相兼樞密使，封東陽郡公，卒贈少師，謚文肅，著禮記解。」

徐氏畸**戴記心法**

二十卷。

佚。

陸元輔曰：「宋蘭溪徐畸南夫撰。」

韓氏謹**禮記義解**

佚。

張氏泳**禮記遺説**

佚。

韓氏惇**禮義解**

佚。

何氏炎**禮記注**

佚。

黄氏震**讀禮記日抄**

十六卷。

存。

震自序曰：「吴郡衛湜集禮記解，自鄭康成而下，得一百四十六家。惟方氏、馬氏、陸氏有全書，其餘僅解篇章，凡講義論説，嘗及之者，皆取之以足其數。其書浩瀚，惟嚴陵郡有官本，岳公珂集解亦然，皆未易徧觀。天台賈蒙繼之，始選取二十六家，視衛、岳爲要，而其采取亦互有不同，其書又惟儀真郡學有録本，世罕得其傳。今因並合各家所集，而類抄之。昔吕氏讀詩記簡要，而文爲姓氏所隔；高氏春秋集注文①成一家，而不知元注之姓氏爲誰。僭竊參用其法，使諸家注文爲一，而各出姓氏於下方，間亦節録，或附己意。然所謂存十一於千百，不過老眼便於觀省，後生志學之士，自當求之各家全書云。」

〔補正〕

自序内「吴郡衛湜集禮記解，自鄭康成而下，得一百四十六家」，按：前條按語作「一百四十四家」。（卷六，頁五）

姚世昌曰：「五經，朱子於春秋、禮記無成書。慈溪黄東發取二經，爲之集解，其義甚精，蓋有志補朱子之未備者。且不欲顯，故附於日抄中。其後程端學有春秋本義、陳澔有禮記集説，皆不能過之。

① 「文」，文津閣四庫本作「又」。

永樂初，修五經大全，諸臣皆未見日鈔，故一無所取。」

朱氏①申**禮記詳解**

十八卷。

佚。

鄭氏樸翁**禮記正義**

一卷。

未見。

浙江通志：「鄭樸翁，字宗仁，温州平陽人。咸淳十年，以上舍釋褐爲福州教授，尋除國子正。宋亡，諸陵被發，與其友林景熙謀間行拾之，見景熙志②中，既而歸隱薌山瀑下，山陰王英孫延教子弟，後以病返，卒於家。」

繆氏主一**禮記通考**

佚。

① 「朱氏」，文淵閣四庫本作「朱子」。
② 「志」，備要本作「之」。

陳氏普**禮記講義**

一卷。

存。

陳氏焕**禮記釋**

佚。

黄虞稷曰：「焕，字時可，豐城人。宋末兩與漕薦，入元不仕。」

賈氏蒙**禮記輯解**

佚。

天台縣志：「賈蒙，字正叔，著禮記輯解，集二十六家之説，視衛湜、岳珂爲要，舊有抄本在儀真，見黄氏書録。」

張氏應辰**禮記集解**

佚。

閩書：「應辰，德化人。」

汪氏自明**禮記義林**

四十卷。

佚。

嚴州府志："淳安人，時稱汪六經。"

王氏禮記解

未見。

衛湜曰："新安王氏解曲禮上下、王制、月令、文王世子、禮運、禮器、郊特牲、内則、玉藻、明堂位、大傳、中庸、大學、投壺十五篇。"

張氏禮記講義

十卷。

未見。

衛湜曰："張氏講義十卷，不知作者，又有傳録訓解，不著姓名。"

經義考卷一百四十三

禮記六

吴氏澂**禮記纂言**

三十六卷。

存。

澂自序曰：「小戴記三十六篇，澂所序次。漢興，得先儒所記禮書二百餘篇，大戴氏删合爲八十五，小戴氏又損益爲四十三，曲禮、檀弓、雜記分上、下。馬氏增以月令、明堂位、樂記。鄭氏從而爲之注，總四十九篇，精粗雜記，靡所不有。秦火之餘，區區掇拾，所謂存十一於千百，雖不能以皆醇，然先王之遺制，聖人之格言，往往賴之而存。第其諸篇出於先儒著作之全書者無幾，多是記者旁搜博采，勦取殘篇斷簡，會粹成書，無復詮次，讀者每病其雜亂而無章。唐魏鄭公爲是作類禮二十篇，不知其書果何如也，而不可得見。朱子嘗與東萊先生吕氏商訂三禮篇次，欲取戴記中有關於儀禮者附之經，其不係於儀禮者，仍別爲記。呂氏既不及答，而朱子亦不及爲，幸其大綱存於文集，猶可考也。晚年編校儀禮經傳，則其條例與前所商訂又不同矣。其間所附戴記數篇，或削本篇之文，而補以他篇之文。今則不敢，故止就其本篇之中，科分櫛剔，以類相從，俾其上下章文義聯屬，章之大旨標識於左，庶讀者開卷瞭然。若其篇第，則大學、中庸，程子、朱子既表章之，與論語、孟子並而爲四書，固不容復廁之禮篇。而投壺、奔喪實爲禮之正經，亦不可以雜之於記。其冠義、昏義、鄉飲酒義、射義、燕義、聘義六篇，正釋儀禮，別輯爲傳，以附經後矣。此外，猶三十六篇，曰通禮者九：曲禮、內則、少儀、玉藻通記小大儀文，而深衣附焉；月令、王制專記國家制度，而文王世子、明堂位附焉。曰喪禮者十有一：喪大記、雜記、喪服小記、服問、檀弓、曾子問六篇記喪，而大傳、間傳、問喪、三年問、喪服四制五篇，則喪之義也。曰祭禮者四：祭法一篇記祭，而郊特牲、祭義、祭統三篇，則祭之義也。曰通論者十有二：禮運、禮器、經解一類，哀公問、仲尼燕居、孔子閒居一類，坊記、表記、緇衣一類，儒行自爲一類，學記、樂記其文雅馴，非諸篇比，則以爲是書之終。嗚呼！由漢以來，此書千有餘歲矣，而其顛倒糾紛，至朱子始欲爲之是正，而未及竟，豈無所望於後之人與？用敢竊取其意，修而成之，篇章文句，秩然有倫，先後始終，頗爲精審，將來學禮之君子，於此考信，或者其有取乎，非但爲戴氏之忠臣而已也。」

吳尚志曰：「先生禮記纂言，凡數易稿，多所發明，而月令、檀弓尤爲精密。若月令言五行之祭，所先不同，天子所居，每月各異。檀弓申生之死、延陵季子之哭子、曾子之易簀、子思之母死於衛、子上之母死而不喪數節，是皆諸說紛紜，不合禮意。先生研精覃思，證之以經，裁之以禮。於經無據，於理不合者，則闕之。稿成，尚志請鋟木，得命，遂與先生之甥周濂，集同門之士，相與成之。先生手自點校，未及畢，而先生捐館矣。先生之孫當對門考訂，始①於至順癸酉之春，畢於元統甲戌之夏。」

楊士奇曰：「禮記出於孔氏之徒，而雜以吕不韋及戰國處士、漢博士之言。其旨不能皆粹，而錯簡亦多。近世吴文正公著禮記纂言，多所更定，其篇次亦各以類從，如：曲禮、内則、少儀、玉藻、深衣、月令、王制、文王世子、明堂位九篇爲通禮，喪大記、雜記、喪服小記、服問、檀弓、曾子問、大傳、間傳、問喪、三年問、喪服四制十一篇爲喪禮，祭法、郊特牲、祭義、祭統四篇爲祭禮。其通論凡十二篇，析爲五類：禮運、禮器、經解爲一類，哀公問、仲尼燕居、孔子閒居爲一類，坊記、表記、緇衣爲一類，儒行爲一類，學記、樂記爲一類。大學、中庸剔出，合語、孟爲四書。投壺、奔喪二篇，歸之儀禮正經，不雜於記。冠義、昏義、鄉飲酒義、射義、燕義、聘義六篇，皆所以釋儀禮者，别輯爲傳，以附經後。於是一書之中，類分章别，條理粲然，誠不刊之典也。」

魏校序曰：「六經，聖人親所删定。秦人燔之，禮、樂二籍俄空焉。世雖②周官、儀禮僅存，而學官罕所傳習。漢儒所補戴記，列於五經，純駁斑如也。注疏又頗傳③以緯學，經世之誼，鬱而未彰。今所宗者，陳氏集説而已。朱子嘗修正三禮未就，惟吴氏纂言，倫類明整，稽合諸儒異同，厥功溥哉！而世尠有傳者，豈天未興斯文與？曷絶之易，而續之孔艱也。雖然，後有作者，稽古立制，興世太平，兹書雖

① 文淵閣四庫本無「始」字。
② 「雖」，補正、四庫薈要本、文淵閣四庫本作「惟」。
③ 「傳」，補正作「傅」。

匪盡出於孔氏，固周官、儀禮之翼也，文獻斯存，殆將由是乎！　考法千古之闕典，可舉而行也，君子之於禮，蓋終身焉。學者弗及見古全書，而此編尚存，庶有恪言①，詎可暫而舍諸？如用於世，且將執此以往。矧亡者，禮之數也，其不亡者，存經禮三百，曲禮三千，根心所發也，蔽以一言曰『毋不敬』，兹書開卷，全經之體要具焉。寧國守胡君東皋爰刻是書，喜與四方士共之，先王之典，墜地久矣，庸詎知天之不欲興斯文也，而以是爲之兆與！」

〔補正〕

魏校序内「世雖周官、儀禮僅存」，「雖」當作「惟」。「又頗傳以緯學，」，「傳」當作「傅」。「庶有恪言」，「恪」當作「格」。（卷六，頁五）

王守仁序曰：「禮者，理也；理也者，性也；性也者，命也。『維天之命，於穆不已』，而其在於人也，謂之性；其粲然而條理也，謂之禮；其純然而粹善也，謂之仁；其截然而裁制也，謂之義；其昭然而明覺也，謂之知；其渾然於其性也，則理一而已矣。故仁也者，禮之體也；義也者，禮之宜也；知也者，禮之通也。經禮三百，曲禮三千，無一而非仁也，無一而非性也。天敘天秩，聖人何心焉，蓋無一而非命也。故克己復禮則謂之仁，窮理則盡性以至於命，盡性則動容周旋中禮矣。後之言禮者，吾惑焉。紛紜器②數之爭，而牽制形名之末，窮年矻矻，敝精於祝史之糟粕，而忘其所謂『經綸天下之大經，立天

① 「恪言」，四庫薈要本作「格言」。
② 「器」，四庫薈要本作「氣」。

下之大本』者。『禮云，禮云，玉帛云乎！』而人之不仁也，其如禮何哉？故老、莊之徒，外禮以言性，而謂禮爲道德之衰，仁義之失，既已瘝於空虚泲蕩。而世儒之説，復外性以求禮，遂謂禮止於器制度數之間，而議擬仿像於影響形迹，以爲天下之禮，盡在是矣。故凡先王之禮，烟蒙灰散，而卒以煨燼於天下，要亦未可專委罪於秦火者。僭不自度，嘗欲取禮記之所載，揭其大經大本，而疏附其條理節目，庶幾器道本末之一致，又懼德之弗任，而時亦有所未及也。間嘗爲之説，曰：『禮之於節文也，猶規矩之於方圓也。非方圓無以見規矩之用，非節文則必①無從而睹所謂禮矣。然方圓者規矩之所出，而不可遂以方圓爲規矩，故執規矩以爲方圓，則方圓不可勝用，舍規矩以爲方圓，而遂以方圓爲之規矩，則規矩之用息矣。故規矩者，無一定之方圓，而方圓者，有一定之規矩，此學禮之要，盛德者之所以動容，周還②而中也。』宋儒朱仲晦氏慨禮説之蕪亂，常欲考次而删正之，以儀禮爲之經，禮記爲之傳，而其志竟亦弗就。其後吴幼清氏因而爲之纂言，亦不數數於朱説，而於先後重輕之間，固已多所發明。二子之見，其規條指畫，則既出於漢儒矣，其所謂『觀其會通，以行其典禮之原』，則尚恨吾生之晚，而未及與聞之也。雖然，後聖而有作也，則無所容言矣，後聖而未有作也，則如纂言者，固學禮者之箕裘筌蹄也，而可以少之乎？姻友胡汝登忠信而好禮，其爲寧國也，將以是而施之。刻纂言以敷其説，而屬序於予，予將進汝登之道，而推之於其本也，故爲序之若此云。」

① 「必」，補正、四庫諸本作「亦」。
② 「還」，文淵閣四庫本作「旋」。

〔補正〕

王守仁序内「則必無從而睹」，「必」當作「亦」。（卷六，頁五）

高梯序曰：「秦燔孔烈，禮、樂得之煨燼者無幾。迨后蒼諸家，收攬之功雖勤，尤未免得此失彼。至於樂律，漫不經意，君子不能無遺憾也。大唐類聚通禮，既不可得而見；考亭經傳通解，則亦非其全書。此雲莊之集説，姑以其簡便，而列於學官有由矣。若夫備集説之未備，可爲禮家之所採録者，蓋不能不取於吴公之纂言也。愚嘗就四經之纂言而讀之，尤於禮而三復之，其辭古，其論博，其考訂精，其分類詳，拘且泥焉無有也。學禮者，以集説爲正，而復資之以此，則諸家疏釋宏通之論，制度文爲品秩之迹，皆可不勞而得矣。」

張萱曰：「禮記出自漢儒，會粹二百①四篇，戴德删爲八十五篇，其弟聖又删爲四十三②篇，及馬、鄭諸儒，分增爲四十九。其間關於禮經者，纔十數篇耳，餘皆收拾殘編斷③簡，而無詮次。朱晦庵、吕東萊每欲商訂，未遑也。元吴澂取朱子遺意，序次此書，謂大學、中庸已經程、朱表章，不容復列。如投壺、奔喪、六義等篇，既爲禮之正經，宜附禮經之後。餘存者，分類次第，曰通禮，曰喪禮，曰祭禮，曰通論，共三十六篇。」

---

① 「百」下，依文淵閣四庫本、補正應補「十」字。

② 「三」，補正、四庫薈要本、文淵閣四庫本作「六」。

③ 「編」，四庫薈要本作「篇」。

〔補正〕

張萱條内「會粹二百四篇」，「粹」當作「稡」，「百」下脱「十」字。「刪爲四十三篇」，「三」當作「六」。（卷六，頁五）

陸元輔曰：「是書一刻於正德庚辰寧國守胡汝登，而王伯安爲之序，再刻於嘉靖己丑，而高梯爲之序，三刻於崇禎己巳侍御史張養，而王象晉爲之序。」

彭氏絲**禮記集説**

四十九卷。

未見。

王圻曰：「安福人，父應龍，弟齊叔。父子兄弟相爲師友，俱以著述爲業。」

陳氏伯春**禮記解**

佚。

閩書：「陳伯春，晉江人，字耀卿。」

吕氏椿**禮記解**

佚。

王圻曰："晉江人，學於丘葵。"

陳氏澔禮記集説

三十卷。

〔校記〕

存。

四庫本作雲莊禮記集説十卷，明刊本三十卷。（禮記，頁四〇）

澔自序曰："前聖繼天立極之道，莫大於禮，後聖垂世立教之書，亦莫先於禮。禮儀三百，威儀三千，孰非精神心術之所寓，故能與天地同其節。四代損益，世遠經殘，其詳不可得聞矣。儀禮十七篇，戴記四十九篇，先儒表章庸、學，遂爲千萬世道學之淵源。其四十九篇之文，雖純駁不同，然義之淺深同異，誠未易言也。鄭氏祖讖緯，孔疏惟鄭之從，雖有他説，不復收載，固爲可恨，然其灼然可據者，不可易也。近世應氏集解於雜記、大、小記等篇，皆闕而不釋。噫！慎終追遠，其關於人倫世道非細故，而可略哉！先君子師事雙峰先生十有四年，以是經三領鄉書，爲開慶名進士，所得於師門講論甚多，中罹煨燼，隻字不遺。不肖孤僭不自量，會萃衍繹，而附以臆見之言，名曰禮記集説。蓋欲以坦明之説，使初學讀之，即了其義，庶幾章句通，則藴奥自見，正不必高爲議論，而卑眎訓故之辭也。書成，甚欲就正於四方有道之士，而衰年多疾，游歷艮艱，姑藏巾笥，以竢來哲。治教方興，知禮者或有取焉，亦愚者千慮之一爾。"

〔補正〕

自序末應補云「至治壬戌良月既望。」案：此書成於元英宗之二年，入元四十三年矣。（卷六，頁六）

陸元輔曰：「澔，字可大，都昌人。宋亡，不樂仕進，教授鄉里，學者稱雲莊先生。」

高梯曰：「雲莊集説以其簡便而得列於學官。」

按：自漢以來，治小戴之記者，不爲不多矣。以公論揆之，自當用衛氏集説取士，而學者厭其文繁，全不寓目。若雲莊集説，直兔園册子耳，獨得頒於學官，三百餘年不改，於其①度數品節，擇焉不精，語焉不詳。禮云，禮云，如斯而已乎？

〔補正〕

竹垞案内，「於其度數」，當作「其於」。（卷六，頁六）

程氏時登**禮記補注**

未見。

陳氏櫟**禮記集義詳解**

十卷。

① 「於其」，補正、備要本作「其於」。

未見。

櫟自序曰：「櫟自少讀禮記，多有未究，頗習朱子大學、中庸，竊有聞焉，即其所已聞，推其所未究，不無所得，未浹洽也。大德丙午，始見衛氏集説，乃得因衆説之紛紜，而折衷去取之。至大德庚戌，始融會諸説，句爲之解，一得之愚，亦見其中。昔朱子爲詩傳，不及載諸家姓氏，當時如張宣公亦未然之。今安知無執宣公之見以見尤者？然銷鎔百家，鑄之自己，亦安能逐字逐句，一一標題，以自取破碎之弊哉？乃若所采成段，必不可不書氏名者已，謹書之矣，名之曰禮記集義詳解云。」

程氏龍**禮記辨證**

佚。

周氏尚之**禮記集義**

佚。

柳貫作志曰：「周氏尚之，東揚其字。延祐四年，江西以春秋舉，上禮部不得第。至元元①年，擢丙科授將仕郎、永州零陵縣丞，調南安路上猶縣尹，所著有禮記集義若干卷，藏於家。」

① 文淵閣四庫本缺一「元」字。

韓氏性**禮記説**

四卷。

佚。

王氏夢松**禮記解**

括蒼彙紀：「王夢松字曼卿，青田人。隱居不仕，學者稱順齋先生。」

佚。

張氏宏圖**大禮記**

佚。

王圻曰：「宏圖，字巨濟，福清人。以宋人説禮者多訛舛，因著此書。」

葉氏遇春**禮記覺言**

八卷。

佚。

楊氏維楨**禮經約**

未見。

錢謙益①曰："維楨，字廉夫，會稽人。泰定丁卯進士，署天台尹，改錢清場鹽司令，陞江西等處儒學提舉。未上，會兵亂，避地富春山，徙錢塘，又自蘇徙松，築玄圃蓬臺於松江之上，海内薦紳大夫與東南才俊之士造門納履無虚日。洪武二年，召修禮樂書畢，以白衣乞骸骨，給安車還山，卒年七十五。"

亡名氏禮記平要

十五卷。

佚。

禮記義例

二卷。

佚。

---

① 文淵閣、文津閣四庫本無錢謙益此段文，四庫薈要本則改"錢謙益"爲"錢陸燦"。

禮記纂圖

未見。

右見葉氏菉竹堂書目，不書撰人姓氏，未詳何人。

經義考卷一百四十四

禮記七

梁氏寅**類禮**

未見。

寅自述曰：「於禮記也，以其多駁雜，惟取格言，以類而分，謂之類禮。」

連氏伯聰**禮記集傳**

十六卷。

存。

汪霦曰：「明洪武十四年，連伯聰以所撰禮記集傳進呈，去庸、學，止四十七篇。」

黄氏克**禮經博約**

未見。

黄虞稷曰：「克，字紹烈，臨川人。洪武二十七年進士，瑞安知縣。」

胡氏廣等①**禮記大全**

三十卷。

存。

陸元輔曰：「禮記大全就陳氏集説而增益之，凡四十二家，纂修者翰林學士兼左春坊大學士、奉政大夫胡廣②，奉政大夫、右春坊右庶子兼翰林侍講楊榮，奉直大夫、右春坊右諭德兼翰林侍講金幼孜，翰林院修撰、承務郎蕭時中、陳循，翰林院編修、文林郎周述、陳全、林誌，翰林院編修、承事郎李貞、陳景著，翰林院檢討、從仕郎余學夔、劉永清、黄壽生、陳用、陳璲，翰林院五經博士、迪功郎王進，翰林院典籍、修職佐郎黄約仲，翰林院庶吉士涂順，奉議大夫、禮部郎中王羽，奉議大夫、兵部郎中童謨，奉訓大夫、禮部員外郎吴福，奉直大夫、北京刑部員外郎吴嘉静，承直郎、禮部主事黄裳，承德郎、

① 文淵閣、文津閣四庫本誤将「等」字作正文。

② 「胡廣」，文淵閣四庫本誤作「湖廣」。

刑部主事段民，承直郎、刑部主事洪順、沈升，承德郎、刑部主事章敞、楊勉、周忱、吾紳，文林郎、廣東道監察御史陳道潛，承事郎、大理寺評事王選，文林郎、太常寺博士黄福，修職郎、太醫院御醫趙友同，迪功佐郎、北京國子監博士王復原，泉州府儒學教授曾振，常州府儒學教授廖思敬，蘄州儒學學正傅舟，濟陽縣儒學教諭杜觀，善化縣儒學教諭顔敬守，常州府儒學訓導彭子斐，鎮江府儒學訓導留季安，共四十二人。當日諸經大全，皆攘竊成書，以罔其上，此亦必元人成書，非諸臣所排纂也。」

張氏洪**禮記總類**

未見。

魯氏穆**禮記日鈔**

未見。

黄虞稷曰：「穆，天台人。永樂丙戌進士，歷官都察院右僉都御史。」

何氏文淵**禮記解義**

未見。

張氏業**禮記節疏**

未見。

黄虞稷曰：「安福人，景泰辛未進士，官國子監司業。」

鄭氏節**禮傳**

八十卷。

佚。

廣信府志：「鄭節，字崇倫，貴溪人。天順甲申進士，官御史。嘗病禮經殘闕，注疏乖刺，著禮傳八十卷。」

羅氏倫**禮記集注**

未見。

王氏經**禮記纂要**

未見。

黄虞稷曰：「長洲人，成化壬辰進士，其書於名物度數，多所折衷。」

陳氏塏**戴記存疑**

未見。

黄虞稷曰："鄞縣人，字山甫，成化壬辰進士，官廣東提學副使。"

王氏傑**禮記集成**

未見。

黄虞稷曰："傑，字邦傑，安仁人。成化庚子舉人，官岷州長史。"

王氏華**禮經大義**①

未見。

黄虞稷曰："華，字德輝，餘姚人。新建伯守仁之父，成化辛丑進士第一，官至南京吏部尚書。"

宋氏佳**禮記節要**

未見。

---

① 自"黄虞稷曰"至"禮經大義"，文津閣四庫本誤漏此段。

黄虞稷曰：「奉化人，成化癸卯舉人，官長史。」

祝氏萃禮經私録

未見。

朱一是曰：「萃，字惟真，海寧人。成化甲辰進士，歷官廣東右參政。」

薛氏敬之禮記集傳

未見。

關學編：「薛先生敬之，字顯思，號思菴，渭南人。成化丙戌以諸生貢入太學，除知應州，陞金華府同知。」

劉氏績禮記正訓

未見。

績自序曰：「漢初，河間獻王得仲尼弟子及後學所記一百三十篇獻之。至劉向校經籍，因而敘之，又得明堂陰陽記三十三篇、孔子三朝記七篇、王史氏記二十一篇、樂記二十三篇，凡五種，合二百十四篇。戴德删其煩重，合而爲八十五篇，謂之大戴記，戴聖又删德書爲四十六篇，謂之小戴記。漢末馬融遂傳小戴學，足月令、明堂位、樂記，合四十九篇。鄭玄受學於融，爲之注，唐孔穎達又爲之疏。宋朱、程取大學、中庸表章之，其餘則陳澔爲之集說。國初兼用注、疏，今則專主澔說，澔自云『先君子以是經三領鄉書』，則識見可知矣，績讀而覺其非。弘治甲子，遷鎮江，遂奏歸，成初志，僻居十三年，得以考訂其謬，而爲之說。是經所聞非一時，所記非一人，績生千百年後，安能真知，而一一折衷哉？蓋禮樂有情有文，文即所當然，事也，情即所以然，義也。即其事而繹其義，自有不容毫髮差者。故知禮樂之情者能作，識禮樂之文者能述。讀是書者，依次第而履之，禮也；無牽强而悦焉，樂也；玉帛鐘鼓，最其下者也。經雖名禮記，而實兼樂云。」

童氏品**禮記大旨**

未見。

王氏崇獻**禮記擇言**

未見。

黄虞稷曰：「山東曹縣人，字季徵。弘治丙辰進士，歷官左僉都御史、巡撫寧夏。」

韓氏邦奇**禮記斷章**

未見。

颜氏曄①**禮記疏義**

佚。

上虞縣志：「颜曄②，字文華。正德丁卯舉人，澂江知府。」

王氏崇慶**禮記約蒙**

一卷。

存。

崇慶自序曰：「夫禮，先王之所以治天下，聖人所以教萬世也。予既爲禮記管見，又自病其逐逐於章句，瑣瑣於訓辭，未之能約也，於是復取其篇目而總斷之。是故芟繁所以會③要也，撮意所以提綱也，簡文所以敦行也，其庶幾先王聖人之意乎！此蓋慶之晚年書也，藏之家塾，蒙士或有助焉，亦庶乎千慮而一得矣，作約蒙。嘉靖丁酉。」

蔣一葵曰：「語有之：『玉巵無當，雖寶非用；侈言無當，雖麗非經。』夫戴記四十九篇，純駁不同，諸家復祖讖緯，附會其説，遂成千古禮障。今王先生有約蒙焉，政不必侈爲議論，而窮禮之源，極禮之

①② 「曄」，文津閣四庫本俱避作「煜」。

③ 「會」，四庫薈要本作「薈」。

致，三千三百，燦若指掌焉。嗚呼！此不可與曲士道也。」

吾氏翕**讀禮類編**

未見。

李鎧曰：「翕，字廷順，唕子，浙江開化人，正德戊辰進士。」

余氏本**禮記拾遺**

未見。

王氏漸逵**讀禮記**

未見。

漸逵自序曰：「聖人之道大矣，無不見諸日用。禮也者，其諸日用之著見者乎？夫禮者，履也，非虛談以資講說，博洽以悦聽聞，假飾以爲美觀之謂也。後之紀禮者，重複繁蕪，無所折衷。及夫陳氏集說，亦人各爲見，精蘊弗著。近日於讀禮之暇，因草廬吴氏之意，類聚而章分之，去其謬妄，究其中正。則於聖賢之學，篤實之行，庶乎其少裨於世也。」

黄虞稷曰：「因草廬纂言再爲訂正，分章類次之。」

張氏岳更定禮記

未見。

徐文貞公志墓曰：「公諱岳，字維喬，惠安人。正德丁丑進士，以副都御史總督兩廣軍務，入爲兵部侍郎，以右都御史總督湖廣、川、貴軍務，卒贈太子少保，謚襄惠。」

張氏孚敬禮記章句

八卷。

存。

孚敬自序曰：「孚敬少時即好讀禮，第觀舊説，多所未安，思欲釐正之，而未暇也。弘治戊午，築羅峰書院於五都瑶溪山中，集徒講學，始取而章句之。正德庚辰中，禮部試，辛巳，上登極試進士，時武宗皇帝嗣孝宗皇帝一十六年矣，賓天，無嗣，上以興獻王世子奉太祖高皇帝兄終弟及之訓，入繼大統，朝議以上考孝宗皇帝，而稱興獻王爲叔父。孚敬執禮争之，舉朝洶洶，至嘉靖四年始定。上鋭志中興，以明聖述作爲己任，如正孔子之祀，定郊廟之儀，與夫耕蠶冠服之制，皆所最先者，而左右匡助，以責孚敬。孔子曰：『能以禮讓爲國乎？何有？』上固天啓之矣。孚敬自惟薄劣，無以仰副萬一，敢不兢兢乎？始終勉之，期以自效。然三千三百，變觀適中，毫釐有差，爲害匪細，此尋常講義，尤不可不求其當也。然禮莫大於父子之倫，而明王之治天下，必本於孝。孚敬既以是贊聖天子正大光明之治，則疇昔之所好而致力者，似不爲欺世之空文，而或者可以對揚於名教。霍宗伯韜謂孚敬可以禮記章句獻，孚敬有所不敢，仍自念平生精力，悉在於是，胡可使之泯滅也。歲乙未，以疾乞歸，未幾，朝使復促，因付兒遜業輩，校梓藏於勅建寶綸樓中，以質諸博古君子。」

陸元輔曰：「孚敬，初名璁，永嘉人。中正德辛巳進士，首上書言大禮，當世宗意，累官少師兼太子太師、吏部尚書兼華蓋殿大學士，恩遇罕比，卒贈太師，謚文忠。其書雖存，人以言禮，逢君薄之，無瀏覽者。」

戴氏冠**禮記集說辨疑**

一卷。

存。

錢謙益①曰：「冠，字章甫，長洲人。其學自經史外，諸子百家、山經地志、陰陽律曆、稗官小説，莫不貫總。搜獮剞剔，必求緣起，而會之以理。爲文必以古人爲師，下視曹耦，莫有當其意者。久次諸生，以年資貢禮部，授紹興府訓導。」

右載濯纓亭筆記。

① 「錢謙益」，四庫諸本作「錢陸燦」。

葉氏瑞齡**禮記粕說**

未見。

括蒼彙紀：「葉瑞齡字仁夫，青田人。歲貢生，仕爲漳州府經歷。」

柯氏尚遷**曲禮全經類釋**

十四卷。

存。

尚遷自序曰：「儀禮、曲禮俱出於古淹中，並行於世，故傳曰：『經禮三百，曲禮三千。』自后蒼説禮爲曲臺記，約二百四篇，以經爲記，自是而始。戴德傳於后蒼，删繁集要爲八十三篇，戴聖又取德之書删爲四十五篇，更名禮記。馬融加以王制、月令、儒行，鄭玄學於融，爲之注。漢、魏以來，傳習尊爲經矣。唐魏鄭公讀而疑之，著禮類①二十卷，後世失傳。宋朱子則以儀禮爲經，禮記爲傳，而去禮記之名，著學記②十五篇於鄉禮之後，曲禮存焉。元吴幼清氏著禮記纂言，雖分事類，而不動戴氏篇目，晚年欲以曲禮爲正經，以配周禮、儀禮，而不及爲，臨殁，授其意於孫當，曲禮之後，添入盛德、

① 「禮類」，依補正、四庫諸本應作「類禮」。
② 「學記」，依補正、四庫諸本應作「學禮」。

然吴文正表章入官等篇，今三禮考注是也。注釋淺陋，立例無據，楊東里考驗爲晏彦文璧僞爲書。明甘泉湛文簡公表曲禮爲上經，儀禮爲下經，作二禮經傳訓測，上於朝廷，行於天下。雖依舊本，然發明新義，非前儒所及，但少儀併入曲禮，而去其名，內則、玉藻、文王世子皆曲禮爲經之意具存也。尚遷竊詳戴記諸篇，曲禮、內則、少儀實古禮經篇名，玉藻則皆古今所存，貶爲曲禮雜傳，有遺慮焉。尚遷竊詳戴記諸篇，曲禮、內則、少儀實古禮經篇名，玉藻則皆曲禮之文散逸者，聚而爲篇，文王世子則古教太子、世子事親，與公族大學之禮，經、傳具存，漢儒取首句名篇。古經之幸存者，此五篇而已。曲禮『毋不敬』四言，實古帝王相傳格語，則曲禮爲全經之名。內則、少儀而下，皆其條理節目，宜統於曲禮也。尚遷既考定周禮、儀禮，以成全經，敬以戴記五篇，正經所存，類成曲禮，分其記、傳，以全聖王垂世大典。欲復三代，此首務也。是故曲禮古言修身也，齊、治、平以修身爲本，故立敬身之禮，繼古經之後，端其源也。內則本古經次敬身者，孝爲百行之先，故始之以事親之禮，子道也；以男女夫婦，生兒教子繼之，父道也。內則之教，先王所以立父子、夫婦之大倫矣。教子之道，必有少儀之禮，外傳之教始詳，亦古經也。而孝弟教本推及於長幼、朋友二倫，皆立於少儀之中矣。出而交乎鄉焉、國焉，敬立通禮之篇，則交際之文，所以舉鄉禮之要；喪祭之禮，所以終事生之節；立廟祭享，所以理天下之幽者。而吉凶常變之理畢備，皆所以達五倫之用焉。由鄉國以及天下，則臣之事君，猶子之事父也，故立仕禮以盡爲臣之節。君道統乎天下，人倫之本也，故立朝禮以舉爲君之務。則虞廷所敬，敷之五教，其禮不全具於此也耶！然國有治法，家有宗法，二者並行於天下，不相悖也。公劉立國，必先君之、宗之，乃立宗禮於朝禮之後，重生人之本也。凡此皆所以爲教也。然不建學立師①,則施教無地矣,故補學禮以盡德行之教,明六藝以敷達才之法,則曲禮爲經,不於是而全耶! 爲篇凡十有二,大而天子、諸侯、大夫、士,修、齊、治平之略,細而民生日用、彝倫庶事之變,靡不畢具。禮從其綱,事歸其紀,有若自然而不可易者,至於訓釋之文,繁而不殺者,欲詳明之,以便初學而已。」

〔補正〕

自序内「禮類二十卷」,當作「類禮」。「學記十五篇」,當作「學禮」。「馬融加以王制、月令、儒行」,考隋志,馬融所加,乃月令、明堂位、樂記三篇,其王制、儒行二篇,小戴記本有,此所引柯序説誤。(卷六,頁六)

長樂縣志:「柯尚遷縣之,下嶼人,嘉靖中貢士,官邢臺縣丞。」

---

① 「師」,備要本作「廟」。

經義考卷一百四十五

禮記八

黄氏乾行**禮記日録**

四十九卷。一本三十卷。

〔校記〕

四庫存目三十卷。（禮記，頁四一）

存。

乾行自序曰：「禮記，儀禮之疏也，故伏氏謂二戴因習儀禮而録禮記。朱子嘗欲取戴記中有關於儀禮者，附之經；其不係於儀禮者，仍别爲記。蓋以儀禮爲經，禮記爲傳，今則記與易、書、詩、春秋並行矣。其間或傳古來聖賢文字，至爲純粹，如：大學、中庸、樂記是也；或記小學之儀，如：曲禮、少儀、内則是也；或言大學之義，如：學記是也；或釋古禮之義，如：冠義、昏義、鄉飲酒義、射義、燕義、聘義是也；或專記喪葬之儀，如：奔喪、喪大記、雜記、喪服小記、服問、大傳、閒傳、問喪、三年問、喪服四制是也；或專言祭禮，如：郊特牲、祭法、祭義、祭統是也；或錯存經禮，如：投壺是也；或獨詳變禮，如檀弓、曾子問是也；或記聖王之制，如：王制、月令、文王世子、玉藻是也；或記聖賢之言，如：禮運、禮器、經解、哀公問、仲尼燕居、孔子閒居、坊記、表記、緇衣、儒行是也。雖考其言辭，間出附會，詳其意義，時自牴牾，然聖賢餘緒，賴以不墜，脩己治人之方，藉以有傳。學者能取其純，而去其謬，得其大意，而忘其小疵，則全書①所載，皆格致誠正脩齊治平之矩矣。乾行用是取凡經史諸儒議論之有及於記者，采緝而載編之。其或義理未安，不敢妄爲之説，參互考訂爲書，凡若干萬言，以俟就正四方有道之士。雖未敢謂於先王制作精微之義有所發明，然竊慕乎先儒考究之心，而平生精力，盡在此書，庶幾其免於記誦詞章之陋，以不負聖朝建學明經之意云。」

黄虞稷曰：「乾行，字玉巖，福寧州人。嘉靖癸未進士，官四川重慶知府。讀小戴記有所得，則録其端，故曰日録，初僅三十三卷，此更定本也。」

陳氏褒**禮記正蒙**

未見。

薛應旂序曰：「禮記一書，説者雖謂戴聖所集，本儀禮之傳，然而三千三百之儀，綱目具舉。究而

---

① 「全書」，四庫薈要本、文津閣四庫本誤作「今書」。

論之，是書之作，多出自孔氏之門，七十二子共撰所聞，或録舊禮之儀，或録變禮所由，編而録之以爲記。故漢、唐以降，代有表章。迨明興，學校立官，科目取士，其於是禮尤致重焉。御史陳公某，自爲諸生時，即研窮是經，博取約會，究其指歸，繼又集海内名賢，相與反覆是正，積以歲月，遂盈卷册，據經合傳，不事鑿説，誠有得於禮者也。既出按江右，乃命某校對，刊示學校，題曰正蒙，謂可以訓蒙士，示不自任也。」

徐階序略曰：「侍御騮山陳先生刻禮記正蒙成，階讀而歎曰：嗚呼！先王没而三物之教廢，士能通經，即衆以爲賢，而舍實獵華，誦言忘味，其有得於聖人之道蓋淺。降及近世，於聖人之書，且猶不能盡讀，拘拘焉各專其經，以自安於蔽陋，而又溺於偷惰之習，惑於玄虚之論，併其所謂專經者，亦復不能究知其旨。蓋凡三變，而去盛世之學益遠矣。是書析義精，引類詳，祛群疑，而一折衷之以聖人之論。自昔言禮，未有能先之者，乃其志則欲學者通其辭，因以踐其實，舉凡修己治人、範世軌物之具，口誦而身體之達之，五經皆然，將以使聖人之德行文章，炳然見於世也。先生之謀道，於是乎①勤矣，是書初名淺説，後乃更正蒙。」

何氏維柏**禮經辨**

未見。

① 四庫薈要本無「乎」字。

吴氏性**讀禮備忘**

二卷。

未見。

徐文貞公志墓曰:「公諱性,字定甫,宜興人。嘉靖乙未進士,歷官尚寶司丞。」

陳氏言**禮疑**

未見。

言自序曰:「昔仲晦朱氏以儀禮爲經,禮記爲傳,而編類之。幼清吴氏比類詮次,猶或惜其紊亂。前人禮之難言如此,余何人哉,敢以言禮?雖然,二君子崇禮經而附戴記,余也緣戴記以覈禮經。僭不自揆,上下於三禮之異同,參伍於二戴之純駁,不敢妄爲紛更,惟經自爲經,記自爲記。而於①陳氏所註,有可紛繫者,有可互發者,取裁於程、朱,博采於鄭、孔,旁研曲證,救偏補遺。數年以來,分條屬草,創曰禮疑,他日就緒,不妨爲陳氏一忠臣已爾。」

① 自「二戴之純駁」至「而於」,文津閣四庫本無此段文。

濮陽氏淶**禮記貞義**

佚。

李鎧曰：「濮陽淶，字致樂，廣德州人。嘉靖丁酉舉人，官南昌府通判。」

聞人氏德潤**禮記要旨補**

十六卷。

〔四庫總目〕

朱彝尊經義考載聞人德行禮記要旨補十六卷，又載戈九疇禮記要旨十六卷。戈氏書既載其後，不應聞人氏書先云補，尤爲舛互，此本僅有十卷，而兼題二人之名，其書乃鄉塾講章，每節下綴以破題，最爲猥陋，殆書賈二家之言，合併竄亂，以成此本歟？明季坊本，其不足信賴如此，不足深詰也。（卷二四，頁六，禮記要旨補十卷提要）

〔校記〕

四庫存目作聞人德行禮記要旨補十卷。（禮記，頁四一）

存。

呂本序曰：「余友聞人越望氏，舉進士，列銜翰林，居禁近竟以遭讒搆外補。越望氏於學無所不闚，而尤邃於三禮。余在京師，每過之，則見其鍵關下帷，以著述爲事，以經術自任，不與俗相爲依阿。

越望氏殁，而所著禮記要旨出，爲四方學者繕寫傳誦。吴子昆泉學於越望氏，爲入室弟子，慮師説之久而訛也，乃命工以廣其傳，因識其端。萬曆丙子十月。」

李鎧曰：「餘姚人，嘉靖戊戌進士。」

汪氏鏜**禮記資記**

十八卷。

未見。

李鄴嗣曰：「汪公鏜，字振宗。嘉靖丁未進士，改庶吉士，授編修，遷諭德，歷祭酒，陞南京工部侍郎，進禮部尚書兼翰林學士。」

閻氏繩芳**禮經通旨**

佚。

祁縣志：「閻繩芳字世武，嘉靖丁未進士。」

丘氏橓**禮記摘訓**

十卷。

存。

劉應節志墓曰：「公諱楘，字懋實，别號月林，壽光人。嘉靖庚戌進士，累官南京吏部尚書，贈太子少保，謚簡肅。所著四書、禮記摘訓皆精絶，足以翼經而傳後。」

陸元輔曰：「其書本爲帖括而作，有金學曾、劉應節兩序。」

徐氏師曾**禮記集注**

三十卷。

存。

師曾自序曰：「今之禮記，戴聖、馬融之所定也，後儒謂儀禮爲經，禮記爲傳，似矣。然儀禮爲周禮而作，則此書蓋二禮之傳，不獨傳儀禮也。顧其間或出後儒之附會，不免有倍戾者存，讀者但當闕其疑，刊其謬，由此書以達二禮，豁如矣。然非通其文義，終莫能入，此注、疏所以不可廢也。鄭氏而下，亡慮五十餘家，舛譌①雖多，切當時有，是在擇之而已。宋有陳可大氏集諸説之大成，爲世所宗，厥功不細，惜其取舍失衷，章句錯雜，殊不滿乎識者之意。曾潛心三十餘年，輒不自量，稍爲删改，參以愚得，命曰集注。使讀者通暢大旨，而因以求先王象天地、制禮樂之心，或未必無少助也。」

黄虞稷曰：「徐氏集注删改陳澔集説，而參以自得，多所發明。」

---

① 「舛譌」，文津閣四庫本作「舛僞」。

戈氏九疇**禮記要旨**

十六卷。

存。

李鎧曰：「雨泉戈氏九疇，錦衣衛人①。嘉靖己未②進士。」

李氏文纘禮記庭説

未見。

黄虞稷曰：「文纘，南安人。嘉靖辛酉舉人，官岷府長史。」

李氏天植**王氏**圻**古氏**之賢**禮記裒言**

十六卷。

存。

---

① 文淵閣四庫本無「人」字。

② 「己未」，文淵閣四庫本作「乙未」。

鄭玥①曰："天植，廣德州人，隆慶辛未進士。圻，上海人；之賢，梁山人；俱嘉靖乙丑進士。三君同官於楚，又聘教諭廖自伸等、諸生葉維禎等合輯此書。然第爲舉子場屋揣摩計，其於經義，初無大發明也。"

黄氏洪憲**讀禮日抄**

未見。

章氏潢**禮記劄言**

未見。

姚氏舜牧**禮記疑問**

十二卷。

存。

舜牧自序曰："禮記自大學、中庸外，如禮運、禮器、樂記、學記，皆出於聖賢之口。而他所載者，類多繁文縟節，似不可不一爲删正。然而制度品節之詳，聲容音律之奥，具載於斯，又未可遽爲删定也。

---

① "鄭玥"，文淵閣四庫本作"鄭明"。

訓詁之功，烏可已哉！鄱陽陳氏澔集衆説，以開群蒙，其綜覈之勤，亦既勞矣。乃所裒集，其中有大謬不然者，亦混存而不削，此何以解也。余向讀是書，有疑思問，而尚未悉也，加以數年搜求考正，凡出聖賢之口者，務探其所從來，以究其所歸宿，而出於諸儒之記述，爲世所必用者，亦深求其義，以爲參訂之資。其間訓詁家附會穿鑿，紕謬其説，以誤傳於世者，必爲删之正之，必求其至當而後已。使禮、樂二書，昭然爲經於天下，與大學、中庸並垂不朽云。」

馮氏子咸**讀禮抄**

未見。

李澂中曰：「子咸，字受甫，臨朐人。萬曆癸酉舉人，再試不第，退隱冶原之上。自號本軒，卒，友人私謚曰貞静先生。」

馬氏翰如**禮記中説**

未見。

黄虞稷曰：「翰如，字抒之，陳留人。萬曆甲戌進士，歷①官山西按察副使。」

① 文津閣四庫本無「歷」字。

汪氏應蛟**禮略**

未見。

鄒氏元標**禮記正義**

六卷。

未見。

沈氏一中**禮記課兒述注**

十八卷。

存。

黄居中序曰：「禮古經五十六篇，獻自孔安國，今存者四十九篇耳。或云①禮雜而多端，儀禮，經；而禮記，傳也。故記而不經。然諸儒述經，並易、書、詩、春秋而五，加周禮而六，加孝經而七。或去孝經，加儀禮、語、孟而九；或合孝經、四子，加爾雅而十三，皆後人意爲詮次，非尼父初旨也。注禮者，漢有鄭玄，梁有皇侃，北齊有熊安生。今鄭注雖傳，不列於學官，朝家用以程士者，則主陳可大氏説，而語

---

① 「或云」，四庫薈要本作「或曰」。

多牽合，踳駁不倫，讀者病焉。近代學禮諸家，惟黄氏日録①、丘氏摘訓、姚氏疑問能破拘攣，而伸其臆解。然黄所詳者禮數，或疵其博而寡要；丘、姚逞無師之智，謬誤亦不少。若夫集注，則松陵徐氏、永嘉張氏，補注則雲間王氏，删注則江都閻氏，纂注則丹陽湯氏。或衷舊聞，或添新得，而擇不精，語不詳，瑕瑜相參，得失半焉。固未有如沈大若先生之述注，言約而義該，意盡而文核，有漢人之訓詁無其支，有宋人之理解無其鑿。懸之國門，頒諸學官，誰曰不可？」

〔補正〕

陸元輔曰：「一中，鄞縣人，大學士一貫從弟。萬曆庚辰進士，官至貴州布政使。」

黄居中序内，「黄氏日録」，當作「日抄」。（卷六，頁六）

徐氏即登**禮記説**

二卷。

未見。

王氏萓**禮記纂注**

四卷。

①「日録」，依補正、四庫諸本應作「日抄」。

存。

王治皞曰：「萱，字少廣，慈谿人。萬曆癸未進士，改庶吉士，授翰林院編修。」

郝氏敬**禮記通解**

二十二卷。

存。

方氏大鎮**禮説**

未見。

楊氏維相**禮記管見**

未見。

余氏心純**禮經搜義**

二十八卷。

存。

黄洪憲序曰：「予在講幄時，上命徹貞觀政要，而講禮經，因與一二三學士訂諸家説，譔次講義。而訓詁浩繁，紛拏難決，獨近世姑蘇徐伯魯氏集注，字訓句釋①，博洽而精核，説者謂其可列學官，肄太常也。逮予請告歸里，楚黄葵明余公來宰武塘，得閲其所謂禮經搜義，大都爲制舉作，故不屑屑於字訓句釋，諸篇有缺而不録者，有略而不盡録者。至於郊社宗廟，以和神人；朝覲、聘問、射、燕享，以善交際；慎終追遠，以伸孝敬；宫室、車騎、玉帛、冠裳、鼎爵，以别器用；選俊造進，以興賢能；庠序膠學，以育英才；絃誦羽籥，以修齒胄。先王之制，所爲取法乎天地，觀變於陰陽，效順於四時五行，秩叙乎三綱五常者，靡不揭其要而明其義。大概伯魯之集注，詳於訓故，故浩汧②而不爲繁；公之搜義，主於會要，故檢括而不爲略，均之有功於禮經者也。」

顧湄曰：「心純，字葵明，黄岡人。萬曆壬辰進士，授懷寧知縣，再補嘉善知縣卒。」

曹氏學佺**禮記明訓**

二十七卷。

未見。

靳氏於中**禮記翼宗録**

五卷。

① 「句釋」，文津閣四庫本作「詁釋」。

② 「浩汧」，四庫薈要本作「浩瀚」。

未見。

黄虞稷曰："於中，字習魯，尉氏人。萬曆戊戌進士，歷官南京刑部尚書。"

徐氏鑒**禮經内解**

未見。

黄虞稷曰："豐城人。萬曆戊戌進士，官太僕寺卿。"

劉氏宗周**禮經考次**

正集十四卷，分集四卷。

存。

宗周自序曰："秦火之餘，六經半出灰燼，而三禮之殘闕尤甚。周禮、儀禮，古今異宜，並置不講，至二戴所傳諸記，本不出自一人，真贋混雜，種種錯簡，尤難位置。後人以小戴文頗近古，獨立學官，傳之至今。然欲遂廢大戴而不録，亦非通論也。夏小正、丹書，蔚然彝鼎，實三禮之冠冕，曾子十篇，所謂參也，竟以魯得之，端在於斯，概而與諸篇同擲，可惜也。宋儒朱子慨然悼三禮之淪亡，無以見先王治天下之大經大法，乃始表章周禮爲周公身致太平之具，已而又葺儀禮，欲以戴記爲之傳，而合之以通行於世。顧猶苦於二書之時有異同，其論莫歸於一，需至晚年，始有儀禮經傳通解之編，與原旨不無少異，而讀者終不無牽合附會之疑。於是元儒吴草廬氏復輯爲三禮考注及禮經纂言等書，其在二禮，較朱子頗爲完整，惟戴記不無遺憾。而至所謂纂言者，割裂尤甚，卒無補於朱子之萬一，禮家遂爲千古疑案矣。宗周蚤年發憤讀書，嘗次第六經之業，至戴記輒不能章句，因而有慨於朱子之説，妄事編摩，旋亦罷廢。間嘗表章曾子十篇，及學記、小學①諸記，合之大學爲學，較全書，而所遺於戴記者，已少駢枝之物矣。顧欲遂進而傳儀禮，亦弗可得也。今年夏，抱疴家園，會門人餘杭鮑濱以讀禮之暇，顧余問學，偶出通解、考注等書，以質異同，而余乃恍然有會於心。因取二戴與濱重加考訂，往復數四已，乃喟然而嘆曰：禮在是矣！禮在是矣！儀禮者，周公所以佐周禮致太平之書，而禮記者，孔子所以學周禮，及夏、殷之禮，進退古今，垂憲萬世之書也。蓋先王之禮，至周大備矣，而猶必折衷於孔子而後定，故其居恆與門弟子雅言，一則曰『吾從周』，一則曰『子善殷』，又曰：『虞、夏之道，寡怨於民；殷、周之道，不勝其弊。』至他日以告之顔子，亦曰：『行夏之時，乘殷之輅，服周之冕，樂則韶舞。』則孔子門墻豈斤斤爲儀禮作注腳乎？惜也，微言大義，薄蝕於記者之口，既盡取孔子之言而私之，又時時假托孔子以見瑕。至或淪而爲黄、老，降而爲雜霸，而雅言之教，竟不傳於後世矣。幸而有家語一書，頗存原委，以參戴氏之説，真如珠玉之混泥沙，而文繡錯之以麻枲敗絮也。每篇表章孔子之言，録爲正經，而其後乃附以記者之説，集一十四卷，卷若干篇，分集四卷，卷若干篇。宗周因稍稍取而詮次之，合大、小戴，正各從其類，先後次第，頗存條貫。又於其間錯者正之，訛者衍之，間有缺者，以家語補之。昔也戴氏一家書，今盡取而還之孔子，進而與易、詩、書、春秋並垂不朽，其在斯乎，因尊之曰禮經，而僭附其義曰考

① 「小學」，備要本誤作「卜學」。

次云。大都①孔子之言禮也，急於本而緩於末，先其近者、小者，而後及遠者、大者，是故可以範圍二禮，亦可以羽翼二禮。中庸所稱考三王而不謬，建天地而不悖，質鬼神而無疑，百世以俟聖人而不惑，非我夫子，其孰與於斯？嗚呼，至哉！宗周愧於前人，無能爲役，姑因卒業之後，附塵一得之愚，不免或失之主張太過，重傷古述者心，則僭妄之誅，誠有俟於後之君子云。時崇禎己卯十月旦。」

〔補正〕

竹垞静志居詩話一條，附系於此：伯繩手輯念臺先生禮經攷次一編，首夏小正而附月令，次丹書而附王制，於是次以禮運、禮器，至燕義、聘義，合三十篇，謂之「經禮」。別分曲禮、少儀、内則、玉藻、文王世子、學記七篇，謂之「曲禮」。（卷六，頁六）

按：蕺山先生禮經考次，有正集，有分集。起草於崇禎己卯夏，後先生殉節，其子汋伯繩抱其遺書，手自編校，秘不示客。近，先生之孫茂林子本取草稿討論之，删其衍者，補其闕者，正其錯出者，定正集爲十四卷，夏小正附以月令第一，其次丹書，附以王制，又次禮運、禮器，又次樂記，又次哀公問、仲尼燕居、孔子閒居，又次坊記、表記，又次祭法、祭義，又次祭統、大傳，又次喪大記、喪服小記，又次雜記，又次曾子問、檀弓，又次奔喪、問喪、間傳、三年問、喪服四制，又次深衣、投壺、冠義、昏義，又次鄉飲酒義、射義、燕義、聘義；分集四卷，首曲禮上、下篇，次少儀、内則，又次玉藻，而以文王世子、學記終焉，可謂善繼先生之志矣。惟是先生自序稱大戴記曾子十篇所謂參也以魯得之，端在於斯，又世

---

①「大都」，四庫薈要本作「大抵」。

儒廢大戴記不録，先生謂非通論，竊疑曾子十篇之書，似當悉爲編入者也。

樊氏良樞**禮測**

二卷。

存。

秦氏繼宗**禮記疏意**

三十卷。

未見。

李鎧曰：「繼宗，號西汀，蘄水人。萬曆庚戌進士，官南京户部郎中。」

陳氏有元**禮記約述**

八卷。

存。

高兆曰：「陳有元，字長人，侯官人。萬曆壬子舉人，清遠知縣。」

朱氏道行**禮記集思通**

未見。

朱氏泰禎**禮記意評**

四卷。

存。

徐盛全曰：「朱泰禎，字道子，海鹽人。萬曆丙辰進士，官監察御史，其書有陳正敷序。」

經義考卷一百四十六

禮記九

李氏上林**禮記摘注**

五卷。

未見。

張萱曰：「萬曆間，太學生李上林輯。」

揚州府志：「上林，如皋人。新泰知縣。」

祝氏啓同**禮經類記**

十二卷。

未見。

湯氏三才**禮記新義**

朱彝尊經義考叙其書於王翼明、趙宧光之前，蓋隆慶、萬曆間人也。（卷二四，頁七，禮記新義三十卷提要）

〔四庫總目〕

三十卷。

存。

子道衡後序曰：「憶衡自束髮受經，即從先夫子問難左右，先夫子嘗①命不孝衡曰：禮中精意，探之靡盡，特學者奉芻狗爲神明，是以白首窮經，茫無當耳。於時凝神致想，有得輒筆之簡端。至於今，先夫子之教宛然在也，而風木之恨，終天罔極，手澤猶新，忍令遽就泯没，黽勉付梓，不勝泫然。」

李鎧曰：「湯三才，字中立，丹陽人。」

程氏曒**讀禮表微**

未見。

---

①「嘗」，文津閣四庫本誤作「常」。

陳氏榮選**禮記集注**

未見。

黄虞稷曰："榮選，字克舉，同安人。歷知劍、儋二州，陞廣州府同知，以礦稅事起，棄官歸。"

王氏翼明**禮記補注**

三十卷。

存。

陳繼儒①序曰："禮記者，古經十七篇而止矣。自大戴删爲八十五篇，小戴又删爲四十六篇，馬融又益之爲四十九篇，其删者不必僞，而益者不必真也。故唐王巖則欲刊舊文，宋胡寅則欲博集冠、昏、喪、祭、燕、射、相見之禮，以類相從，自爲一書。蓋其意欲使禮記盡出於七十二子，而不容纖毫於②秦、漢諸儒。然吾恐後之删與益者，亦不必其盡合也。吾友王升之曰：『微獨秦、漢，即唐、宋以來，及我朝之名家，涣小群而成大群，其誰非禮之翼乎？』於是獵百家之見聞，訂千古之得失，且讀且書，補綴久之，陶甓几屏之間皆是矣，垂二十年書成。於禮經旁引曲證，意言俱盡，非特六籍之功，抑亦秦、漢諸儒

① "陳繼儒"，四庫薈要本作"陳眉公"。

② 備要本、四庫諸本"於"上均有"出"字。

之益友矣。」

翼明自述曰：「禮記雜出於古經及秦、漢諸儒之手，然微辭奧旨，往往而在。朱子嘗欲注之而未遑，一時諸儒蠡測管窺，未能破的。迨後陳氏集説，既去取多乖，大全一書，徒取合於陳氏者分疏之，豈足發明聖賢之深意哉？愚不自揣，思折衷於古昔格言，自漢、唐以來，訖皇明文人、學士之緒論，苟有關係，無不旁採，不敢望十得四五，庶幾萬分一有補焉。」

李鎧曰：「王翼明，字升之，華亭人。其書僅補陳氏之注，蓋未見衛正叔集説者。」

堵氏維常**禮記箋**

未見。

鄧氏廷曾**禮記訂補**

二十四卷。

未見。

禮記評析

六卷。

未見。

趙氏宧光**讀禮問**

未見。

潘耒曰：「宧光，字凡夫，吴人。工篆法，與妻陸卿子隱支硎山中。」

吴氏懷賢**禮記幼學**

四卷。

存。

李維楨序曰：「余聞之：禮，祭事不言凶，非列采，若重素、席蓋、苞屨、扱衽、厭冠、書方、衰、凶器，不以告，不入公門，所以尊君禮也。今設科試士以四書、五經，字句涉不祥者，亦不得用，是知禮意。五經莫繁於禮，禮，喪禮最繁，多所避忌。吴齊仲因是以有筆削，便於記誦，便於舉子業，非敢删定經文也，故名之幼學云。古有小學，有大學，經禮三百，曲禮三千，不可缺一，會而通之，則在大人之學耳。」

按：經生習禮，凡言喪制者，多置不讀。然未有删其文者，是書乃徑删之，李本寧序引凶服不入公門爲喻，是亦欺世之言也。

侯氏君擢**禮經纂要**

未見。

廣平府志：「侯君擢，字際明，成安人。天啓辛酉舉人，知陳州，寇至，登城誓衆拒守，相持七日，力竭城陷，死之。事聞，贈布政司參議，建祠陳橋驛。」

傅氏永淳**禮經解義**

八卷。

未見。

陸隴①其曰：「熙宇傅氏永淳，靈壽人。天啓壬戌進士，累官吏部尚書。」

宗氏周**禮記會要**

六卷。

未見。

〔校記〕

四庫存目作就正録禮記會要。（禮記，頁四一）

楊氏鼎熙**禮記敬業**

八卷。

① 「隴」，文淵閣四庫本作「龍」。

存。

陳繼儒①序曰：「大戴、小戴，共氏而分門，鄭玄、王肅，同經而異注，獨朱晦翁留心經學，且曰『生五十八年，未嘗讀儀禮之書』，則後覺可知矣。説者謂儀禮爲士設也，非爲天子、諸侯、卿大夫而設也，此言襲謬承訛，大是可笑。夫燕、享、朝、聘果屬之士乎，抑屬之天子、諸侯、卿大夫乎？晦翁修家禮三卷、鄉禮三卷、學禮十一卷、邦國禮四卷，俱曰儀禮經傳通解，而喪、祭則付之黄勉齋，勉齋②補入天神、地祇、百神、宗廟，以至建國、遷都、巡狩、師田、行役、祈禱之類，凡因事致祭者，爲銓載頗詳，而信齋楊復則考訂之力居多。蓋信齋日侍勉齋左右，隨事咨詢，録之以待筆削，今信齋後又見之緝庵楊令君矣，令君令常熟五年，以廣博易良訓士，正其發揮敬業之學問也。」

李鎧曰：「鼎熙，號緝庵，京山人。崇禎戊辰進士，官吉安府知府。」

俞氏安國**禮記疑問**

未見。

廣信永豐縣志：「俞安國，字康侯，崇禎庚午舉人。」

---

① 「陳繼儒」，四庫薈要本作「陳眉公」。

② 文淵閣四庫本無「勉齋」二字。

閻氏有章**説禮**

三十二卷。

存。

鍾淵映曰：「江都人，號紅螺居士。崇禎九年自序。」

李氏如一**禮經緝正**

未見。

錢謙益志墓①曰：「君諱鴞沖，字如一，後以字行，字貫之，江陰人。謂朱子於戴記未有成書，網羅鈎貫，撰禮經輯正。」②

周氏維昭**禮記講解**

三十七卷。

未見。

---

①「錢謙益志墓」，四庫薈要本、文津閣四庫本作「李貫之墓誌」。

② 文淵閣四庫本删「錢謙益志墓曰」一條。

顧氏懋樊桂林禮約

三十六卷。

存。

戴氏士鰲禮記箋説

未見。

松江府新志：「戴士鰲，字穉龍，衡府教授。」

阮氏峻禮記滌除

未見。

按：滌除一書，未詳卷帙，其説大學云：先儒以大學爲大人之書，立義雖精，而非古訓之舊。小戴學記云「大學之法」、「大學之禮」、「大學之教」，大戴保傅篇「八歲出，就外舍，束髮，入大學」，並指學宫言之，音當從「太」。峻，字不崖，湖州人。崇禎己卯舉人。

堵氏景濂禮記貫屬

未見。

陸元輔曰："宜興人，崇禎壬午舉人。"

葛氏承杰**禮記別解**

未見。

錢氏㽞**禮記申惑**

一卷。

存。

張氏睿卿**禮考**

一卷。

存。

趙氏佐**讀禮三録**

四卷。

未見。

黃氏啓蒙**禮記超解**

三十六卷。

存。

汪霦曰：「啓蒙，廣信人。舉業書也。」

王氏應井**禮記約言**

十卷。

存。

汪霦曰：「亦舉業書。應井，關中人，字漢冲。」

陸氏隴其①**禮倫**

四卷。

存。

---

① 「隴其」，文淵閣四庫本作「龍其」。

彭氏頤**禮記省度**

四卷。

存。

汪楫曰：「山陽彭頤觀吉撰禮記省度，合肥龔尚書鼎孳序之，稱其繁簡適中。其書字畫爲同邑張弨力臣所勘定，力臣精於書法，嘗同顧處士炎武校刊①廣韻者也。」

萬氏斯大**學禮質疑**

二卷。

存。

黄宗羲序曰：「六經皆載道之書，而禮其節目也。當時舉一禮，必有一儀②，要皆官司所傳，歷世所行，人人得而知之，非聖人所獨行者。大而類禋巡狩，皆爲實治；小而進退揖讓，皆爲實行也。戰國、秦、漢以來，相尋於干戈術智之中，僉以爲不急而去之，數百年之耆舊既盡，後生耳目不接久矣，漢儒煨燼之餘，掇拾成編，錯陳午割，得此失彼，又何怪其然乎？鄭康成最號通博，而不知帝王大意，隨文附

① 文淵閣四庫本無「刊」字。
② 「儀」，文淵閣四庫本作「義」。

會，輒形箋傳。有宋儒者繼起，欲以精微之理，該其麤末，三代之彌文縟典，皆以爲有司之事。朱子亦嘗修儀禮經傳，不過章句是正，於其異同淆亂，固未彈駁，而使之歸於一也。其時唐説齋創爲經制之學，繭絲牛毛，舉三代已委之芻狗，以求文、武、周公、成、康之心，而欲推行之於當世。薛士隆、陳君舉和齊斟酌之，爲説不皆與唐氏合，其源流則同也。故雖以朱子之力，而不能使其學不傳，此尚論者所當究心者也。吾友萬充宗，爲履安先生叔子，鋭志經學，六經皆有排纂，於三禮則條其大節目，前人所聚訟者，甲乙證據，摧牙折角，軒豁呈露，昌黎所謂『及其時，而進退揖讓於其間』者也。此在當時，顧①人人所知者，於今則爲絶學矣，不謂晚年見此奇特。其友魏方公爲之先刻數卷，充宗以爲質疑者，欲從余而質也。余老而失學，群疑填膈，方欲求海内君子而質之，又何以待質？充宗亦姑以其所得，參考諸儒，必求其精粗一貫，本末兼該，鑿然可舉而措之，無徒與衆説争長於黄池，則所以救弊②，其在此夫。」

〔補正〕

黄宗羲序内「則所以救弊」，「救」下，脱「浙學之」三字。（卷六，頁七）

禮記偶箋

三卷。

---

① 「顧」，四庫薈要本作「固」。

② 「救弊」，應依四庫薈要本、文津閣四庫本、補正作「救浙學之弊」。

存。

萬氏斯同讀禮附論

一卷。

存。

陳光綍序曰：「古之爲禮者，蘄無歉於心，而後安焉；今之爲禮者，蘄無異於俗而已，不計其心之安焉否也。微天下之知禮者，其孰爲告之？今使告之曰『若所爲悖於古之禮』，則辨者必競於辭，訥者必忿於色也；若告之曰『古禮之攸得者奚若，今禮之攸失者奚若』，則智者固深喻於其心，愚者亦未必不求通於其義也，孰謂今天下之不可以禮訓也？雖然，禮之不明也久矣。檀弓、曾子問諸篇，習禮者謂無裨於制舉業，而未嘗一寓目焉，故求窮經者於文士之中，百不得一；求知禮者於經師之中，十不得一也。余來京師，得季野萬子讀禮附論而誦之，竊服膺乎萬子之知禮焉，萬子謂『慈母之喪三年，重父命也，父在爲母期，而有祥、有禫，以達子之志也』，此明乎古禮之意者也。謂『主以依神，廟以藏主，而知結茅爲蕝之誕也，由許、鄭之言誤之』，此正乎言禮之失者也。遭喪不祭，禮也，而今皆祭，且疑不祭之恝於懷也。萬子欲言祭，則睽於禮；欲言不祭，則駭於俗，乃申張子之言，曰：『三年之喪，期而可祭，期之喪，既葬而可祭』，此酌乎古今之攸宜者也。漢文帝之令大紅十五日，小紅十四日，纖七日，言既葬之後，廷臣之服宜然也，而後世嗣君用之，萬子曰『此非嗣君之禮也』，是能明乎史以言禮者也。魏、晉之時，守令卒官，掾史輒制斬衰，抑過矣，萬子曰：『爲舊官服者，宜弔服而加麻』，此審乎禮，而無過者聞喪而未成喪者多矣，萬子乃曰：『當齊衰三月』，此因儀禮之有友喪，而推乎其意者也。古者於師，心喪三年，萬子曰：『聞喪而哭以當襲，次日又哭以當斂，又次日三哭以當大斂』，此有裨於今禮之所未備者也。今爲三年之喪者，有娶旁妻者焉，有易服而爲賀客者焉，有獶雜子女以湛樂者焉，猶號於人曰『吾守二十七月之制也』，萬子猶稱禮經及公羊氏之言曰『三年之喪，二十五月而畢』，此從①乎禮之實，而不尚乎其迹者也。今之居喪而舉樂者曰『以娛親之靈』，不知其果娛耶，抑未也，萬子曰：『大功將至，猶辟琴瑟，況重服乎？』今人持喪而弔客至，輒籍記而往謝於其門，僉曰爲親而施敬也，萬子曰：『孝子朝夕饋奠之不暇，而遠離苦甴乎？』此皆儆乎俗禮之謬者也。今之不葬其親者，惑形家之言，謀購吉壤，或越數十年，罹水火之灾而不卹，萬子曰：『當依周廣順詔書，以懲不葬者焉』，此尤維禮之大者也。使天下之爲禮者，得其論而深思之，以蕲無歉於其心，安見今人之不古若哉？聞萬子所著譔甚富，余所見祇數篇，而其言之足以羽翼三禮者已如此，推萬子之意，將率天下之士，與之行古人之禮。惜乎！士之未見其論，或見之未及展數紙，而欠伸欲臥，萬子亦無如之何。余故臚述其言，將以諗夫天下之學禮者。」

納蘭氏成德**禮記陳氏集説補正**

〔補正〕

① 「從」，四庫薈要本作「崇」。

方苞曰：「張樸村以爲陸翼王所述。」（卷六，頁七）

三十八卷。

存。

嚴繩孫曰：「禮記不以衛氏集説頒諸學官，而專用陳氏集説取士，此苟且之圖也。容若爲補正之，習禮者試一取證，非小補矣。」

楊氏禮記説義

未見。

汪琬序曰：「三禮不明久矣，官器之異同，儀文度數之詳略，其間紛紜轇轕，疑不可信者，蓋更僕不可數，而立馬不能算也。姑即禮記言之：一郊也，或曰用辛日，或曰擇元日，然則元日爲是乎？辛日爲是乎？一禘也，或曰春祭，或曰夏祭，然則祭於夏爲是乎？祭於春爲是乎？一廟制也，或曰大夫有皇考廟，或曰有太祖而無皇考，然則宜從祭法乎？抑宜從王制乎？一奔喪也，或曰大功望門而哭，或曰見喪者之鄉而哭，然則宜從雜記乎？抑宜從奔喪乎？一禫祭也，或曰中月，或曰祥而禫，然則宜用二十五月乎？抑用二十七月乎？一異父昆①弟之喪也，或曰大功，或曰齊衰，然則宜依子游説乎？抑依子夏説乎？四十九篇出於小戴一家，而猶彼此乖反，此皆學者所當盡心也。漢、唐儒者，往往膠守師説，而不

① 「昆」，文淵閣四庫本作「兄」。

能詳加考求。訖於前明，則特視爲科舉時文之業，口傳耳剽，以冀倖一第，實無人焉，綜核貫穿於其中，何怪乎學日益陋，識日益卑，四方之風俗，亦日益壞，而天理民彝，或幾乎息也。關西楊公鳳閣，盡心於禮者有年，獨能旁搜儀禮、周官二經，淹貫馬、伏、鄭、王諸訓，故以成此書。取而讀之，則吾前之所疑者，公固已深思自得，或微引其緒，或詳折其衷，繭抽解剥，悉犂然而筆之於書矣。以是裨補世教，夫豈淺鮮也哉？於是公從子三開使君，醵金刻之吳下，工竣，而命余序之，余於禮經，素非專家，而願因公之書，以其餘日稍盡心焉，故遂承使君命，爲之序。」

經義考卷一百四十七

禮記十

夏小正傳

隋志：「一卷。」

存。

禮記：「孔子曰：『吾欲觀夏道，是故之杞，而不足徵也，吾得夏時焉。』」

司馬遷曰：「孔子正夏時，學者多傳夏小正云。」

鄭康成曰：「得夏四時之書也，其書存者有夏小正。」

隋書：「戴德撰。」

方慤曰：「夏用人正，故其書以之，孔子以夏時稱之者，以人時得其正也。」

金履祥曰：「小正者，紀候之書，謂之小，則固非其大者也，其亦夏時之一端與？聖人得之，以説夏禮，則必有大於此者。單子曰：『夏令曰：「九月除道，十月成梁。」其時儆曰：「收而場功，峙而畚挶，營室之中，土功其始。火之初見，期於司里。」』然則舉一端，而推所謂夏時者，當必有制度、教條之詳，不可得而聞矣。」

傅氏崧卿**夏小正戴氏傳**

四卷。

存。

崧卿自序曰：「崧卿少時讀禮記，著孔子得夏時於杞，鄭氏注曰：『夏四時之書也，其存者有小正』，而鄭注月令，引小正者八，辭大抵約嚴，不類秦、漢以來文章，信其爲有夏氏之遺書。顧欲睹其全，未之得。政和中，閲外兄關澮藏書，始得而讀之。星昏旦伏見中正當鄉，若寒暑日風冰雪雨旱之節，草木梯莠①之候，羽毛鱗蠃蠕動之屬，蟄興粥伏鄉遰陟降離隕鳴呴之應，罔不具紀，而王政民事繫焉，蓋夏之月令也。志時之有是物，往往以見言之，豈謂據人所見者，辭固當爾耶？關本合傳爲一卷，而不著作傳人名氏。按：漢、唐藝文志不載，惟隋志有其目，曰『夏小正一卷，戴德撰』，疑澮所藏，即此書。後讀孔穎達禮記正義，其疏月令，注曰：『夏小正，大戴禮之篇名也。』因求集賢所藏大戴禮版本參校，信然。漢、唐志既録戴氏禮矣，此書宜不別見，抑不知取戴禮爲此書，自何代始？意者隋重賞以求逸書，進書

① 「梯」，四庫薈要本、文淵閣四庫本作「稊」，「莠」，四庫薈要本作「秀」。

者遂多以徼賞帛，故離析篇目，而爲此乎？有司受此，又不加辨，而作志者亦不復考。且小正，夏書，德所撰傳爾，而隋志云然，可謂疏矣。德，西漢梁人，與聖俱授禮后蒼，號大戴，嘗爲信都太傅，而集賢大戴禮其前乃云『漢九江太守戴德撰』。以儒林傳考之，爲九江太守者，聖也，書藏集賢蓋久，率無有正其訛謬者。使世亡漢史①，而大戴禮獨傳，後人渠復有知德爲信都太傅者歟？由是知前代書因陋承訛，流傳及今，不可復辨者蓋多矣，豈特是書也哉？關本戴禮皆以夏小正文錯諸傳中，渾渾之書，雜以漢儒文辭，醇駁弗類，且所訓疑有失本指者，乃倣左氏春秋，列正文其前，而附以傳。月爲一篇，凡十有二篇，釐爲四卷，名曰夏小正戴氏傳。關本簡編失倫，悉以大戴禮是正，兩書互有得失，或字衍脱不同，則擇其善者從之，仍注其下，而闕其可疑者。大戴禮無注釋，關本注釋二十三處，懼與今注相糅，則云『舊注』別之，來者宜詳焉。宣和辛丑九月。」

陳振孫曰：「漢戴德傳，給事中山陰傅崧卿注。此書本在大戴，後人從大戴禮抄出別行，崧卿以正文與傳相雜，倣左氏經傳，列正文其前，特附以傳，且爲之注。」

紹興府志：「傅崧卿，字子駿，山陰人。擢甲科，累遷考功員外郎，爲林靈素所譖，出爲蒲圻縣丞，後官至給事中。」

按：傅氏書，余見宋時鋟本，後題男右通直郎知泉州晉江縣事穎刊板，孫右迪功郎前靜江府修仁縣

① 「漢史」，四庫薈要本作「史漢」。

尉襘①校勘。

張氏方**夏時考異**

宋志：「一卷。」

佚。

吴氏觀萬**夏小正辯**

一卷。

佚。

朱氏申**夏小正傳**

一卷。

佚。

史氏季敷**夏小正經傳考**

三卷。

---

①「襘」，文津閣四庫本作「檜」。

存。

危素序曰：「素昔從翰林學士吴先生學禮，得所校大戴禮。先生曰：『猶幸此書夏小正存焉，然嘗患其經傳相混，而注釋未詳。』嗚呼！古書之存者鮮矣，而是書歷三代，脱秦火，而未至於泯滅。况於日星之行，氣候之節，國家之政，生民之業，具列於此，學者可不務之乎？句東史君季敷甫嗜古學，作夏小正經傳考，句證以山陰傅氏本，及采儀禮集解，參究同異，附以釋音，復取先儒解經所引小正語，及事相附近，可以考訂者□①，隨事疏於傳文之下，脱衍者列叙於後，即其采摭之詳，訓詁之密，非篤於古學，不能然也。素以使事求史館遺書，過句東，得是書於君子塾孫。讀之旬日，乃因其請，叙於篇端。」

張萱曰：「元末，鄞人史季敷采儀禮集解，參究同異，附以釋音，復取先儒解經所引語，及事相附近者，綴於傳文之下，凡三卷。」

趙氏有桂**夏小正集解**

一卷。

未見。

王褘序曰：「夏小正世以爲夏書，其書在大戴禮中，傳之者，戴氏也。鄭康成爲之注，或曰盧辨注，謂爲鄭氏，非也。潁川韓元吉氏嘗以范太史家藏舊本校定之，然與故所傳闕本訛舛不同。會稽傅崧

---

① 備要本、四庫諸本俱無此空格。

卿氏又據闕本而爲訓釋，實多所補正。及考亭朱子集儀禮，尊信小正而用之，經其論定者，旨益加明矣。今括蒼趙君復集諸家之説，而爲之解，於是爲尤詳密者也。以予論之，小正之爲夏書，不可無疑者，孔子定書，斷自唐、虞，虞書以曆象日月星辰、敬授人時爲重事，小正，其遺法也，孔子嘗曰：『吾欲觀夏道，是故之杞，而不足徵也，吾得夏時焉。』及答顏淵以爲邦曰：『行夏之時而作春秋，用夏時以冠月。』其有取於夏時如此，設小正誠夏書，則在孔子所必取，然而不與禹貢同列於百篇，何耶？鄭氏謂夏時者，夏四時之書，其書存者有小正，則以小正爲夏書者，鄭氏也。不信聖人，而漢儒是信，可不可耶？禮記月令，漢儒皆以爲周公作，而其中雜有虞、夏、商、周、秦、漢之制，殆漢末諸儒採吕氏十二月紀、淮南子時則訓等書爲之耳。大戴禮之有小正，小戴禮之有月令，烏知其非類耶？或曰吕氏據夏小正以正四時，或曰小正具十二月而無中氣，有應候而無日數，至時訓乃五日爲候，三候爲氣，六十日爲節，因小正而加詳也，意者小正特出於月紀、時訓之前者耶？是則以小正爲夏書，誠有可疑者也。趙君之言，謂鄭氏以小正爲夏書，本無左驗，所記昏旦中星與星之見伏①，率與月令、月紀、時訓不合。唐一行推以曆術，知其實在夏時，其爲夏書無疑。是又不然，天雖高，星辰雖遠，苟求其故，則精曆數者，悉所能考。蓋自上古以來，天行日至星辰之次，舍其度數，無不可知。況在夏后之世，安知非精曆數者，逆考而溯推之，求其故以著於書，亦豈可遂信之而不疑乎？世以本草爲神農之書，素問爲黄帝之書，其果出於神農、黄帝否乎？本草、素問不可必其出於神農、黄帝，月令不可必

①「見伏」，文津閣四庫本作「伏見」。

其出於周公，則小正之爲夏書，予固不敢不致疑其間也。惜乎！趙君已不可作，不得以予所疑者質之。然君之爲此書，則既考覈詳，而論辨密，卓見絶識，往往而是，不其有可傳者歟？第其真本，及所①著他書，皆厄於兵，而此篇者，乃其伯氏掇拾遺稿，重所繕録，章句字畫之説②誤，不能無之，覽者擇焉而已。君諱有桂，號仲，其字，學行志業具載宋太史所爲墓志，兹故弗道，而論予所疑者，序其書焉。」

王氏廷相**夏小正集解**

一卷。

存。

廷相自序曰：「夏小正者，夏時之小記也。繹其辭旨，信爲古籍，周公之時訓、吕氏之月令，皆其流也。蓋古之聖人，仰觀星日霜露之變，俯察昆蟲草木之化，驗天時，授民事，此其要約爾。欽昊敷政，實所不可闕者。予讀諸家注解，病其疎謬穿鑿，是以稽其義之通者傳之，闕其不可知者，以俟博達焉。月爲一篇，凡十有二篇。正德庚辰八月。」

① 「所」，備要本作「其」。
② 「説」，文淵閣、文津閣四庫本作「脱」。

楊氏慎**夏小正解**

一卷。

存。

慎自序曰：「孔子曰：『吾欲觀夏道，是故之宋①，而不足徵也，吾得夏時焉。』學者多傳夏小正云。戴德曰：何以謂之小正？以小著名也。曷以小之？掌故失其傳，太史遺其籍，宗國墜其徵，儒宿荒其訓。小之云者，弗詳之云爾，非其微之云也。昔唐典首授時，虞典首璣衡，首之者，大之也，何獨至於夏正而小之乎？春秋外傳單穆公嘗引夏令，又引時儆：收場功，畤②畚挶，營土功，期司里。皆於天象乎取之，用兹以推孔子所稱夏時，不啻是也，舉其全者大之與？惜無聞焉爾。古者紀候之書，逸周書有時訓，吕覽有月紀，易緯有通卦驗，管敬仲有時令，鴻烈有時則訓，同異互出，大抵宗小正而詳，還觀小正，規畫遠矣。其昏旦伏見中正當鄉，候在星；寒暑風日冰雪③雨旱，候在氣；稊秀榮華，候在草木；蟄粥伏遰陟降離隕鳴呴，候在禽獸。王政達焉，民事法焉，故曰規模遠矣。小戴氏取吕氏月紀，改爲月令，著之禮記，此周月也。儷於夏正，法非重習，然卷帙虚存，傳習者鮮，吁可異哉！戴德之後，宋金氏履

①「宋」，依四庫薈要本、文淵閣四庫本應作「杞」。
②「畤」，四庫薈要本作「偫」。
③「冰雪」，文津閣四庫本作「冰霜」。

祥、王氏應麟嘗爲斯學矣。余病戴記本經傳弗分，二氏本訛謬未訂，乃左右采獲，以是正之，提經於上，抑傳於下，法當爾，非變古也，語曰『與其過而廢之也，寧過而存之』，斯籍也，其宜存而不廢哉？」

顧氏起經**夏小正補解**

一卷。

未見。

金氏鏡**夏小正傳**

一卷。

未見。

王氏猷定**夏小正輯注**

一卷。

佚。

繆泳曰：「猷定，字于一，南昌貢士。工古文書法，嘗憤世儒明知月令爲呂不韋作，乃尊之爲經；夏時孔子所取，乃反舍而不習，作夏小正輯注一卷。後客死杭州，遺書散佚，不可問矣。」

王氏應麟**踐阼篇集解**

一卷。

存。

應麟後序曰：「有周盛時，大訓在西序，河圖在東序，三皇五帝之書，外史掌之。丹書蓋前聖傳心要典也，學記正義謂赤雀所啣①丹書，乃尚書帝命驗讖緯不經之言，君子無取焉。武王銘十有七章，蔡邕以爲十八篇②，豈有闕文與？大戴禮有盧辨注，今列於前，鄭康成所引，黄太史所書，考其文之異者，又采摭諸儒之説爲集解，金匱陰謀載武王銘書，附著於末。至於虞箴、飫歌，見春秋内、外傳。夫以聖王治己養心，表裏交正如此，況學者可不勉與？有能左右觀省，朝夕習復，若衛武公日誦『抑戒』之詩，無有師保，如臨父母，庶其寡過矣乎。」

〔補正〕

後序内「蔡邕以爲十八篇」，「篇」當作「章」。（卷六，頁七）

方氏孝孺**武王戒書**

一卷。

---

① 「啣」，四庫薈要本、備要本作「銜」。

② 「篇」，補正、四庫諸本作「章」。

未見。

孝孺自序曰：「武王戒書見於大戴禮、太公金匱陰謀者，凡三十三章。古文闕有間矣，學者考信，惟在乎六經。然虞、夏、商、周之遺事善言，出乎六經之外，而可信者多矣。湯之盤銘，不載於商書，而曾子稱之，與經並傳爲訓；萬世政典，不列於百篇文目，而言爲人所傳誦，遂爲夏書之首。六經雖不可附益，然先王之微言弘①訓，安可偏廢哉？予悲乎是書者，太公受之古先聖王，而傳之武王，武王銘於用器，以戒其身，且及其子孫，其言之善者，與詩、書要義，何以異焉？學者以非經而外之，非惑夫？因爲注釋其意，以示來者。蓋聖人之言，譬之方書，而天下之學道者，皆被疾之人也。有志於養生，雖單方曲伎，出閭巷之所傳，或足以延年；苟爲無志，雖授以龍宮之秘藏，亦多死於國醫之手，然則書豈有工拙哉？顧用之何如耳！世不善用，則六經千載爲空言。傳得其人，得此言而用之，亦可以保身治家矣。」

明堂陰陽

漢志：「三十三篇。」

佚。

---

①「弘」，文淵閣四庫本作「宏」。

明堂陰陽説

漢志：「五篇。」

佚。

按：以上二書久亡，今惟太平御覽載有一條，文曰：「明堂陰陽，王者之所以應天也。明堂之制，周旋以水，水行左旋，以象天；内有太室，象紫宫；南出明堂，象太微；西出總章，象五潢；北出玄堂，象營室；東出青陽，象天市。上帝四時，各治其功，王者承天統物，亦於其方，以聽國事。」

李氏謐明堂制度論

一篇。

佚。

〔補正〕

丁杰按：魏書逸士傳此篇全載無闕，不得云佚。（卷六，頁七）

李靓曰：「後魏時，有李謐者，愍大禮之淪亡，憤先儒之異議，作明堂制度論，以折衷於世。其指以月令爲宗，而采周禮、大戴之言，以參合之。」

孔氏穎達**明堂議**

一篇。

存。

魏氏徵**明堂議**

一篇。

存。

顔氏師古**明堂議**

一篇。

存。

馮氏宗**明堂大享議**

一篇。

存。

王氏方慶**明堂告朔議**

一篇。

存。

張氏大頤**明堂儀**

唐志：「一卷。」

佚。

姚氏璠等**明堂儀注**

通志：「三卷。」

佚。

李氏襲譽**明堂序**

通志：「一卷。」

佚。

郭氏山惲**大享明堂儀注**

通志：「二卷。」

佚。

亡名氏明堂記紀要

通志：「二卷。」

佚。

李氏覯**明堂定制圖**

一卷。

圖佚。

覯自序略曰：「伏以明堂者，古聖王之大務也。所以事上帝，嚴先祖，班時令，合諸侯。朝廷之儀，莫盛於此。然而年世久遠，規模靡見，經傳所出，參差不同。群儒譸張，各信其習。專門自用，互相非毁。故自漢迄於有唐，布政之宫，屢曾營繕，而規爲鹵莽，莫合聖制。群議交鬬，將誰正之？伏惟國家，拓境踰四溟，太平已百載，德義充溢，禮教興行，封太山①，祀汾陰，耕籍田，郊見上帝，遺文逸美，於是交舉。聖神②之衷，殆將經始於斯堂乎？四方有識，注望久矣。臣身雖賤微③，亦願此時稍裨萬一，自托不朽，故敢以所見制度，具圖以獻。圖凡以九分當九尺之筵，東西之堂共九筵，南北之堂共七筵。中央之地，自東至西凡五室，自南至北凡五室，每室二筵，則取於周禮考工記也。一太室，八左右个，共九室，室有四戶、八牖，共三十六戶、七十二牖。則協於大戴禮盛德記也。九室四廟，共十三位，則本於禮記月令也。四廟之面，各爲一門，門夾兩牕，是爲八牕，四闥，則稽於白虎通也。十二階④，則采於聶崇義三禮圖也。四面各五門，則酌於明堂位、禮記外傳也。兼取諸書，略無偏棄，異同之論，庶可息焉。古先之模，或在於是，號曰明堂定制圖。若夫棟宇之高卑，土木之文飾，至尊所居之服御，上神所享之儀物，此禮官學士之職，非小臣之所能盡也。」

姚氏舜哲**明堂訓解**

一卷。

佚。

---

①「太山」，四庫薈要本作「泰山」。

②「聖神」，文津閣四庫本作「聖人」。

③「賤微」，四庫薈要本作「微賤」。

④「階」，備要本作「室」。

姚氏舜仁**明堂定制圖序**

佚。

鄭元慶曰：「舜仁，字令由，歸安人。元豐八年進士，官宗正少卿，明堂定制圖序爲庫部員外郎時表進，兄舜哲進訓解一卷。」

王氏炎**明堂議**

一篇。

存。

朱子熹**明堂圖說**

一卷。

存。

陳氏藻**明堂問**

一篇。

存。

邯鄲氏淳**投壺賦**

一篇。

闕。

魚豢曰：「邯鄲淳，字元淑。作投壺賦千餘言，奏之，文帝以爲工，賜帛千匹。」

虞氏潭**投壺變**

七録：「一卷。」

佚。

隋書：「晉左光禄大夫虞潭撰。」

晉書：「虞潭字思奥，會稽餘姚人，翻之孫也。前後以軍功爵武昌縣侯，拜右光禄大夫、開府儀同三司，贈侍中，謚孝烈。」

按：投壺變文僅存於今者，有云：「謂之投壺者，取名篠。他由反。藪，漸而轉易，鑄金代焉，逮之於後，人事生矣。壺底去一尺，其下笥以龍玄，玄月中，蝦蟇①隨其生死也，横以笥龍蛇之類。運之以虪、平□②

① 「蝦蟇」，文淵閣四庫本作「蝦墓」。

② 「□」，補正、四庫諸本作「保」，備要本作「表」。

切。鰕，謂龍下鰱螭也。燕尾也。燕識候而歸，人來去有恆，投而歸之，自數之數極也。矢十二，數之極也。長二尺八寸，法於恆矢，古用柘棘。古者投壺擊鼓爲節，帶劍十二，臉頰二帶，謂之帶劍。倚十八，倚並左右，如狼尾狀。狼壺二十，令矢圓轉，面於壺口。劍驍七十八，帶劍還如後也。三百六十籌得一馬，言三百六十歲功成也，馬謂之近黨，同得勝也。三馬成。」右見御覽，其書不知何人所注，文字沿譌，未能糾正。

〔補正〕

竹垞按內，小注「平□切」，空處是「保」字。（卷六，頁七）

郝氏冲**投壺道**

七録：「一卷。」

佚。

亡名氏投壺經

隋志：「一卷。」。七録：「四卷。」

佚。

新唐書：「郝冲、虞潭撰。」

上官氏儀**投壺經**

唐志：「一卷。」

佚。

舊唐書：「上官儀，陝州陝人。幼爲沙門，貞觀初，舉進士，授弘文館直學士，累遷秘書少監，加銀青光禄大夫、西①臺侍郎，爲許敬宗所搆，下獄死。子庭芝有女，中宗時爲昭容，每侍帝草制詔，以故追贈儀爲中書令、秦州都督、楚國公。」

晁公武曰：「唐上官儀奉勑删定。□②史玄道續注采周顒、郝同、梁簡文帝數家爲之，唐志有其目。」

史氏玄道**續投壺經**

一卷。

佚。

卜氏恕**投壺新律**

宋志：「一卷。」

佚。

---

① 「西」，備要本誤作「要」。

② 四庫薈要本、文津閣四庫本無此空格。

鍾氏唐卿**投壺格**

一卷。

佚。

劉氏敞**投壺義**

一篇。

存。

何喬新跋曰：「臨川吴文正公校正儀禮，既因鄭氏本，而詮次其篇章。凡經文散見於戴禮、鄭注者，則表而出之，爲逸經八篇。禮必有義，又取戴記所存，與清江劉原父所補者，爲傳十篇。若士相見義、公食大夫義，則原父所補也。予近讀原父文集，又得投壺一篇，蓋釋禮經投壺之義也，故附録於朝事之後，以備逸經之傳焉。正經十七篇，有傳者十，逸經八篇，有傳者一，其餘缺焉。崇禮君子，雖追而補之可也。或曰束晳補南陔諸詩，居易補湯征，皆見非於君子。原父所補，亦南陔、湯征之類耳，豈可取以爲訓哉？予以爲不然，南陔、湯征，經也，出於聖人所删，補之，僭也；冠、婚諸義，傳也，傳出於周末、漢初諸儒所作，補之，奚不可耶？且朱子嘗補格物致知之傳矣，今與曾子之傳並列於學官，未有非之者，苟以補傳爲不韙，則朱子豈爲之哉？」

按：原父投壺義，椒丘何氏以附儀禮逸經之末，而今本無之。予從同里曹秋岳侍郎所抄得，聞海鹽胡氏家藏有公是、公非兩先生全集，顧靳不肯借人，其遺書近多遺失，訪之不可得矣。

司馬氏光**投壺新格**

宋志：「一卷。」

存。

光自序曰：「傳曰：『張而不弛，文、武弗能也；弛而弗張，文、武弗爲也。一張一弛，文、武之道也。』君子學道，從政勤勞，罷倦必從容宴息，以養志游神，故可久也。蕩而無度，將以自敗。故聖人制禮，以爲之節，因以合朋友之和，飾賓主之歡，且寓其教焉。夫投壺細事，遊戲之類，而聖人取之以爲禮，用諸鄉黨，用諸邦國，其故何哉？鄭康成曰：『投壺，射之細也。古者君子射以觀德，爲其心平體正，端一審固，然後能中故也。』蓋投壺亦猶是矣，未審度於此，而取中於彼，仁道存焉；疑畏則疎，惰慢則失，義方象焉；左右前卻，過分則差，中庸著焉；得十失二，成功盡棄，戒慎明焉。是故投壺可以治心，可以修身，可以爲國，可以觀人。何以言之？夫投壺者，不使之過，亦不使之不及，所以爲中也；不使之偏頗流散，所以爲正也。中正，道之根柢也。聖人作禮樂，修刑政，立教化，垂典謨，凡所施設，不啻萬端，要在納民心於平正而已。然難得而制者，無若人之心也，自非大賢，守道敦固，則放蕩傾移無不至，求諸少選，且不可得。是故聖人廣爲之術，以求之投壺，與①其一焉。觀夫臨壺發矢之際，性無粗

① 「與」，四庫薈要本作「乃」。

密，莫不聳然，恭謹志，存中正，雖不能久，可以習焉，豈非治心①之道與？一矢之失，猶一行之虧也，豈非修身之道乎？兢兢業業，慎終如始，豈非爲國之道與？君子之爲之也，確然不動其心，儼然不改其容，未得之而不懾，既得之而不驕；小人之爲之也，俯身引臂，挾巧取奇，苟得而無愧，豈非觀人之道與？由是言之，聖人取以爲禮，宜矣。彼博弈者，以詭譎相高，以殘賊相勝，孔子猶曰：『飽日終食②，無所用心，爲之猶賢乎已。』況③投壺者，又可鄙略而輕廢哉？古者壺矢之制，揖讓之容，今雖闕焉，然其遺風餘象，猶彷彿也。世傳投壺格圖，皆以奇儁難得者爲右，是亦投瓊探鬮之類耳，非古禮之本意也。余今更定新格，增損舊圖，以精密者爲右，偶中者爲下，使夫用機儌倖者，無所措其手焉。壺口徑三寸，耳徑一寸，高一尺，實以小豆壺去席二箭半，箭十有二枝，長二尺有四寸。以全壺不失者爲賢，苟不能全，則積算先滿百二十者勝，後者負，俱滿則餘算多者勝，少者負。爲圖列之左方④，并各釋其指意焉。」

晁公武曰：「舊有投壺格，君實惡其多取奇中者，以爲僥倖，因盡改之。」

① 「治心」，文淵閣四庫本作「修身」，疑涉下文而誤。
② 「飽日終食」，備要本作「飽食終日」。
③ 「況」，文淵閣四庫本作「今」。
④ 「左方」，文淵閣四庫本作「左右」。

王氏（趯）**投壺禮格**

宋志：「二卷。」

佚。

朱子（熹）**壺説**①

一篇。

存。

方氏（承贇）**投壺圖**（或作「張」。）

一卷。

佚。

熊氏（朋來）**投壺説**

一篇。

---

①「壺説」，備要本作「投壺説」。

存。

王氏惲**投壺引**

一篇。

存。

劉氏仁敏**傾壺集**

三卷。

未見。

高麗投壺儀

佚。

高麗史：「睿宗十一年十二月，御清讌閣，命内侍良醞令池昌洽講禮記中庸、投壺二篇，謂寶文閣學士等曰：『投壺，古禮也，廢已久矣，宋帝所賜，其器極爲精備，將試之卿等，可纂定投壺儀并圖以進。』」

亡名氏投壺考正

一卷。

未見。

右載葉氏菉竹堂目。

何氏宗姚**投壺新式**

一卷。

未見。一齋書目有。

汪氏禔**投壺儀節**

一卷。

未見。

徽州府志：「汪禔，字介夫，祁門人，環谷先生之後。」

李氏孝先**投壺譜**

一卷。

存。

楊大寬序曰："古之讌士者，歌以鹿鳴，其説載諸詩；讌賓客者，樂以壺矢，其説載諸禮。鹿鳴，周王勸士之典也；壺矢一技耳，而近於戲，君子取之者，何哉？蓋枉矢哨壺，請以樂賓，再拜而其①三辭之禮，司射而奏貍首之樂，勝者而致敬養之文。得之不矜，失之不攝②，和而不流，戲而不謔，以此樂賓，孰曰不可？是故必心正，必體直，必端一審固而後中。審度於此，取中於彼，法度寓焉；疑畏則疎，惰慢則失，戒慎明焉；左右則卻，過不及則謬，中庸著焉。法度寓則可以觀哲，戒慎明則可以觀敬，中庸著則可以觀節。視夫博弈者，幾許③以相尚，殘忍以相勝，不亦大徑庭耶？予講學友李松橋④，濮陽太保公，兩世司徒之家也。方其羈貫，習六書，調五絃，善丹青之筆，而尤涉獵於百家六藝之説。其於壺矢之技，得之手而應之心，若斲輪者，得心悟之神也。凡讌賓客，必舉壺以樂賓，見者罔不拱揖前卻，而未之或先。每於退政之暇，乃作壺譜以廣其義，凡目百三十有二。壺自一矢以至十二矢，每矢品之以題，每題圖之以譜，每譜著之以訣，如見古人之風焉！技不專技於技者也，是故雅歌投壺，古之名將爲之，偶耳中耳，古之大儒所不廢也，豈曰『德成而上，藝成而下』，而顧輕之耶！嘉靖丙辰孟夏。"

① "其"，依補正、四庫諸本、備要本應作"具"。
② "攝"，四庫薈要本、文淵閣四庫本作"懾"。
③ "幾許"，文淵閣、文津閣四庫本作"機詐"，備要本作"幾詐"。
④ "李松橋"，文淵閣四庫本誤作"季松喬"。

〔補正〕

楊大寬序内「而其三辭之禮」，「其」當作「具」。（卷六，頁七）

投壺譜拾遺

一卷。

存。

紀模序曰：「事有出於智巧之外，而忘乎其爲能者，郢人之運斤九方，臯①之相馬，庖丁之解牛，要皆得之心而應之手，取乎内而忘乎其外，知變化而不知所以變化也。投壺，古禮所以淑賓主，聯交道，爲習射之基。魯人松橋李②君先爲南京左都督參軍，復擢順天府治中，觀藝於射，會心於壺，以其妙寓於譜。嘉靖甲子秋見之，今君之亡才五年，其譜已失。求其刊本，亦闕其半，予爲拾其遺，而重梓之。凡爲圖：直者三十有七、横者十、臥者五、倒者二。二矢：直壺二十，横壺十；三矢：直壺十，横壺二；四矢：直壺八；五矢：直壺六；六矢：直壺亦六；七矢、八矢、九矢、十矢③、十一矢、十二矢各二，又八卦圖各一。」

---

① 「臯」，文津閣四庫本作「歅」。

② 「李」，文津閣四庫本作「季」。

③ 文淵閣四庫本無「十矢」二字。

周氏履靖投壺儀制

一卷。

存。

詹氏景鳳投壺説

一篇。

存。載①明辨類函。

周氏篔投壺譜

一卷。

存。

梅氏文鼎曾子天圓篇注

一卷。

存。

---

①「載」，備要本誤作「戴」。

經義考卷一百四十八

禮記十一

王氏劭**勘定曲禮**

佚。

孔穎達曰："隋秘書監王劭勘，晉、宋古本皆無『稷曰明粢』一句，立八疑十二證，以爲無此一句爲是。"

上官氏均**曲禮講義**

宋志："二卷。"

佚。

閩書："均，字彥衡，邵武人。熙寧三年進士，歷殿中侍御史、給事中，以龍圖閣待制致仕。"

邵氏囦**曲禮解**

一卷。

佚。

戴氏溪**曲禮口義**

宋志：「二卷。」

佚。

汪氏汝懋**禮學幼範**

七卷。

佚。

戴良序曰：「古者小學教人以灑埽、應對、進退之節，事親敬長、隆師親友之道，所以爲修身、齊家、治國、平天下之本也。今其全書雖不可見，而紫陽朱子嘗以其雜出於傳記者，蒐輯爲内外篇，庶幾小學之教，復明於後世。嚴陵汪君，學朱子者也，以爲曲禮一篇，正其幼穉所宜行①之禮。但漢儒所記，多

①「行」，文淵閣四庫本作「知」。

不以類而從，學者頗艱於用力，遂取篇中凡爲人子及侍先生、長者，與夫飲食、言動、冠、昏、喪、祭等禮，類聚而編之。至於總言禮之本原，則又别自爲類，以標諸篇首。仍摘鄭氏注語，及濂、洛諸儒之論附見焉，間有未安，則足以己意，合爲七卷，謂之禮學幼範。書成，俾予題其端。夫陶人之治土也，必揉木以爲範；冶人之治金也，必摶土以爲範。是故帝有帝範，家有家範，至其爲子弟、爲女婦也，則又有師範、女範之教焉。有以見天下之事，無大、無小、無貴、無賤，必資範而後成，况夫人之幼也。欲以其所宜行之禮，講而習之，使其習與智長，化與心成，而無扞格不勝之患，可獨無説以爲之範哉？此禮學幼範之書，不可以不述也，其傳世之遠，當與朱子小學相爲終始云。君名汝懋，字以敬，官至定海縣尹。」

劉氏永澄**曲禮删注**

二卷。

未見。

鄧氏元錫**曲禮**

二卷。

未見。

周氏夢華①**曲禮注**

一卷。

未見。

吴氏桂森**曲禮注釋**

一卷。

未見。

陳氏騤**檀弓評**

一卷。

未見。

徐氏人傑**檀弓傳**

一卷。

---

①「夢華」，文淵閣四庫本作「夢皐」。

佚。

謝氏枋得**檀弓章句**

〔校記〕四庫存目作批點檀弓二卷。（禮記，頁四一）

一卷。

存。

陳氏普**檀弓辨**

一篇。

存。

楊氏慎**檀弓叢訓**一名附注。

二卷。

存。

張舍序略曰："楊子[①]用修，居滇，手[②]宋疊山謝氏點勘檀弓，以爲叢訓。其中如曾子之易簀、子思之不喪出母、季札之葬子，皆釐正之。楊子之説，於是乎有補於道矣。"

〔補正〕

張舍序内"手宋疊山謝氏點勘檀弓"，"手"下脱"録"字。（卷六，頁七）

愼自序曰："檀弓可孤行，每病訓之者，未能犂然有當於人之心也。經猶招也，訓猶射也，一人射招，或中或否，未若衆人射之中之多也。若鄭康成之簡奥，或以三字而括經文之數十字，蓋寡而不可益也。孔穎達之明備，或即經之一言，而衍爲百十言，蓋多而不可省也。賀、陸、黄、吴補緝臚列，亦各殫述者之心，陳騤、謝枋得二家批評，亦稍窺作者之天巧已。兹訓也，於諸家擷其英華，於二家昭其甄藻，不亦可乎？"

徐氏應曾**檀弓標義**

二卷。

未見。

① "楊子"，文淵閣四庫本作"楊氏"。

② "手"下，依補正、四庫諸本應有"録"字。

鄭氏圭**檀弓注**

二卷。

未見。

顧氏起經**檀弓別疏**

一卷。

未見。

林氏兆珂**檀弓述注**

二卷。

未見。

陳氏與郊**檀弓輯注**

二卷。

存。

與郟輯注合考功記①注序曰：「近世謝東山氏合編檀、孟，頗爲學者所宗。昔韓愈氏謂讀孟氏書，而後知孔子之道尊，聖人之道易行，王易王，霸易霸也，則安得以文章概之哉？且當代五經之士，疇不讀孟氏書，尊之至與孔子並也，而以儷檀弓，過矣。其與檀弓並者，宜莫如考工記。二書鄭氏注之，注未晰者，孔氏、賈氏疏之。間有奇辭奧旨，疏所未竟者，諸老師大儒互發焉，而不佞復踵謝枋得氏各章句之，而二書始豁焉無可疑，則儷之，不亦宜乎？於是乃采掇傳註著於篇，俾初學者觀焉。韓氏又謂孔子從周，爲文章之盛也。然則讀是書者，恍然習議論、窺制作於成周，嗚呼！盛哉！」

徐氏昭慶**檀弓記通**

二卷。

未見。

〔校記〕

四庫存目作檀弓通。（禮記，頁四一）

江氏旭奇**檀弓詮釋**

一卷。

---

① 「考功記」，應依文淵閣四庫本作「考工記」。

未見。

張氏習孔**檀弓問**

四卷。

存。

耿章光序曰：「黄嶽張先生以學行負重望，登甲第，秉文衡讀禮，歸林壑二十年，惟以纂述爲事。暇出所輯檀弓問示予，揆文審義，句酌字斟，上自注、疏，以逮諸家之説，增修其未備，進退其未安。學者得是而玩之，治檀弓即可以治全經，即可以治諸經。先生於易①有辨志一書，於諸子有近思録傳，尤閎博淵邃。予家以禮爲專經，故先序此，將由此而進觀先生之全書焉。」

杜濬序曰：「文中子心醉六經，豈第以其理之精粹，道之純正，效之博大而已哉？蓋亦并其文而好之，是以有醇醪之喻也。禮記之有檀弓，猶醇醪之最旨者乎？其言不離乎禮，而味在禮外，若譏若評，似可似否，意淵如也。行文簡鍊宕折，古趣盎然，雖左氏不能及，無論其他矣。新安黄嶽張先生篤好之，蓋亦不啻心醉，嘗語余大學、中庸之理，檀弓之文，爲禮記中二絶。又見陳注舊説，於理時有所未安，於是討論釐正，析疑補闕，然後文從理順，粲然明備矣。余家世受禮，見近世業是經者，惟節取場屋命題者鈎纂肄習之，於檀弓及喪禮諸篇，未嘗寓目，思一矯其失，耑肆力於舉業家之所割棄者，具訓一

① 「易」，文淵閣四庫本誤作「是」。

書，不謂黄嶽先生之導我先路也。」

劉氏敞**小功不税解**

一篇。

存。

君臨臣喪辨

一篇。

存。

阮氏逸**三制井田圖**①

〔補正〕

「三」當作「王」。（卷六，頁七）

〔校記〕

「三制」當作「王制」。（禮記，頁四一）

① 「三制井田圖」，應依四庫薈要本、文津閣四庫本、補正、校記、備要本作「王制井田圖」。

通志：「一卷。」

佚。

余氏希文**王制井田圖**

宋志：「一卷。」

佚。

朱子熹**井田類説**

一篇。

存。

邵氏囦**王制解**

一卷。

佚。

陳氏埴**王制章句**

一卷。

未見。

李氏黼**王制考**

一卷。

未見。

〔四庫總目〕

其書成於正德中，本四卷，朱彝尊經義考誤作一卷。且此書雜採經史，自分門類，非疏解禮記之王制，彝尊列之禮記，亦爲失考。蓋彝尊原注未見，特循其名而録之，故有此失也。然此本實出自曝書亭，或藏收浩繁，自不及檢歟！抑得此本時，已在經義考後也。（卷一三七，頁三四，王制考四卷提要）

陳氏際泰**王制說**

一卷。

存。

錢氏喸**王制說**

一卷。

存。

沈皞日曰：「其大指謂漢文時，博士雜取虞、夏舊文，并集秦、漢之事，總四代而爲説，不獨存周人一代之經。」

經義考卷一百四十九

禮記十二

漢月令記

佚。

鄭康成曰：「三王之官，有司馬無太尉，秦官則有太尉，今俗人皆云周公作月令，未通於古。」又曰：「呂氏説月令，而謂之『春秋』，事類相近焉。」

孔穎達曰：「賈逵、馬融之徒，皆曰月令周公所作。」

按：蔡邕明堂論引之，文曰：「明堂者，所以明天氣、統萬物。明堂上通於天象日辰，故下十二宫象日辰也。水環四周，言王者動作發天地，德廣及四海，方此水也，名曰『辟雍』。」蓋逸禮文。

〔補正〕

此條下，竹垞引蔡邕明堂論，即月令記之文也。王深甯漢志考云：「今佚篇之名可見者，月令記見蔡邕論。」竹垞蓋即據此也。然深甯考弟①云：逸篇之名，初未確指爲漢時人書，似未可因蔡邕是漢時人，輒於此書之上，加漢字以定之。且鄭、孔二條，旨是説今禮記中之月令，亦不應贅述於此。此條似應著明據王應麟語，而以蔡邕云云系其下足矣。聘珍案：月令記，厚齋明言河閒獻王所得，仲尼弟子及後學者所記，不得妄加「漢」字。（卷六，頁八）

景氏鸞**月令章句**

佚。

後漢書：「景鸞撰禮内外記，號曰禮略，又作月令章句，所②著述五十餘萬言。」

高氏誘**明堂月令**

四卷。

存。

王應麟曰：「劉向别録有古文明堂禮、王居明堂禮、明堂圖、明堂大圖、明堂陰陽，並説古明堂之

---

① 「弟」，今用「第」字。

② 「所」，四庫諸本作「凡所」，備要本作「凡」。

事，其書皆亡。唐會要引禮記明堂陰陽録，牛弘亦引明堂陰陽録，今禮記月令於别録中屬①明堂陰陽記，故謂之明堂月令。」

按：高誘注禮，隋、唐、宋經籍、藝文志俱不載，近代藏書家目録亦無，惟藝文類聚曾引之。月令四卷，題曰明堂月令。乙亥二月，忽獲之吴興書賈舟中，乃舊本，讀之，其字句與今本月令頗有不同，如：「季春行冬令」，及「孟夏行秋令」前，均有「行之是令，而甘雨至，三旬」十字；「季夏行春令」前，有「行之是令，是月甘雨至，三旬二日」十三字；「孟秋行冬令」前，有「行之是令，而涼風至，三旬」十字；「仲秋行春令」前，有「行之是令，白露降，三旬」九字；「季冬行秋令」前，有「行之是令，此謂一終，三旬二日」十二字。注：「行之是令」，行是之令也。「甘雨至，三旬」，十日一雨，三旬三雨也。「二日」者，陰晦朔也，月十日一雨，又二十日一雨，一月中得二日爾，故曰三旬二日。「終一歲」，十二月終也，「三旬二日」者，十日一旬，二十日爲二旬，後一旬在新②月，故曰三旬二日也。較之吕覽，其文正同，蓋好事者以誘所注吕覽鈔出成書。

蔡氏邕**月令章句**

隋志：「十二卷。」

① 文淵閣四庫本無「屬」字。
② 「新」，備要本作「□」。

佚。

〔校記〕

王謨、臧庸、黄奭、葉德輝均有輯本，黄奭、馬國翰併集月令問答。（禮記，頁四一）

邕自述曰：「予幼讀記，以爲月令體大經同，不宜與記書雜録並行，而記家記之又略。及前儒特爲章句者，皆用其意傳，非其本旨。光和元年，予被謗，章罹重罪，徙朔方，危險凜凜，死亡無日。過①學者聞家，就而考之，亦自有所覺悟，庶幾頗得事情，而訖未有注記著於文字也。竊誠思之，書有陰陽升降，天文曆數，事物制度，可假以爲本，敦辭託説，審求曆象，其要者莫大於月令，故遂於憂怖之中，晝夜密勿，昧死②成之，旁貫五注，參互群書，至及國家律令制度，遂定曆數，盡天地三光之情，辭繁多而蔓衍，非所謂理約而達也。道長日短，危殆兢惕，取其心盡而已。故不能復加删省，蓋所以探賾辨物，庶幾多識前言往行之流，苟便學者以爲可覽，則予死而不朽也。」

〔補正〕

自序内「過學者聞家，就而攷之」，「過」下脱「被」字。（卷六，頁八）

---

① 「過」下，補正、四庫諸本有「被」字。

② 「昧死」，文淵閣四庫本作「昧之」。

梁月令圖

七録：「一卷。」

佚。

唐明皇御刊定禮記月令

唐志：「一卷。」

存。李林甫等注，未見。

李林甫等上表曰：「臣聞昔在唐堯，則曆象日月，敬授人時。降及虞舜，則璿樞①玉衡，以齊七政。夏后則更置小正，周公則别爲時訓，斯皆月令之宗旨也。逮夫吕氏纂習②舊儀，定以孟春日在營室，有拘恒檢，無適變通，不知氣逐閏移，節隨斗建，洎乎月朔差異，日星見殊，乃令雩祀，愆期百工，作沴事資，革弊允屬，宜更昭代，敬天勤民，順時設教。是以有皇極之敷言，親降聖謨，重有删定，乃依杓建，爰準攝提，舉正於中匪，乖期於積閏。履端於始，不爽侯於上元，節氣由是合宜，刑政以之咸序。遂使金木各得其性，水火無相奪倫，蓋所謂順乎天，而應乎人者也。乃命集賢院學士尚書左僕射兼右相吏部

①「璿樞」，四庫諸本作「璿機」。

②「纂習」，文淵閣、文津閣四庫本作「纂輯」。

尚書李林甫、門下侍郎陳希烈、中書侍郎徐安貞、直學士起居舍人劉光謙、宣城大司馬齊光乂、河南府倉曹參軍陸善經、修撰官家令寺丞兼知太史監事史元晏、待制官安定郡别駕梁令瓚等爲之注解，臣等虔奉綸音，極思何有，愧無演暢之能，謬承載筆之寄，義深罕測，學淺無能，莫副天心，空塵聖意，謹上。」

新唐書：「集賢院學士李林甫、陳希烈、徐安貞，直學士劉光謙、齊光乂、陸善經，修撰官史元晏，待制官梁令瓚等注解，自第五易爲第一。」

册府元龜：「包佶爲秘書監，貞元七年上言：『開元中，删定禮記月令，改爲時令，其音及疏并開元有相涉者未刊正，請選通儒詳定。』從之，會佶卒，其事不行。」

長編：「大中祥符八年七月己未，龍圖閣待制孫奭上言：『伏以禮記舊月令一篇，後漢司農、鄭康成、盧、馬之徒，本而爲注，又作周官及儀禮注，並列學官，故三禮俱以鄭爲主。而月令一篇卷第五篇第六，漢、魏而下，傳授不絶。唐陸德明撰釋文，孔穎達撰正義，篇卷第次，皆仍舊貫。洎唐李林甫作相，乃抉擿微瑕，蔑棄先典。明皇因附益時事，改易舊文，謂之御删定月令。林甫等爲之注解，仍升其篇卷，冠於禮記，誠非古也。當今大興儒業，博考前經，宜復舊規，式昭先訓。臣謹繕寫鄭注月令一本，伏望付國子監雕印頒行，詔禮儀院與兩制詳定以聞。』既而翰林學士晁迥等言若廢林甫之新文，用康成之舊注，則國家四時之祭祀，並須更改，詳究事理，故難輕議。伏請依舊用李林甫所注月令，從之。景祐二年春正月乙巳，直集賢院賈昌朝請以鄭司農所注月令，復入禮記第五，其李林甫所注，自爲唐月令别行，從之。仍詔唐月令，以備四孟月宣讀。」

宋三朝國史藝文志：「初，禮記月令篇第五即鄭注。唐明皇改黜舊文，附益時事，號御删月令，升爲首篇，集賢院別爲之注。厥後學者傳之，而釋文、義疏皆本鄭注，遂有別注小疏者，詞頗卑鄙。淳化初，判國子監李至請復行鄭注，詔兩制三館祕閣集議，史館修撰韓丕、張佖、胡旦條陳唐本之失，請如至奏，餘皆請且如舊，以便①宣讀時令。大中祥符中，龍圖閣待制孫奭又言其事，群論復以改作爲難，遂罷。」

晁公武曰：「唐明皇刪定，李林甫等注，序謂吕氏定以孟春日在營室，不知氣逐閏移，節隨斗建，於是重有刪定，俾林甫同陳希烈等八人爲之解。國朝景祐初，改從舊文，由是別行。」

葉夢得曰：「監本禮記月令，唐明皇刪定②，李林甫所注也。端拱中，李至判國子監，嘗請復古本，下兩制館職議，胡旦等皆以爲然，獨王元之不同，遂寢。後復數有言者，終以朝廷祭祀儀制等，多本唐注，故至今不能改，而私本則用鄭注也。」

羅泌曰：「唐刻五經，禮記以月令冠篇，曲禮次之。月令之篇，則於每月分節與中氣，而異言之，謂吕氏定以孟春日在營室，無適變通，不知氣逐閏移，節隨斗建，洎乎月朔差異，中星見殊，乃令③雩祀愆期，水星作沴，事資革弊。於是定以杓建，準攝提而刪之，命集賢殿學士尚書左僕射兼右相吏部尚書李林甫，門下侍郎陳希烈爲之注。」

---

① 文淵閣四庫本無「便」字。
② 「定」，文淵閣四庫本作「本」。
③ 「乃令」，文淵閣四庫本作「乃令」。

按：諸經垂世，禮記間雜秦、漢之文。然一入小戴記中，群儒恪守其説，雖以天子之尊，大會講殿，議有異同，文無更易。迨唐明皇始命李林甫等刊定月令，亂其篇次，增益其文。沿及宋、元説經者，逞其私智，移易尚書，離析大學，筆削孝經，變置周官，出入風、雅，皆唐之君臣爲之作俑也。當不韋作呂覽時，懸之國門，人莫敢增損一字。豈意數百年後，突有弄麞杖①杜，不識字之李哥奴，逢君之惡，肆行改竄，幾無完文，亦可謂無忌憚之尤者已。今其改本，唐開成中石經具存。

又按：林甫改本，其叙節氣云：「正月之節，日在虛，昏昴中，曉壁②中，斗建寅位之初。立春之日，東風解凍；後五日，蟄蟲始振；後五日，魚上冰。正月中氣，日在危，昏畢中，曉尾中，斗建寅位之中。雨水之日，獺祭魚；後五日，鴻雁來；後五日，草木萌動。二月之節，日在營室，昏東井中，曉箕中，斗建卯位之初。驚蟄之日，桃始華；後五日，倉庚鳴；後五日，鷹化爲鳩。二月中氣，日在奎，昏東井中，曉南斗中，斗建卯位之中。春分之日，玄鳥至；後五日，雷乃發聲；後五日，始電。三月之節，日在婁，昏柳中，曉南斗中，斗建辰位之初。清明之日，桐始華；後五日，田鼠化爲鴽；後五日，虹始見。三月中氣，日在胃，昏張中，曉南斗中，斗建辰位之中。穀雨之日，萍始生；後五日，鳴鳩拂其羽；後五日，戴勝降于桑。四月之節，日在卯③，昏翼中，曉牽牛中，斗建巳位之初。立夏之

①「杖」，備要本誤作「杕」。
②「曉壁」，補正、四庫諸本作「曉心」。
③「卯」，補正、四庫諸本作「昴」。

日，螻蟈鳴；後五日，蚯蚓出；後五日，王瓜生。四月中氣，日在畢，昏軫中，曉須女中，斗建巳位之中。小滿之日，苦菜秀；後五日，靡草死；後五日，小暑至。五月之節，日在畢①，昏角中，曉奎②中，斗建午位之初。芒種之日，螳螂生；後五日，鵙始鳴；後五日，反舌無聲。五月中氣，日在東井，昏亢中，曉營室中，斗建午位之中。夏至之日，鹿角解；後五日，蜩始鳴；後五日，半夏生。六月之節，日在東井，昏氐中，曉東壁③中，斗建未位之初。小暑之日，温風至；後五日，蟋蟀居壁；後五日，鷹乃學習。六月中氣，日在柳，昏尾中，曉奎中，斗建未位之中。大暑之日，腐草爲螢；後五日，土潤溽暑；後五日，大雨時行。七月之節，日在張，昏尾中，曉婁中，斗建申位之初。立秋之日，涼風至；後五日，白露降；後五日，寒蟬鳴。七月中氣，日在張，昏箕中，曉昴中，斗建申位之中。處暑之日，鷹乃祭鳥；後五日，天地始肅；後五日，禾乃登。八月之節，日在翼，昏南斗中，曉畢中，斗建酉位之初。白露之日，鴻雁來；後五日，玄鳥歸；後五日，群鳥養羞。八月中氣，日在軫，昏南斗中，曉東井中，斗建酉位之中。秋分之日，雷乃收聲；後五日，蟄蟲坏户；後五日，水始涸。九月之節，日在角，昏牽牛中，曉東井中，斗建戌位之初。寒露之日，鴻雁來賓；後五日，雀入大水爲蛤；後五日，菊有黄花。九月中氣，日在氐，昏須女中，曉柳中，斗建戌位之中。霜降之日，豺乃祭獸；後五日，草木黄

---

① 「畢」，補正、四庫諸本作「參」。
② 「曉奎」，補正、四庫諸本作「曉危」。
③ 「壁」，四庫薈要本、文津閣四庫本、備要本作「壁」。

落；後五日，蟄蟲咸俯。十月之節，日在房，昏虚中，曉張中，斗建亥位之初。立冬之日，水始冰；後五日，地始凍；後五日，野雞入大水爲蜃。十月中氣，日在尾，昏危中，曉翼中，斗建亥位之中。小雪之日，虹藏不見；後五日，天氣上騰，地氣下降；後五日，閉塞而成冬。十一月之節，日在箕，昏①營室中，曉軫中，斗建子位之初，大雪之日，鶡鴠不鳴；後五日，虎始交；後五日，荔挺出。十一月中氣，日在南斗，昏東壁中，曉角中，斗建子位之中。冬至之日，蚯蚓結；後五日，麋角解；後五日，水泉動。十二月之節，日在南斗，昏奎中，曉亢中，斗建丑位之初。小寒之日，鴈北鄉；後五日，鵲始巢；後五日，野雞始雊。十二月中氣，日在須女，昏婁中，曉氐中，斗建丑位之中。大寒之日，雞始乳；後五日，鷙鳥厲疾；後五日，水澤腹堅。」林甫譏呂氏纂集舊儀，定以孟春日在營室，有拘恆檢，無適變通，乃更定節候。顧以天氣上騰，地氣下降，爲一候，閉塞而成冬爲一候，此則弄麞杖②杜之故智矣。

〔補正〕

竹垞按内「曉壁中」，「壁」當作「心」。「四月之節，日在卯」，「卯」改「昴」。「五月之節，日在畢」，「畢」當作「參」。「曉奎中」，「奎」當作「危」。（卷六，頁八）

丁杰曰：按：李林甫所改月令，如序驚蟄於雨水之後，與夏小正「正月啓蟄」，左傳「啓蟄而郊」

① 「昏」，文淵閣四庫本作「星」。

② 「杖」，備要本誤作「杕」。

之説不合；序清明於穀雨之前，與三統曆「大梁初，胃七度」，「穀雨中，昴八度」清明之説不合；每月節氣、中氣，俱分三候，與月令、淮南時則訓不合，然皆本之逸周書、易通卦驗、四分曆諸書，非林甫臆剏。林甫之誤，在「孟春之節，日在虚」云云，以唐時星候入周、秦閒之書耳。朱檢討不此之駮，而以其用逸周書語爲「弄麞杖杜之故智」，失其平矣。（卷六，頁八）

又按：「唐王冰①注素問所引月令節氣，「桃始華」作「小桃華」；「雷乃發聲」下有「芍藥榮田」，「鼠化爲鴽」下有「牡丹華」，「王瓜生」作「赤箭生」，「苦菜秀」作「昊葵華」，「半夏生」下有「木槿榮」，「鴻雁來」上有「盲風至」，「蟄蟲坏户」上有「景天華」，「鶡鴠不鳴」上有「冰益壯、地始坼」，「茘挺出」上有「芸始生」。考冰②於寶應初官太僕令，當日宜奉明皇刊定月令，而所述又異，不可解也。

〔補正〕

又按：「唐王冰」，當作「砅」。（卷六，頁八）

李氏林甫月令并時訓詩

通志：「一卷。」

佚。

---

①② 「冰」，補正作「砅」，四庫諸本作「砅」。

王氏涯**月令圖**

通志：「一卷。」

佚。

杜氏仲連**月令詩**

通志：「一卷。」

佚。

亡名氏月令纂要

未見。

復月令奏議

通志：「一卷。」

佚。

范氏浚**月令論**

一篇。

存。載香溪集。

劉氏先之**月令圖**

宋志：「一卷。」

佚。

張氏處**月令解**

宋志：「十二卷。」

未見。

〔校記〕

四庫輯大典本十二卷。（禮記，頁四一）

浙江通志：「張處字子宓，慈谿人。慶元二年進士，端平元年爲國子司業兼侍講，謂月令之書雖出於呂不韋，然人主後天而奉天時，此書不爲無助，乃爲月令解十二卷以進。陞國子祭酒、工部侍郎，卒謚文靖。」

張萱曰：「宋端平間，祭酒慈谿張虙入侍緝熙講幄，解釋其義。以孟仲季析爲寒暑之期，於朔望弦占，作旦昏之候，以十二月分十二卷，按月而彙釋之。凡一月之中，陰陽消長，星辰出入，氣數遷改，景物移易，園林草木，鳥獸蟲魚，田舍耕耘，婦子蠶桑，歷歷備載。」

按：連江陳氏書目有之，凡十二篇。

黄氏諫月令通纂

四卷。

存。

諫自序曰：「曩家食時見方藥之良者，輒録之，第修爲必以時，或先後則弗驗，亦奇矣哉！因竊嘆天下之事，未或外時以成也，時之義亦大矣哉！孔子告顔淵爲邦之問，必曰：『行夏之時，取其時之正，與令之善。』想古當①時，每月有政令，以行其事，不特建爲正朔，觀夏小正與月令可見。誠以天時先後，民事早晚，風俗淳漓，鳥獸草木之凋榮，不可無書以曉示之。朝廷每歲頒朔授曆，正以爲王政之大，天時人事所關也。諫讀書之暇，好爲圃而栽植，先後失時，多不茂，有以農桑撮要遺余者，□②而用之，驗甚多。自是宦遊京師，所居旁必開園，雖農夫野老之賤，必與談此。去歲，倪學士克讓使自湖湘回，

① 「當」，四庫薈要本、文津閣四庫本作「帝」。

② 「□」，四庫諸本作「準」，備要本作「仿」。

以周窶月覽見示，懼其雜而弗純，乃删其涉於誕者，與撮要輯爲一書。仍附昔所録方藥，依時修爲者附內，以便觀覽。又於逐月所載，取禮記月令冠其首，取堯命羲、和之辭冠四時，先使知先王所重如此。夫雞知將旦，鶴知夜半，燕忌戊巳，虎知衝破，巢居知風，穴居知雨，將雨而魚噞，將風而鵲下，無知而能知如此，況人乎？若知來而不知往，知往而不知來，此乾鵲，猩猩之窒於所稟，人則宜無不知也。」

盧氏翰**月令通考**

十六卷。

存。

秦鳴雷序曰：「嘗觀周禮一書，上自日月星辰之運，下至昆蟲草木之變，大而體國經野之規，細而農圃工虞之務，莫不中令，以垂畫一，蓋詳哉乎！其言之矣，月令載於吕覽，大都紀候之書，不過周官中之一事耳。然千餘年來，民咸用之，誠不以人廢言矣。而潁①有盧君者，嫌其局而未通，眇聞而不廣，於是不憚旁搜博採，凡稗官野史、博物雜記，苟一言一事，足前民用者，靡不推摭而兼蓄之，附於各月之下，曰天道、曰治法、曰地利、曰民用、曰攝生、曰涓吉、曰占候、曰跡往、曰考言、曰擴聞，臚列星布，燦然具備。經以十二辰，緯以十事，用配干支，自謂獲，免掛一漏萬之誚，命之曰月令通考，其用心良厘矣。余不佞，曩典秩宗時，其於時令之説，亦嘗究心，然徒得其概耳。未有該括靡遺，條分縷析，若斯之備且

① 「潁」，文淵閣、文津閣四庫本作「潁」。

晰者，以之嘉惠人人，所謂警聵之鈴、導南之車，非耶？」

翰自序曰：「病中無寄意者，命僕抽書，得家塾事親，謂其事義欠切，欲緝而廣之，屢困於病而未逮也。間見十二月占候，及十二月雜事，因思農桑撮要，亦列歲務，惜皆各據一事，而未廣焉。爰是主之以月令，博之以群書，以十二月應十二地支以爲經，又各隸以十類，以應天之十干而爲緯，彙附區别，順天時以授人事，則氣運可得而察，功業可因而興，物情可藉而悉，庶無掛一漏萬之嘆。噫！支經干緯，而地天之泰寓矣，一經一緯，而天地之文備矣，名之曰月令通考。」

陳氏經邦**月令纂要**

一卷。

未見。

馮氏應京**月令廣義**

□卷①。

〔補正〕

案：馮氏之書二十四卷。（卷六，頁九）

① 「□卷」，補正、四庫薈要本、文淵閣四庫本作「二十四卷」，文津閣四庫本、備要本作「一卷」。

存。

黄虞稷曰：「應京，字可大，盱眙人。萬曆壬辰進士，湖廣按察僉事，學者稱慕岡先生。」

按：馮公講學，參研於主静窮理之間，乃所輯月令廣義冗雜不倫，至采及帝釋天神誕日，是豈儒者之言乎？

李氏巨川**月令采奇**

佚。

李光縉曰：「邑博士巨川李生所輯也。本月令紀候之意，博采群書，彙而集之。歲分季，季有總序；季分月，月有月令；月分日，日有雜紀。而又有五行生旺，論調攝占候諸説，各附於月日①之末，凡有奇事可前民用者，靡不摭載。」

黄氏道周**月令明義**

四卷。

存。

黄虞稷曰：「崇禎十一年，先生官少詹事協理府事，進月令明義、坊記、表記、緇衣、儒行集解

① 「月日」，文淵閣四庫本作「日月」。

於朝。」

鄭開極曰：「石齋先生月令明義以二十四氣歸於中五，洛書以九，律吕以八，歲閏以成，曆象以定，故有氣候生合之圖。禮樂之作，本於五行，行政施令，本於易象，中星既定，四方爲則，故有中星卦體之圖。王道首重農事，致治在乎得人，得失在乎法古，凡古今之建言行事合於月令者，悉附焉。」

錢氏闕**月令説**

一卷。

存。

按：錢氏之説，謂月令於劉向别録屬明堂陰陽記，則是篇本古明堂遺制，吕氏從而録之。秦有天下，不聞有事於明堂，蓋非不韋所撰；而蔡邕、王肅、張華皆言是周公作，必有所據。吕氏録明堂陰陽記舊文於首以爲綱，附以八覽、六論爲目，中間雜入秦官，無足怪也。且言太尉爲秦官者，據漢百官表之文也。然晉語「公使祁奚爲元尉」，韋昭注云：「中軍尉也」，「鐸遏寇爲輿尉」，韋昭注云：「上軍尉也」，管子分州以爲十里，里爲之尉，又曰「筦籥藏於里尉」，則尉之稱，不自秦始，亦周官之名矣，其辯①俱詳核。

① 「辯」，文淵閣四庫本作「辨」。

熊氏過讀曾子問、文王世子

各一篇。

存。

經義考卷一百五十

禮記十三

方氏回**明堂位辨**

一篇。

存。

張氏九成**少儀論**

一卷。

存。

呂氏祖謙**少儀外傳**

二卷。

未見。

〔四庫總目〕

丹陽譚元獻嘗刻之於學官，歲久散佚，久無刊本，故朱彝尊經義考註曰：「未見。」此本載永樂大典中，尚端末完整，無所訛缺，今仍釐爲二卷，以還其舊。（卷九二，頁三一，少儀外傳二卷提要）

弟祖儉跋曰：「少儀外傳一編，先兄太史所自次輯者也，首命其名曰帥初，次更其名曰辨志，而其終則定以是名焉。某嘗侍坐，與聞所以爲此編之意，蓋以始學之士，徒玩乎見聞，泊①乎思慮，輕自大而卒無據，故指其前言往行，所當知而易見者，登之於册，使之不待考索，而自有得於日用之間。其於未易遽知，而非可卒見者，則皆略而不載。苟讀是編，而無所厭忽，各因其所得，而有自立之地，則先兄之本心，庶乎其不泯矣。」②

陳振孫曰：「呂祖謙撰，雜取經傳嘉言善行切於立身應世者，皆小學切問之事也，而大要以謹厚爲本。」

① 「泊」，備要本作「洎」。

② 自「學之士」至「庶乎其不泯矣」，整段内容文津閣四庫本俱闕。

戴氏溪學記口義

宋志：「三卷。」

佚。

劉氏敞祭法小傳

一卷。

存。

楊氏簡孔子閒居解

宋志：「一卷。」

存。

趙彦悈後序曰：「曾定遠既刊先生已易，又刊所解孔子閒居。閒居真聖人之言，伊、洛諸賢未嘗及之，道之不明也，我知之矣。不肖者不及，賢者又過之。中庸，庸，①常也，棄日用平常，而起乎異説，吾不知之矣。」

① 自「陳振孫曰」至「中庸，庸」整頁内容文津閣四庫本俱闕。

曾熠後序曰：「知丞趙公嘗言楊先生昔著孔子閒居解，熠請之而未獲，近乃寄示。誠足以開示後學，因鋟木傳之。夫孔子之言，見於六經、論、孟者，人所尊信。惟雜出傳記者，雖戴聖所傳，人猶未之盡信。惟大學、中庸，先儒所推尊，故學者講誦，至若孔子閒居，昔賢①未嘗留意。今先生首發明而誨解之，得非所謂五至三無，皆斯人良知良能苗裔發見於心端，誠可體察而用力者，與彼坐談高遠，而不隱諸内心者，可以自省矣。」

黄氏道周**坊記集傳**

二卷。②

存。

道周自序曰：「臣聞之記曰：禮禁亂之所由生，猶坊止水之所自③來也。以舊坊爲無所用而壞之者，必有水敗；以舊禮爲無所用而棄之者，必有亂患。亂患之坊，莫大於春秋。聖人本春以立禮，本王以立刑，本天以立命，命以坊欲，刑以坊淫，禮以坊德，三坊立而亂患息，亂患息而後禮樂可舉也。易之立坊，始於天地，以天地而正父子，以父子而正君臣，以君臣而正夫婦。詩始於夫婦，春秋始於兄弟。

① 「昔賢」，文淵閣四庫本作「先儒」。
② 自「常也」至「二卷」，整段内容文津閣四庫本俱闕。
③ 「自」，文淵閣四庫本作「由」。

三始雖殊，其以坊德、坊淫、坊欲則一也。左氏以春秋之亂，魯始於羽父，終於三桓；晉始於曲沃，終於六卿。故於鄭伯克段之章，首明其義，以爲寵禄不過，都城有制，爲立坊之要領。因而推於桓、莊、文、宣之閒，外釁所從入，内慝所從出，歸重於別嫌明微，爲立坊之要歸。坊記因之，以端源於禮制，障流於淫欲，先之以敬讓，衷之以孝弟，終始於富而不驕、貴而不淫，以爲君臣、父子、夫婦、昆弟、朋友之所由正。雖其所稱引，不過楚喪、晉亂、吴子三事，而於以定君臣、辨内外、正妃耦，春秋千七百餘事，其大旨盡於此矣。蓋當時夫子既作春秋，諸子莫贊一辭，退而窺其意義，不過以扶綱出條，明堯、舜之道，闡文、武之憲。其大者在於喪葬昏娶，其細者至於車服飲食，登降揖讓，皆示之以節，受之以制，是天地所以生成萬物之義也。春秋以生成萬物爲天地之大禮，禮失而流於刑，刑窮而反於命，故先別其條貫以坊之，而春秋之義例，亦從是以起。宋淳化、至道閒，嘗以坊、表二記頒賜廷臣，今禮學備在學官，而習者相沿爲曲臺遺言，無復知爲春秋義例之所從出者，故復略舉大意，使相屬比，引伸觸類，後有以究其指歸焉。」

表記集傳

二卷。

存。

道周自序曰：「臣觀古者窺測天地日月，皆先立表以別陰陽；視其晷景長短，以御高深遠近；揆昏旦之中，以占星物，敬授人時，皆於表焉取之。表正則景正，表邪則景邪，體存於表，而用在於制，天地日月吐其光景，以顯道相示，嬴①絀一寸，則差數千里，故表之爲政，猶君之有身，天之有極，不可不審也。子曰：『仁者，天下之表也；義者，天下之制也；報者，天下之利也。』君子以仁立表，以義制之，度其長短、大小，近取之一身，遠取之百世，不責報於天下，而天下之子孫黎民，陰受其利，若暑極之利用寒，寒極之利用暑也。表記四十三章，皆以仁立表，以義制之，其大旨以天地日月辨君臣之位，式尊親之序。持之以敬，量之以恕，使人邇不敢褻，遠不敢怨，幽以告於鬼神，明以告於朋友、庶民、小子，而禮樂文質，皆備於是矣。春秋之義，不盡於表記，而表記之義，盡於春秋。其立仁制義，體敬量恕，不敢褻鬼神，以受顯示於天地日月，則其意一也。坊記主於禮讓，歸别於男女，以明忠孝之化，始於閨門，猶易之有「下經」。表記主於仁義，歸餘於卜筮，以明文質之原，達於天德，猶易之有「上經」。凡聖門所記夫子之言論，自齊書②二十篇而外，未有明著於此者也。坊記舊分三十四章，今約從三十，表記四十三章，今約從三十有六，合六十六章，以發明春秋大義。蓋其當時親見行事，筆之於書，則其前後相印，彼此互發，亦其道貫則然，臣非敢有所傳會牽合也。」

〔補正〕

自序内「自齊書二十篇而外」，「齊書」當作「魯論」。（卷六，頁九）

① 「嬴」，文淵閣、文津閣四庫本、備要本作「贏」。
② 「齊書」，補正、四庫諸本作「魯論」。

黃氏道周緇衣集傳

二卷。

存。

〔校記〕

四庫本作四卷。（禮記，頁四一）

道周後序曰：「臣觀緇衣一書二十三章，皆本仲尼之言，雜引詩、書以明之，凡十五引書，二十三引詩，其稱易者一而已。歸於恆德，言好賢惡惡之貴有恆德也。好賢不堅，惡惡不著，則爲上難事，爲下難知。上無定心，下無固志，而爵賞刑威，皆不可用矣！仲尼思見聖人，而歸於有恆，詩言民之秉彝，本於厥有恆性。蓋人性本善，理義悦心，見賢者而好之，見不肖而惡之，雖寇盗姦宄，其性一也。惟在堂陛之間，人人飾貌，則衡鑒難明；入於紛華之域，事事蕩心，則愛憎易變。以易變之愛憎，投難明之衡鑒，故上聽不清，下言愈亂，而緇衣、巷伯之詩，顛倒互誦也。是傳略采經史關於好惡刑賞治道之大者，凡二百餘條，以繫於篇。其於經濟庶務，條目之間，雖有未悉，而於君心好惡綱領之原，以至於三代而下，治亂盛衰之故，亦略云備矣。以其依經起義，别於訓詁，故謂之傳。以其分衍仲尼之意，不復解經，故略於所引詩、書。以其統明好惡用舍之原，故於中邊異效，宫府殊曹，條目分布之間，有未能詳也。」

錢氏㬎緇衣説

一篇①。

存。

王氏普深衣制度

宋志：「一卷。」

佚。

閩書：「普，字伯照，宣和元年釋褐，官至侍郎。」

朱子熹深衣制度

一卷。

存。

馮氏公亮深衣考正

一卷。

① 「一篇」，四庫薈要本作「一卷」。

未見。

按：聚樂堂藝文目有之。

鄭氏起**深衣書**

佚。

文氏天祥**深衣吉凶通服説**

一卷。

存。

舒氏岳祥**深衣圖説**

一卷。

佚。

謝鐸曰：「舒岳祥，字舜俟，一字景薛，寧海①人。寶祐進士，終承直郎，學者稱爲閬風先生。」

---

①「寧海」，四庫薈要本作「海寧」。

金氏履祥深衣小傳、外傳

一卷。

存。

許氏判古深衣訂

一卷。

佚。

車氏垓深衣疑義

一卷。

存。

王氏幼孫深衣圖辨

一卷。

佚。

陳氏櫟深衣説

一卷。

未見。

曹涇跋曰：「徽士自淳祐壬子歲，魏公静齋克愚來爲守，始知服深衣。蓋由特製，賜紫陽生，涇在列焉。静齋之先君子鶴山先生精於經，是必合法，自是同儕轉相倣慕，人具一通，學校期集，用准襴襆，以爲簡便。然習而不察，一仰成於縫人，行之且五十年，而予亦六十七歲，耄矣，猶夫人也。陳君壽翁以舊説見教，訓故叙次，若出於其自爲言，而未嘗不本之先儒，要其歸於經意，卒無背也。其爲説，字字研審，其大節目，則曲裾圓袂之辨，衣裳幅數連屬之當，令人一見涣然。至於以兩句十四字，爲續衽鉤邊之訓，酷似孟子説詩例，比吕氏尤爲峻潔，而鄭氏之云，亦可因是推之，以還本旨。然微壽翁，鄭意晦矣。嗚呼！兹古大人格物之學也，人人於讀書遇事，平心而玩，觸類而長，如此亦何經之不可窮，何理之不可通，而何事之不可處哉？」

劉氏莊孫深衣考

一卷。

佚。

程氏時登**深衣翼**

一卷。

未見。

時登自序曰：「深衣成書，司馬氏最先出，王氏祖司馬，時有異同，而皆不能不爲唐孔氏所惑。子朱子蓋嘗病之，是以晚歲所服，有與家禮異，如續衽鉤邊之類者，惜家禮爲初年本，既失而不及訂定也。信齋楊氏既以所聞於節齋蔡氏者，附注於家禮之後矣。然先生於諸法之所去取折衷，不但此一條也。時登因不自揆，以傳爲綱，注之足以發傳者，列於傳之左，疏之足以釋注者，附於注之下，參次諸家，而斷之朱子，名曰補疏。而附冠巾屨之屬，總而名之曰深衣翼。其質之經、傳而無所見，求之他書而不知其左驗者，間以愚意妄述其說，以俟來者正焉。本篇自司馬氏、王氏外，有曹易者，頗取朱子之書，以詆其說。然其因先生說而正之者，既不明言其所自，若自以爲得；有先生所引而未發，又不能參合考訂，以求其義，復不自知其所失，且重複不瑩，視兩家若詳而實略，若醇而實疵也。黄氏說本朱子，楊氏早學於朱子，晚受稿於黄，故附注特詳焉。嗚呼！自秦滅六籍，古制蕩然，漢興，無能改於其舊，猶賴專門諸儒收合餘燼，窺見一二。然其所尚者訓詁，或背於經；所及者制度，未悉於理。自河間獻王之禮逸，無復全經，子朱子雖嘗以爲己任，然自家、鄉、邦國、王朝之後不及，而授之勉齋，勉齋未及竟，祭未及修，而又以屬之信齋。於是不惟家禮非先生已定之說，而儀禮亦爲師門未及之書矣。嗚呼！天不欲此禮之秩乎？何其失之易，而成之難；晦之久，而明之不大也。則夫先王之法服，其僅存而未泯，如此衣；先王之遺文，其足徵而能言，如此書，學者宜知所從事矣。時登不敏，誠願與同心共勉焉，使服是服者，因訓詁而有得於經，因制度而有得於理，謹分崇愛敬，修身以齊其家，亦豈非先生之望乎？乃僭識其意如此。」

汪氏汝懋**深衣圖考**

三卷。

佚。

戴良序曰：「深衣者何？古所以名衣也。曷爲以深名？以其爲制之深微，故取以名也。取其圜直以象天，方曲以象地，崇之爲三才，而卑之爲三極也。然則烏乎服？有虞氏深衣以養老，諸侯、大夫、士夕深衣，自天子至於庶人，一也。禮所以辨貴賤、決嫌疑，何獨於深衣焉一之？蓋是衣也，可以用之文，可以用之武，可以用之於擯相，可以用之於軍旅，而又可以常服也。後世不達乎天子，不用於常服，此制之所以久失也。制既久失，則圖考一書，雖欲不作，烏得而不作？或曰記有深衣篇，而諸儒論之辨矣，何有於圖考？圖考之折衷於諸儒，其大節有四：謂續衽爲連續旁縫，鈎邊爲左右交鈎，則以蔡氏之説爲當守，而楊氏、方氏以襟爲衽，司馬氏以裾爲衽，呂氏、陳氏衣裳各有衽之説，皆非也①。謂方領當循頭，而下方折以抱胸，則以鄭注、孔疏爲可從，而司馬氏別施一衿，映所交頸，別爲一物，折之領上，與

① 「各有衽之説皆非也」，備要本作「各有殊製説皆非也」。

夫交領、直領之議，皆非也。謂辟二寸爲總言帶辟之廣，再繚四寸爲總言帶之結紐，則以陸氏之意爲可推，而注疏家士用單練，廣二寸，再度繞腰，亦四寸之言，皆非也。嗚呼！此圖考之不可以不作也。或曰朱子作家禮，亦有圖説可徵矣，然則彼皆非與？朱子之家禮本司馬氏之家儀，司馬氏於前四者之失，已不暇詳考而精求，是宜家禮之難徵也。圖考烏乎祖？祖之經也。祖之經，則諸儒紛紛之議，可得而折衷矣。古語云：『諸儒異同稽諸聖，衆説混淆折諸經。』圖考有焉。圖考孰作？睦汪君也。汪，其姓，汝懋，其名也，序之者誰？越人良也。」

牟氏楷**深衣刊誤**

一卷。

佚。

朱右序曰：「惟昔邃古之初，天造草昧，肇有民人，穴處而倮居，間者衣鳥獸之皮以自蔽，上衣下裳之制未聞也。軒轅氏作，取諸乾坤，制衣裳以示象，公侯有數，等威以明。虞、夏因之，人文自是彬彬矣。自成、康歿，而王澤熄，上亂下僭，人僞滋起，古制不存，吾其左衽①，孔子幾於不免，況後世乎？嬴、劉迭興，四代禮樂旋復廢壞，曲臺講禮，僅存深衣一篇，鄭氏箋注，且謬謬若此，安在其能存什一於千百也耶？嗚呼！惜哉！同郡牟君仲裴以文獻之，裔習聞斯禮講貫精密者，爲深衣刊誤，且欲與逢掖之

① 「左衽」，文淵閣四庫本作「袵」。

士共之。其間尺寸裳幅之誤，指尺裁制之謬，一皆刊正①無遺，至於名義之弘，著圖之精，短長廣狹，規矩繩衡之度，如視諸掌。殆有擴涑水、紫陽二先生之所未發，而足爲後世法程。牟君之篤志於古②也，亦勤矣，好事者將鋟梓以廣其傳，端無媿也。古道其復興乎似此，而往必合訂正者，尚多有焉，何日得與君圖之。」

朱氏右**深衣考**

一卷。

存。

黃氏潤玉**考定深衣古制**

一卷。

未見。

楊守陳曰：「先生以禮記深衣，制十有二幅，鄭氏誤注爲裳，而玉藻『長中繼掩尺』注亦誤，撰考定深衣古制。」

① 「刊正」，文淵閣四庫本作「刊立」。
② 「古」，文淵閣四庫本作「君」。

岳氏正**深衣纂疏**

一卷。

未見。

楊氏廉**深衣纂要**

一卷。

未見。

左氏贊**深衣考正**

一卷。

未見。

何喬新志墓曰：「公諱贊，字時翊，世家盱之南城。天順丁丑進士，擢吏部稽勳司主事，歷員外郎，中遷浙江布政司右參政，陞廣東右布政使①，未赴，以老謝事，所著有深衣考正一卷傳於世。」

① 「布政使」，文淵閣四庫本作「布政司」。

潘氏葵**深衣説**

一卷。

未見。

鄭氏瓘**深衣圖説**

一卷。

未見。

夏氏時正**深衣考**

十卷。

未見。

王氏廷相**深衣圖論**

一卷。

存。

廷相自序曰：「古者深衣，天子養老於學則服之，大夫夕視朝則服之，庶人吉則服之，通於上下，衣之便者也。近世司馬温公好古，製此爲燕居服，因漢鄭康成之説爲裁衣法，文公家禮圖注雖稍有更定，大要亦不出此。故今世之爲説者有三：短袷無衽，曲裾裂裳，如家禮本圖，一也。長袷有衽，無裾裂裳，如瓊臺丘氏新擬圖，二也。長袷六衽，無裾無裳，通幅如袍，如四明王氏古製圖，三也。家禮，鄭注誤之也，丘氏得矣，而裂裳之義未盡也，黄氏多衽無要，戾經文矣。朱子晚歲所服深衣，去舊説曲裾之制而不用，是先生亦有疑矣，然豈特曲裾然哉？予曩久逆於心，邇者寓子雲書院，取所藏諸禮書疏讀之，質諸本經，䏚以事宜，參之旁通，證之散見，本之法象，要之大體，益知今之圖制論説，真有大不然者，乃敢會萃衆論而折衷之。以古朝祭喪服皆有袵也，故論續袵鉤邊；以衣連裳，不殊製上下，當有定分也，故論要縫半下；以裳割裂，無所取義，而横斜累綴，非善服也，故論裳削幅；以制飾完具，冠履相稱，而後可以成服也，故作統論。雖於諸儒之説不盡符合，或於古人制服之宜，不至相遠。乃並圖其制象，附之於末，俾學者有所考焉。正德己卯十二月。」

夏氏言**深衣考**

一卷。

未見。

侯氏一元**深衣辨**

一篇。

存。載二谷集。

陳子龍曰：「一元，字應乾，一云字舜舉，樂清人。嘉靖戊戌進士，歷官河南布政使。」

楊氏遲**深衣考正**

一卷。

佚。

台州府志：「遲，黄巖人。」①

吴氏顯**深衣圖説**

一卷。

未見。

休寧名族志：「顯，字一愚。」

① 文淵閣四庫本脱「遲，黄巖人」四字。

經義考卷一百五十一

禮記十四

漢中庸說

〔補正〕

案：漢志：「中庸說二篇。」師古曰：「今禮記有中庸一篇，亦非本禮經，蓋此之流。」是顔氏並不以今之中庸，爲中庸說也。竹垞此條下，所引諸說，皆是說今之中庸者，而于中庸說上加「漢」字誤。（卷六，頁九）

佚。

漢志：「二篇。」

孔叢子：「子思年十六，適宋，宋大夫樂朔與之言學焉。朔曰：『尚書虞、夏數四篇，善也，下此以訖於秦、費，效堯、舜之言爾，殊不如也。』子思答曰：『事變有極，正自當耳，假令周公、堯、舜不更時異處，其書同矣。』樂朔曰：『凡書之作，欲以喻民也，簡易爲上，而乃故作難知之辭，不亦繁乎？』子思曰：『書之意兼復深奥，訓詁成義，古人所以爲典雅也。』『昔魯委巷亦有似君之言者。』伋答之曰：『道爲知者傳，苟非其人，道不傳矣，今君何似之甚也？』樂朔不悦而退，曰：『孺子辱我。』其徒曰：『魯雖以宋爲舊，然世有讎焉，請攻之。』遂圍子思。宋君聞之，不待駕而救子思，子思既免，曰：『文王困於牖里①，作周易；祖君屈於陳、蔡，作春秋；吾困於宋，可無作乎？』於是撰中庸之書四十九篇。」

顔師古曰：「今禮記有中庸一篇，亦非本禮經，蓋此之流。」

羅從彦曰：「中庸之書，聖學淵源，六經奥旨也。」

何異孫曰：「子思子憂道學之失其傳，而作中庸。孔叢子：『穆公謂子思曰：「子之書記夫子之言，或者謂子之辭。」』子思無他書可見，是必中庸也。」

黎立武曰：「經之作，至中庸止矣。故中庸者，群經之統會樞要也。」

王褘曰：「中庸古有二篇，見漢藝文志②，而在禮記中者，一篇而已。朱子爲章句，因其一篇者，分爲三十三章，而古所謂二篇者，後世不可見矣。今宜因朱子所定，以第一章至第二十章爲上篇，以第二十一章至三十三章爲下篇。上篇以中庸爲綱領，其下諸章，推言智、仁、勇，皆以明中庸之義也；下篇以誠明爲綱領，其後諸章，詳言天道、人道，皆以著誠明之道也。如是既不失古今之體，又不悖朱子之

① 「牖里」，四庫諸本作「美里」。
② 「漢藝文志」，文淵閣四庫本誤作「漢志文志」。

旨，魯齋王氏蓋主此説云。」

戴氏顒**禮記中庸傳**

隋志：「二卷。」

佚。

〔補正〕

案：宋書戴顒傳：「居吴下，注禮記中庸篇。」（卷六，頁九）

梁武帝中庸講疏

隋志：「一卷。」

佚。

私記制旨中庸義

隋志：「五卷。」

佚。

玉海：「大同十年，張綰、朱异、賀琛述制旨禮記中庸義。」

陸深曰：「中庸雜出戴記，至二程始尊信而表章之，今獨行與六經並。然晉戴顒嘗傳中庸，梁武帝爲中庸講疏，已知重中庸矣，非但始於宋也。」

李氏翺**中庸説**

未見。

黄震曰：「中庸至唐李翺始爲之説。」

胡氏瑗**中庸義**

宋志：「一卷。」

未見。

宋史：「盛喬纂集。」

晁説之曰：「『小人之中庸也』，王肅本『之』下有『反』字，胡先生、温公、明道皆云然。」

陳氏襄**中庸講義**

一卷。

存。

按：陳氏中庸義載古靈集中，自首章至「道其不行矣夫」而止。

余氏象**中庸大義**

一卷。

佚。

閩書：「仙游人，慶曆中進士，歷官禮部郎中。」

喬氏執中**中庸義**

宋志：「一卷。」

佚。

司馬氏光**中庸廣義**，

一卷。

未見。一齋書目有。

張氏方平**中庸論**

三篇。

存。載樂全先生集。

姚氏子張**中庸説**①

佚。

按：子張，未詳其名，晁以道輯中庸傳，所取十三家之説，子張與焉。其於「至誠之道，可以前知」一節，子張疑之。

范氏祖禹**中庸論**

一卷。

存。

凡五篇，載集中。

蘇氏軾**中庸論**

三篇。

存。

---

① 「中庸説」，備要本作「中庸集」。

程子顥**中庸解**宋志作「義」。

宋志：「一卷。」

存。

晁公武曰：「明道中庸解，陳瓘得之江濤，濤得之曾天隱，天隱得之傅才孺，云：『李丙所藏也。』」

楊萬里曰：「世傳大程子中庸之書，非大程子之爲也，呂子大臨之爲也。」

康紹宗曰：「昭德讀書志有明道中庸解一卷，伊川大全集亦載此卷，竊嘗考之，中庸，明道不及爲書；伊川雖言已成中庸之書，自以不滿其意，已火之矣。反復此解，其即朱子所辨藍田呂氏講堂之初本改本無疑矣。」

呂氏大臨**中庸解**

一卷。

存。疑即二程全書中所載本。

胡宏序曰：「靖康元年，河南門人河東侯仲良師聖自三川避亂來荆州，某兄弟得從之遊。議論聖學，必以中庸爲至，有張燾者，攜所藏明道先生中庸解以示之，師聖笑曰：『何傳之誤，此呂與叔晚年所爲也。』燾亦笑曰：『燾得之江濤家，其子弟云然。』按：河南夫子，侯氏之甥，而師聖又夫子猶子人也。師聖少孤，養於夫子家，至於成立，兩夫子之屬纊，皆在其左右。其從夫子最久，而知夫子文章爲最詳。其爲人，守道義，重然諾，不妄可信。後十年，某兄弟奉親南止衡山，大梁向沈又出所傳明道先生解，有瑩中陳公所記，亦云此書得之濤。某反覆究觀，詞氣大類横渠正蒙書，而與叔乃横渠門人之肖者，徵往日師聖之言，信以今日己之所見，此書與叔所著無可疑明甚。惜乎瑩中不知其詳，而有疑於行狀所載，覺斯人明之，書皆未及之語耳。雖然，道一而已，言之是，雖陽虎之言，孟軻氏猶有取焉，況與叔亦遊河南之門，大本不異者乎！尊信誦習，不敢須臾忘。勇哉瑩中之志！某雖愚，請從而後。」

中庸後解

宋志：「一卷。」

佚。

大臨自序曰：「中庸之書，學者所以進德之要，本末具備矣。既以淺陋之學，爲諸君道之，抑又有所以告諸君者，古者憲老而不乞言。憲者，儀刑其德而已，無所事於問也。其次，則有問有答，問答之間，然猶不憤則不啓，不悱則不發。又其次，有講有聽，講者不待問也，聽者不至問也。學至於有講有聽，則師益勤而道益輕，學者之功益不進矣。又其①講而未必聽，有講而未必聽，則無講可也。然朝廷建學設官，職事有不得已者，此不肖今日爲諸君強言之也。諸君果有聽乎、無聽乎？孔子曰：『古之學

① 「其」，補正、四庫諸本作「有」。

者爲己，今之學者爲人。』爲己者，必存乎德行，而無意於功名；爲人者，必存乎功名，而未及乎德行。若後世學者，有未及乎爲人，而濟其私欲者多矣。今學聖人之道，而先以私欲害之，則語之而不入，道之而不行，如是則教者亦何望哉？聖人立教以示來世，未嘗使學者如是也，朝廷建官設科，以取天下之士，亦未嘗使學者如是也，學者亦何必舍此而趨彼哉？聖人之學，不使人過，不使人不及，喜怒哀樂之前，以爲之本，使學者擇善而固執之，其學固有序矣。學者亦用心於此乎，則義禮必明，德行必修，師友必稱，鄉黨必譽。仰而上古，可以不負聖人之傳付；達於當今，可以不負朝廷之教養。世之有道君子，樂得而親之；王公大人，樂聞而取之。與夫自輕其身，涉獵無本，徼幸一旦之利者，果何如哉？諸君有意乎今日之講，猶有望焉；無意，則不肖今日自譊譊無益，不幾乎侮聖言者乎？諸君其亦念之哉！」

〔補正〕

自序內「又其講而未必聽」，「其」當作「有」。（卷六，頁九）

按：宋志又有大臨及程叔子、游氏、楊氏四先生中庸講義一卷。

晁氏說之**中庸傳**

一卷。

存。

説之跋曰：「近世學者以中庸爲二事，其説是書，皆穿窬①而貳之，於是本諸先生長者之論作傳。是書本四十七篇，小戴取以記之，猶大戴取之夏小正、曾子之類也。顧惟收拾煨燼之末，簡編不倫，文字混淆回舛，惜哉！漢藝文志禮家有中庸説二篇，今莫知其爲何書也。」

晁公武曰：「叔父詹事公撰，近世學者以中庸爲二事，雖程正叔亦然，故説是書者，皆穿鑿而二之。於是本諸胡先生、司馬温公、程明道、張横渠、王肅、鄭玄，作是傳焉。」

按：晁氏中庸傳取孔氏正義、胡氏講義，分朱、黄以識之，又以墨識己説，其分節與今本有異，附識於後：「天命之謂性」節、「率性之謂道」節、「修道之謂教」節、「道也者」至「非道也」節、「是故君子」至「不聞」節、「莫見乎隱」至「慎其獨也」節、「喜怒哀樂之未發謂之中」節、「發而皆中節謂之和」節、「中也者」至「達道也」節、「致中和」至「育焉」節、「仲尼曰」至「忌憚也」節、「子曰中庸」至「久矣」節、「子曰道之」至「行矣夫」節、「子曰舜其」至「舜乎」節、「子曰人皆」至「守也」節、「子曰回之」至「失之矣」節、「子曰天下」至「能也」節、「子路問强」至「强哉矯」節、「子曰素隱」至「費而隱」節、「夫婦之愚」至「不能焉」節、「天地之大」至「破焉」節、「詩云鳶飛」至「察乎天地」節、「子曰道不」至「勿施於人」節、「君子之道四」至「先施之未能也」節、「庸德之行」至「慥慥爾」節、「君子素」至「自得焉」節、「在上位」至「徼幸」節、「子曰射有」至「自卑」節、「詩曰妻子」至「順矣乎」節、「子曰鬼神」至「如此夫」節、「子曰舜其」至「其壽」節、「故天之」至「覆之」節、「詩曰嘉樂」至「必受命」節、「子曰無憂」至「子述之」節、「武王纘」至「保之」節、「武王末」至「一

---

① 「穿窬」，文津閣四庫本、備要本作「穿鑿」。

也」節、「子曰武王」至「至也」節、「郊社」至「掌乎」節、「哀公問政」至「禮所生也」節、「在下位」至「治矣」節、「故君子」至「知天」節、「天下之達」至「一也」節、「或生而」至「一也」節、「或安而」至「一也」節、「子曰好學」至「國家矣」節、「凡爲天下」至「所以懷諸侯也」節、「凡爲天下」至「不窮」節、「在下位」至「身矣」節、「誠者天之」至「人之道也」節、「誠者不勉」至「聖人也」節、「誠之者」至「必強」節、「自誠明」至「明則誠矣」節、「唯天下至誠」至「參矣」節、「其次」至「能化」節、「至誠」至「如神」節、「誠者自成」至「道也」節、「誠者物之」至「爲貴」節、「誠者非自」至「宜也」節、「故至誠」至「不測」節、「天地之道博也」至「純亦不已」節、「大哉聖人」至「凝焉」節、「故君子尊」至「崇禮」節、「是故居上」至「之謂與」節、「子曰愚而」至「其身者也」節、「非天子」至「亦不敢作禮樂焉」節、「子曰吾説」至「寡過矣乎」節、「上焉者」至「弗從」節、「故君子之道」至「知人也」節、「是故君子」至「天下者也」節、「仲尼」至「大也」節、「唯天下至聖」至「配天」節、「唯天下至誠」至「之化育」節、「夫焉有」至「能知之」節、「詩曰衣錦」至「日亡」節、「君子之道」至「入德矣」節、「詩云潛雖」至「於志」節、「君子之所」至「屋漏」節、「故君子不動」至「有爭」節、「是故君子不賞」至「刑之」節、「是故君子篤恭而天下平」節、「詩云予懷」至「末也」節、「詩曰德輶」至「至矣」節。

游氏酢**中庸解義**

宋志：「五卷。」通考：「一卷。」

未見。一齋書目有。

楊氏時中庸解

宋志：「一卷。」

未見。一齋書目有。

時自序曰：「伊川先生有言曰：『不偏之謂中，不易之謂庸。中者，天下之正道；庸者，天下之定理。』中庸之書，蓋聖學之淵源，入德之大方也。孔子殁，群弟子離散，分處諸侯之國，雖各以其所聞授弟子，然得其傳者蓋寡。故子夏之後有田子方，子方之後爲莊周，則其去本浸遠矣。獨曾子之後，子思、孟子之傳得其宗，子思之學，中庸是也，孟子之書，其源蓋出於此。則道學之傳，有是書而已，世儒知尊孟子，而於中庸一書，未有能盡心者，則其源流可知矣。予昔在元豐中，嘗受學明道先生之門，得其緒言一二，未及卒業，而先生殁。繼又從伊川先生，未幾，先生復以罪流竄涪陵，其立言垂訓，爲世大禁，學者膠口，無復敢道。政和四年夏六月，予得請祠館，退居餘杭，杜門卻掃，因得温尋舊學，悼斯文之將墜。於是追述先生之遺訓，著爲此書，以其所聞，推其所未聞者，雖未足盡傳先生之奧，亦妄意其庶幾焉！學者因我言，而求之於聖學之門墻，庶乎可窺而入也。」

陳亮序曰：「世所傳有伊川先生易傳、楊龜山中庸義、謝上蔡論語解、尹和靖①孟子説、胡文定春秋傳。謝氏之書，學者知誦習之矣；尹氏之書，簡淡不足以入世好；至於是三書，則非習見是經以志

① 「尹和靖」，文淵閣四庫本「尹」字誤作「語」字。

乎舉選者，蓋未之讀也。世之儒者，揭易傳以與學者共之，於是靡然始知所向。然予以謂不由大學、論語，及孟子、中庸，以達乎春秋之用，宜於易未用心之地也。今語、孟精義既出，而謝氏、尹氏之書具在，楊氏中庸及胡氏春秋，世尚多有之，而終病其未廣別刊爲小本，以與易傳並行，觀者宜有取焉。」

晁公武曰：「時載程正叔之言，曰『不偏之謂中，不易之謂庸』，蓋亦猶王氏之説也。」

朱子曰：「龜山中庸有可疑處，如論中庸不可能，乃是佛老緒餘，決非孔子、子思本意，羅先生、陳幾叟諸人，以龜山中庸語意枯燥，不若吕與叔之浹洽，此可見公論之不可揜矣。」

侯氏仲良**中庸説**

一卷。

未見。

羅欽順曰：「侯氏説中庸以孔子問禮問官，爲聖人所不知，似乎淺近，恐未得爲至也。以孔子不得位，爲聖人所不能，尤害事。」

馮從吾曰：「先生名仲良，字師聖，華陰人。從二程先生游，胡文定稱其講論經術，貫通不窮，朱文公稱其清白勁直。」

郭氏忠孝**中庸説**

宋志：「一卷。」

佚。

黎立武曰：「楊氏曰：『不偏之謂中，不易之謂庸。中者，天下之正道；庸者，天下之正①理』。游氏曰：『以德行言曰中庸，以性情言曰中和』。郭氏中庸説謂：『中爲人道之大，以之用於天下國家。』又云：『極天下至正謂之中，通天下至變謂之庸。』蓋兼山深於易，故得中庸之義焉。兼山登程門，終始中庸之道，體用之説，實得於心傳面命者也。程子嘗爲中庸作注，至是焚稿，而屬兼山以書傳之，乃知游氏、楊氏所得於師者，初年之論也。」

① 「正」，備要本作「定」。

經義考卷一百五十二

禮記十五

張氏浚**中庸解**

一卷。

未見。

郭氏雍**中庸説**

宋志：「一卷。」

佚。

關氏注**中庸義**

一卷。

佚。

張氏九成**中庸說**

宋志：「一卷。」杭州志：「六卷。」

未見。

胡銓曰：「張子韶中庸甚佳。」

朱子曰：「張公始學於龜山之門，而逃儒以歸於釋，既自以爲有得矣，而其釋之師語之曰：『左右既得欛柄，入手開道之際，當改頭換面，隨宜說法，使殊途同歸，則住世出世間，兩無遺恨矣。』然此語亦不可使俗輩知，將謂實有恁麼事也。用此之故，凡張氏所論著，皆陽儒而陰釋，其離合出入之際，務在愚一時之耳目，而使之恬不覺悟，以入乎釋氏之門，雖欲復出，而不可得。本末指意，略如其所受於師者。其二本殊歸，蓋不特莊周出於子夏，李斯原於荀卿而已也。竊不自揆，嘗欲爲之論辨，以曉當世之惑，而大本既殊，無所不異。因覽其中庸說，姑掇其尤甚者什一二著於篇，其他如論語、孝經、大學、孟子之說，不暇遍爲之辨，大抵忽遽急迫，其所以爲說，皆此書之類也。」

晁氏公武**中庸大傳**

宋志：「一卷。」

未見。

鄭氏耕老**中庸訓解**

一卷。

佚。

林氏光朝**中庸解**

一卷。

未見。

徐氏存**中庸解**

佚。

浙江通志：「徐存，字誠叟，江山人。從楊龜山游，隱居教授，學者稱爲逸平先生。」

譚氏惟寅**中庸義**

佚。

廣東通志：「譚惟寅，字子欽，高要人。紹興二年進士，官至江西提刑。」

陳氏淵中庸解義

一卷。

存。載嘿堂集。

石氏𡼖中庸集解①

〔補正〕

丁杰曰：按「宋史藝文志有朱子中庸輯略二卷，十先生中庸集解二卷，朱子序又有石𡼖中庸解二卷。據此，則輯略及十先生集解、石𡼖集解爲三書，此合爲一，似誤。」（卷六，頁一〇）

二卷。

存。

朱熹序曰：「中庸一書，子思子之所作也。昔者曾子學於孔子，而得其傳矣，孔子之孫子思學於曾子，而得其所傳於孔子者焉。既而懼夫傳之久遠，而或失其真也，於是推本所傳之意，質以所聞之言，更相反覆，作爲此書。孟子之徒，實受其説，孟子没，而不得其傳焉。漢之諸儒，雖或傳誦，然既雜乎傳記之間，而莫之貴，又莫有能明其所傳之意者。至唐李翺始知尊信其書，爲之論説，然其所謂滅情以復

① 「中庸集解」，文淵閣四庫本誤作「中庸集」。

性者，又雜乎佛、老而言之，則亦異於曾子、子思、孟子之所傳矣。至於本朝，濂溪周夫子始得其所傳之要，以著於篇，河南二程夫子又得其遺旨，而發揮之，然後其學布於天下。然明道不及爲書，今世所傳陳忠肅公之所序者，乃藍田吕氏所著之别本也。伊川雖嘗自言中庸今已成書，然亦不傳於學者。或以問於和靖尹公，則曰先生自意不滿，而火之矣。二夫子於此既皆無書，故今所傳，特出於門人所記平居問答之辭，而門人所記行於世者，唯吕氏、游氏、楊氏、侯氏爲有成書。若横渠先生，若謝氏、尹氏，則亦或記其語之及此者耳，又皆别自爲編，或頗雜出他説。蓋學者欲觀其聚而不可得，固不能有以考其異而會其同也。熹之友會稽新昌石君𡼖子重，乃始集而次之，合爲一書，以便觀覽，名曰中庸集解，復第其録如右，而屬熹序之。熹惟聖門傳授之微旨見於此篇者，諸先生言之詳矣，熹之淺陋，蓋有行思坐誦，没世窮經，而不得其所以言者，尚何敢措一辭於其間？然嘗竊謂秦、漢以來，聖學不傳，儒者惟知章句訓詁之爲事，而不知復求聖人之意，以明夫性命道德之歸。至於近世，先知先覺之士始發明之，則學者既有以知夫前日之爲陋矣，然或乃徒誦其言以爲高，而又初不知深求其意甚者，遂至於脱略章句，陵籍訓詁，坐談空妙，展轉相述①，而其爲患，反有甚於前日之遺②陋者。嗚呼！是豈古昔聖賢相傳之本意，與夫近世先生君子之所以望於後人者哉？熹誠不敏，私竊懼焉，故因子重之書，特以此言，題其篇首，以告夫同志之讀此書者，使之毋跂於高，毋駭於奇，必沈潛夫句讀文義之間，以會其歸，必戒懼夫不

---

① 「述」，四庫諸本作「迷」。

② 「遺」，補正、四庫諸本作「爲」。

睹不聞之中，以踐其實，庶乎優柔厭飫，真積力久，而於博厚高明悠久之域，忽不自知其至焉，則爲有以真得其傳，而無徒誦坐談之弊矣。抑子重之爲此書，采掇無遺，條理不紊，分章雖因衆説，然去取之間，不失其當，其謹密詳審，蓋有得乎行遠自邇，登高自卑之意。雖哀公問政以下六章，據家語本一時問答之言，今從諸家，不能復合，然不害於其脈理之貫通也。又以簡帙重繁，分爲兩卷，亦無他義例云。」

〔補正〕

朱子序内「反有甚于前日之遺漏者」，「遺」當作「爲」。（卷六，頁一〇）

張栻跋曰：「右石䃮子重所編集解兩卷，某刻於桂林郡學官。子重之編此書，嘗從吾友朱熹元晦講訂，分章去取，皆有條次，元晦且嘗爲之序矣。桂林學官舊亦刻中庸解，而其間雜亂以他，懼其反誤學者，於是漫去舊版，而更刻此書。竊惟中庸一篇，聖賢之淵源也，體用隱顯，成己成物備矣。雖然，學者欲從事於此，必知所從入，而後可以馴致焉。其所從入奈何？子思以不睹不聞之訓，著於篇首，又於篇中發明尚絅之義，且曰：『君子之所不可及者，其惟人之所不見乎』，而推極夫篤恭之效，其示來世，可謂深切著明矣。學者於此，亦知所用其力哉！有以用其力，則於是書反復紬繹，將日新而無窮。不然，辟諸枵腹，而觀他人之食之美也，亦奚以益哉？」

陳振孫曰：「會稽石䃮子重集録周敦頤、程顥、程頤、張載、呂大臨、謝良佐、游酢、楊時、侯仲良凡十家之説，晦庵爲之序也。」

陳耆卿曰：「石䃮字子重，其祖自會稽徙臨海中。紹興十五年進士，補迪功郎，歷將作監太常寺主簿，終朝散郎。」

謝鐸曰：「中庸輯略，臨海石子重著，今亡。」

按：克齋先生中庸輯略，宋志作「十先生中庸集解」，朱子章句實本之，章句行而石氏之書流傳日寡，此謝鳴治赤城續志謂其已亡也，近其裔孫珮玉始刻之新昌家塾。

朱子熹**中庸輯略**

宋志：「二卷。」

〔校記〕

四庫本三卷。（禮記，頁四二）

存。

陳振孫曰：「晦庵既爲章句，復取石子重所集解，删其繁亂，名以輯略。其取舍之義，則或問詳之。」

趙希弁曰：「晦翁①先生既定著章句於經文之下，又述平時問答所疑，以爲或問，中庸又述輯略兩卷，蓋集伊、洛諸儒之説也。希弁所藏各兩本，嶽麓書院精舍及白鹿洞書院所刊者。」

唐順之序曰：「中庸輯略凡二卷，初，宋儒新昌石𡼏子重采二程先生語，與其弟子游、楊、謝、侯諸家之説中庸者，爲集解，凡幾卷，朱子因而芟之爲輯略。其後朱子既自采二程先生語入章句中，其於諸

① 「晦翁」，文淵閣四庫本作「晦庵」。

家，則又著爲或問以辨之。自章句、或問行，而輯略、集解二書，因以不著於世。友人御史新昌呂信卿宿有志於古人之學，且謂子重其鄉人也，因購求此二書，而余以所藏宋本①輯略本授之，已而呂子巡按江南，則屬武進李令板焉，而集解則不可復見矣。序曰：蓋古之亂吾道者，常在乎六經、孔氏之外；而後之亂吾道者，常在乎六經、孔氏之中。昔者世教衰而方術競出，陰陽、老、墨、名、法嘗與儒並立②，而爲六家，爲九流，其道不相爲謀，而相與時爲盛衰。佛最晚出，其說最盛，至與吾儒並立，然其不相謀，而相盛衰也，則亦與六家、九流同。其不相爲謀也，則是不得相亂也。嗚呼！六經、孔氏之教所以別於六家、九流與佛，而豈知其後也，六家、九流與佛之說竄入於六經、孔氏之中，而莫知辨也。說易者，以陰陽，或以老、莊，是六經、孔氏中，有陰陽家、有老③家矣；說春秋者，以法律；說禮者，以形名度數，是六經、孔氏中有名家、有法家矣；說論語者，以尚同之與兼愛、尚賢、明鬼，是六經、孔氏中有墨家矣；性不可以善惡言，其作用是性之說乎？心不可以死生言，其真心常住之說乎？是六經、孔氏中有佛家矣。六家、九流與佛之與吾六經、孔氏並也，是門外之戈也。六家、九流與佛之說竄入於六經、孔氏之中，而莫之辨也，是室中之戈也。雖然，六經④、九流之竄於吾六經、孔氏也，其爲說也粗，而其爲道也小，猶易辨也。佛之竄於吾六經、孔氏也，則其爲道也宏以闊，而其爲說也益精以密。儒者曰

① 「宋本」，補正、四庫薈要本、文淵閣四庫本作「宋板」。
② 「並立」，四庫薈要本作「並出」。
③ 「老」，文津閣四庫本作「老莊」。
④ 「六經」，疑爲「六家」之誤。

『體用一原』，佛者曰『體用一原』，儒者曰『顯微無間』，佛者曰『顯微無間』，其孰從而辨之？嗟乎！六經、孔氏之旨，與伊、洛之所以講於六經、孔氏之旨者，固具在也。苟有得乎其旨，而自信乎吾之所謂①一原無間者，而後彼之所謂一原無間者可識矣。儒者於喜怒哀樂之發，未嘗不欲其順而達之，其順而達之也，至於天地萬物，皆吾喜怒哀樂之所融貫，而後一原無間者可識也。佛者於喜怒哀樂之發，未嘗不欲其逆而消之，其逆而消之也，至於天地萬物，泊然無一喜怒哀樂之交，而後一原無間者可識也。其機嘗主於逆，故其所謂旋聞反見，與其不住色聲香觸，乃在於聞見色聲香觸之外；其機嘗主於順，故其所謂不睹不聞，與其無聲無臭者，乃即在於睹聞聲臭之中。雖其求深於内者，窮深極微，幾於吾聖人不異，而其天機之順與逆，有必不可得而强同者。子程子曰『聖人本天，釋氏本心』，又曰『善學者卻於已發之際觀之』，是中庸之旨，而百家之所不能駕其説，群儒之所不能亂其真也。彼游、楊、謝、侯諸家之説，其未免於疵矣乎？吾弗敢知，然而醇者大矣；其未能不浸淫於老與佛乎？吾弗敢知，然而師門之緒言蓋多矣，學者精擇之而已矣。則是書其遂可廢乎？是信卿所爲刻以待學者之意也。」

〔補正〕

唐順之序内「宋本輯略」，「本」當作「板」。「於吾聖人不異」，「於」當作「與」。（卷六，頁一〇）

---

① 「所謂」，文淵閣四庫本誤作「所以」。

中庸章句

宋志：「一卷。」

存。

黄震曰：「會稽石𡼖集濂溪以下十人之説，晦庵先生因其集解删成輯略，别爲章句，以總其歸，又爲或問，以明其所以去取之意，已無餘藴矣。吴郡衛湜集解，乃增入石氏元本，又附入石氏元所不集，與晦庵以後諸皆取之。晦庵章句雖亦錯雜其間，意若反有未滿於晦庵者。天台賈蒙爲集解，雜列諸家，若晦庵章句之説，特見一二而已。晦庵以命世特出之才，任萬世道統之託，平生①用力盡在四書，四書歸宿，萃於中庸，而二家之所見如此，何哉？」

鄭明選曰：「子思作中庸，朱子定爲三十章。按孔叢子云子思撰中庸之書四十九篇，不當作三十章。」

中庸或問

宋志：「二卷。」

存。

① 「平生」，四庫薈要本誤作「生平」。

馬氏之純**中庸解**

一卷。

佚。

薛氏季宣**中庸説**

一卷。

佚。

倪氏思**中庸集義**

宋志：「一卷。」

佚。

熊氏節**中庸解**

三卷。

未見。一齋書目有。

姓譜：「節，字端操，建陽人。慶元中，官通直郎。」

項氏安世中庸説

宋志：「一卷。」

未見。一齋書目有。

黄氏幹中庸總論、續説

各一篇。

存。

熊氏以寧中庸續説

一卷。

佚。

閩書：「建陽人，從朱文公游，舉進士，授光澤簿。」

林氏夔孫中庸章句

一卷。

佚。

閩書：「夔孫，字子武，福州人。從朱文公游，嘉定中，特奏名爲縣尉。」

孫氏調**中庸發題**

一卷。

佚。

蔡氏淵**中庸通旨**

一卷。

未見。

劉氏黻**中庸就正録**

一卷。

佚。

葉紹翁曰：「考亭解中庸，真文忠德秀觀之，曰：『生我者，太極也；成我者，先生也。吾其敢忘先生乎？』而考亭之門人劉黻，字季文，號静春，與文忠爲友，而輩行過之，乃大不取其師之説，其自爲論，則曰：『維天之命，於穆不已，惟人受天地之中以生，故謂之性，而貴於物焉。湯誥曰：「惟皇上帝，降衷于下民，若有常性。」吾夫子曰：「天地之性，人爲貴，是則人之性，豈物之所得而儗哉？或疑萬物通謂之性，奚獨人？」愚曰：「是固然矣，然此既曰性，則有氣質矣，又安可合人物而言，以自亂其本原也。凡混人物而爲一者，必非識性者也，今皆不取，至如孟子道性善，亦只謂人而已。」』文忠公與靜春辯，各主其說。或當燕飲旅酬之頃，靜春必與公辯，極而争起，公引觴命靜春曰：『某竊笑漢儒聚訟，吾儕豈可又爲後世所笑，姑各行所學而已。』劉猶力持其説不已，著爲就正録，云：『昔子思作中庸，篇端有曰「天命之謂性，率性之謂道」，是專言乎人，而不雜乎物也，其發明性命，開悟天下後世至矣。而或者必曰此兩句兼人物而言，嗟夫！言之似也，而差也。嘗考古先聖賢，凡言性命，有兼人物而言者，有專以人言，而不雜乎物者。易之乾彖曰「各正性命」，樂記亦曰「則性不同矣」，是乃兼人物而言。然既曰各有不同，則人物之分，亦自昭昭。假如「天命之謂性，率性之謂道」，或兼人物而言，則犬之性猶牛之性，牛之性猶人之性。當如告子之見，告子，孟子之高弟，彼其杞柳湍水之喻，食色無善不善之説，縱横繆戾，固無足取，至於生之謂性，孟子辯焉而未詳，得無近是而猶有可取者耶？』善乎！朱文公闢之曰：『告子徒知知覺運動之蠢然者，人與物同，而不知仁義禮智之粹然者，人與物異。』此其一言，破千古之惑，我文公真有大功於性善如此。文忠已不及登文公之門，聞而知之者也，其讀中庸默與文公合。靜春見而知者，乃終不以先生之説中庸爲是，何歟？」

徐氏寓**中庸説**

一卷。

存。

戴銑曰：「寓，字居父，永嘉人。朱子稱其務學求師，志尚堅確。」

萬氏人傑**中庸説**

一卷。

佚。

經義考卷一百五十三

禮記十六

黄氏幪**中庸解**

一卷。

佚。

潘氏好古**中庸説**

一卷。

佚。

袁氏甫**中庸詳説**

〔校記〕

四庫有輯大典本中庸講義四卷，提要謂或即此書之別名。（禮記，頁四二）

宋志：「二卷。」

佚。

王氏萬**中庸説**

佚。

錢氏文子**中庸集傳**

宋志：「一卷。」

佚。

邵氏囦**中庸解**

一卷。

佚。

趙氏善湘**中庸約説**

一卷。

佚。

鄭氏霖**中庸講義**

一卷。

佚。

謝鐸曰：「鄭霖，字景説，寧海人。紹定進士，累官知平江府，爲賈似道所害，後追贈中奉大夫，著中庸講義。」

賈氏蒙**中庸集解**

佚。

陳氏堯道**中庸説**

宋志：「十三卷。」

佚。

吴氏之巽**中庸口義**

三卷。

佚。

魏了翁誌曰：「中江吴君先之，諱之巽，受小戴氏書於厥考良弼，教授於廣漢，逆曦嘗欲以季春聘士，豫令就聘者詣縣書行義年，君叱吏曰：『此何時耶？』義形於色，無所撓奪，賊平，始應聘。君於歷代史、國朝故實、天文、地理、字書，罔不精治，有諸經講義五卷、中庸口義三卷藏於家。」

魏氏天祐**中庸説**

佚。

魏了翁誌墓曰：「公邛州之浦江人，諱天祐，字德先。以詞賦登里選，累舉不利，當以恩補官，辭不受。年七十，益大肆於學聖經賢傳，歷覽博究，即河、洛之正傳，上遡洙、泗之源，歷歷乎其獨得，而的然無所疑也。」

王氏奕**中庸本義**

一卷。

佚。

陳氏華祖**中庸提綱**

佚。

温州府志：「華祖，字理常，永嘉人，舉遺逸爲翰林國史院檢閱官。」

江氏泳**中庸解**

一卷。

佚。

陳氏義宏**中庸解**

一卷。

佚。

方氏逢辰**中庸注**

一卷。

佚。

黎氏立武**中庸指歸**

一卷。

存。

趙秉文序曰：「聖人一貫之道，在易、中庸、大學。中庸、大學，雜於禮書，自漢以來，諸儒未有能識之者，宋河南二程夫子實始挈而出之。於是孟氏子没後，數千百年不傳之道統，粲然復明於天下。偉哉！子貢曰：『夫子之言性與天道，不可得而聞也。』二書言高旨遠，辭密義微，讀之者固未易窺其涯涘，自考亭四書出，學者奉持信受如讀成律，或莫知其何爲而出，何爲而入，誦言終身。嗚呼！聖人立教之大本，果不可得而聞邪？前魁彦所寄黎先生宿德峻望，如魯靈光振鐸鄉國，以覺後爲己任，慨然謂二書道統所載，乃取兼山郭氏説，從而發明之，作中庸指歸。首以正統居體，釋所以名中之義，其説曰：『乾九二，人道之始，故稱龍德正中，中之體也；坤六五，心君之位，故稱黄中，通理中之位也。帝降衷，民受中，萬化之所由出也。』作大學發微，曰：『大學，曾子之書，一書之功在於止善，止善之説，蓋取諸艮。』曾子固嘗稱艮象曰：『君子思不出其位』，厥旨甚深，所謂一以貫之者，此也。夫易冒天下之道，中庸、大學實出於易。先生提綱舉要，統宗會同，由是天人相與之際，體用一源之實，昭徹無間。非先生之學深造自得，卓然有見於大本，其孰能與於斯。既又原作者之意，爲中庸分章，以見繩聯珠貫之妙；據舊文之古，爲大學本旨，以訂夫更定錯簡之疑，備論詳説，歸其有極。先生有功於聖門，有賜於後學，可謂遠且大矣。先生既開山學以來，四方問學之士又建鳳洲精舍，彷佛河汾。兹二書者，先生沈涵有年，宜鋟諸梓，以嘉惠同志。董子云：『道之大，原出於天，天不變，道亦不變。』吾黨小子①，苟能端居默識，循初返本，則有以見先生是書無隱乎爾，又何待千載之後子雲也哉？」

① 「小子」，文淵閣四庫本作「同子」。

中庸分章

一卷。

存。

立武自序曰：「中庸之書，浩博深遠，若不可涯，其實繩聯而珠貫也。諸家雖字論句析，然於大旨未明，讀之使人茫然，分章所以原作者之意。」

吴澂碑曰：「元中子黎氏，諱立武，字以常，臨江新喻人。擢進士第三人，歷國子司業。官秘省時，閲官書，愛二郭氏中庸，郭遊程門，新喻謝尚書仕夷陵，嘗傳其學，將由謝溯郭，以嗣其傳，故於大學、中庸等書，間與世所宗尚者異議。」

按：黎氏中庸分爲十五章，自「天命之謂性」，至「萬物育焉」爲第一章，「仲尼曰」至「惟聖者能之」爲第二章，「君子之道費而隱」至「察乎天地」爲第三章，「子曰道不遠人」至「君子胡不慥慥爾」爲第四章，「君子素其位而行」至「反求諸其身」爲第五章，「君子之道」至「父母其順矣乎」爲第六章，「子曰鬼神之爲德」至「治國其如示諸掌乎」爲第七章，「哀公問政」至「不誠乎身矣」爲第八章，「誠者天之道也」至「誠則明矣」爲第九章，「唯天下至誠」至「故至誠如神」爲第十章，「誠者自成也」至「純亦不已」爲第十一章，「大哉聖人之道」至「君子未有不如此而蚤有譽於天下者也」爲第十二章，「仲尼祖述堯、舜」至「此天地之所以爲大也」爲第十三章，「唯天下至聖」至「其孰能知之」爲第十四章，「詩曰衣錦尚絅」至「無聲無臭至矣」爲第十五章。各繪一圖，大指謂中庸之道出於易，蓋主郭氏父子兼山、白雲之說者。

何氏夢桂中庸致用

一卷。

佚。

鄭氏彦明中庸說

一卷。

佚。

何氏基中庸發揮

八卷。

未見。一齋書目有。

王氏柏訂古中庸

二卷。

未見。

柏古中庸跋曰：「中庸者，子思子所著之書，所以開大原，立大本，而承聖緒也。義理精微，而實難於窺測；規撫①宏遠，而實難於會通；衆説淆雜，而實難於折衷。此子朱子以任其責，而後學亦以春融而冰釋矣。惟愚滯之見，常覺其文勢時有斷續，語脈時有交互，思而不敢言也，疑而不敢問也。一日，偶見西漢藝文志有曰：『中庸説二篇。』顔師古注曰：『今禮記有中庸一篇。』而不言其亡一也，惕然有感，然後知班固時尚見其初爲二也，合而亂，其出於小戴氏之手乎？彼不知古人著書，未嘗自名其篇目，凡題辭，皆後人之所分識，徒見兩篇之詞義不同，遂從而參伍錯綜，成就其總題已。天賦爲命，人受爲性，所賦所受，本此實理。故『中庸』二字，爲道之目，未可爲綱，『誠明』二字，可以爲綱，不可爲目。僕不揆狂，僭爲之隱，索取而析之，以類相從，追還舊觀，但見其綱領純而辨也如此之精，條目疏而理也如此之瑩，首尾相涵，可謂縝密，氣脈流通，可謂融暢。雖各題一性字，而其義不同，一原其性之所自來，一原其性之所實有。雖各提一教字，而其旨亦異，一以行爲主，故曰修道，一以知爲主，故曰明誠。始於天者，終於天，始於誠者，終於誠，分限嚴而不雜，塗轍一而不差，子思子亦可以無遺憾於千古之上矣。或曰：自漢、晉以來，諸儒先未嘗疑也，至於朱子章分句析，研幾極深，而無間言也，子何爲者，而勇於妄論乎？曰：非敢妄也，有所證也。此書惟哀公問政章交搆爲最深，加以王肅貿貿然獨掇此章，充塞乎家語之中，此先儒之所以不疑也。幸有『在下位不獲乎上，民不可得而治矣』十有四字，鄭氏所

① 「撫」，應依四庫薈要本、文津閣四庫本、備要本作「橅」。

謂悮重在此者，此感人①之根乎？其論舊章之痕跡，尚未磨也；其往參之位置，尚可掩也。使後世可以指瑕索瘢，正其苟合者，殆天意也。又以班固『中庸説二篇』五字不列於諸子之上，而晦昧於古禮經之末，竊意子朱子未必見也，或見而未必注思也，不然，以朱子之精明剛決，辭而闢之久矣，奚俟於今日哉？」

〔補正〕

王聘珍案：漢志：「中庸説二篇。」師古注：「今禮記有中庸一篇，亦非本禮經，蓋此之流。」據此，則師古之意，謂禮記之中庸，亦如漢志之中庸説，皆非本禮經，並非謂漢志之中庸説，即禮記之中庸也。魯齋未嘗讀畢師古之注，便據以著書，後人慎無再沿其誤，而益其説也。（卷六，頁十）

方綱按：此駁魯齋之誤，極爲允當。朱氏載此跋，而不加糾擿，何也？又按：班志云：「凡禮十三家，中庸説二篇。」與王史氏、后倉同列於十三家之内，是以顔監析言之，謂此等篇目，皆後儒取以入於禮經耳，非禮經本篇也。蓋顔意以此十三條，皆系於經十七篇之下，恐學者皆執爲禮古經之文，故於中庸説一條下，偶疏及之，並非疑戴記内中庸篇爲後儒所定也。王柏於易曉之文，尚致乖舛，若此，則誠恐好異者，將因師古此注，或致并今中庸而疑之，所關非細，故因吾友王生之論，而附及焉。（卷六，頁十一）

自跋内「規撫宏遠」，「撫」當作「橅」。（卷六，頁十一）

---

① 「感人」，應依四庫薈要本、文津閣四庫本作「惑人」。

趙氏若煥**中庸講義**

一卷。

佚。

江西通志：「趙若煥，字堯章，進賢人。年二十餘，宋祚訖，賦草之茂三章，援琴而歌，以當黍離、麥秀。年八十而逝。」

釋契嵩**中庸解**

五篇。

存。載鐔津集。

趙氏秉文**中庸説**

一卷。

存。

李氏純甫**中庸集解**

一卷。

佚。

金史：「李純甫，字之純，弘州襄陰人。永安二年，經義進士，薦入翰林，高琪擢爲左都司事，以母老辭。琪誅，復翰林，出倅坊州，改京兆府判官，卒於汴。」

李氏思正**中庸圖說**

一卷。

佚。

中庸輯釋

一卷。

佚。

黄虞稷曰：「江西德興人，生於宋季，入元不仕。」

劉氏惟思**中庸簡明傳**

一卷。

佚。

吴澂序曰：「中庸，傳道之書也。漢儒雜之於記禮之篇，得存於今者，幸耳。程子表章其書，以與論語、孟子並，然藴奥難見，讀者其可易觀哉？程子數數爲儒者言，所言微妙深切，蓋真得其傳於千載之下者，非推尋測度於文字間也。至其門人呂、游、楊、侯，始各有注，朱子因之著章句、或問，擇之精，語之詳矣。惟精也，精之又精，隣於巧；惟詳也，詳之又詳，流於多。其渾然者，巧則裂；其粲然者，多則惑。雖然，此其疵之小①也，不害其爲大。醇廬劉君惟思良貴甫以朱子章句講授，考索玩繹五六十年，年八十，乃纂其平日教人，筆之於紙，辭簡義明，倣夫子説蒸民之詩之法，始學最易於通習，惠不淺也。夫漢儒説稽古累數萬言，而鄭康成於中庸一十九字，止以十二字注之，朱子深有取焉。然則良貴父之簡明，是亦朱子意也，而見之不同者不曲狥②。澂少讀中庸，不無一二與朱子異，後觀饒氏伯與父③所見亦然，恨生晚，不獲就質正。今良貴父④，吾父行也，皇慶元年夏，其子秘書監典簿復初，官滿南歸，相遇於東淮，出其父書以示澂。讀之竟，既知先輩用功之不苟，而良貴父亦已下世。疇昔所願質正於伯與父⑤者，今又不獲從良貴父⑥而訂定，三人之不同，各有不同，三卒未能以合於一也，則又烏乎不悵焉以悲。故爲識其左，而還其書典簿氏。」

夏侯氏尚玄**中庸管見、聚疑**

佚。

---

①「小」，文淵閣四庫本作「少」。

②「狥」，備要本作「徇」。

③④⑤⑥「父」，四庫薈要本俱作「甫」。

錢金甫曰：「夏侯尚玄，字文卿，華亭人。趙孟頫薦爲東宮伴讀。」

陳氏櫟中庸口義

一卷。

未見。

櫟自序曰：「程子曰：『中庸一書，始言一理，中散爲萬事，末復合爲一理。放之則彌六合，卷之則退藏於密，其味無窮，皆實學也。』其言約而盡矣。朱子分爲三十三章，而復截爲三大段，其言曰：『首章子思推本所傳之意以立言，蓋一篇之體要，其下十章，則引先聖之言以明之也，至十二章，又子思之言，其下八章，復引先聖之言明之，二十一章以下，至於卒章，則又皆子思之言，反復推明，以盡所傳之意者也。』朱子之區別，亦已精矣。至其揭一『誠』字，以爲一書之樞紐，則或問詳焉，尤學者所當熟復而貫通者也。朱子又嘗曰：『中庸之書難讀，初學者未當理會，中間多說無形影，如鬼神、如天地等類說得高，說下學處少，說上達處多。』今按：說下學固少，而其中說下學處則甚切，如二十章『擇善固執』一條，及二十七章『尊德性道問學』一條是也。且朱子亦嘗於序文提出擇善固執，以配大舜精一之言，以見道統之相傳，不外乎此矣。學者誠能據此以爲用力之方，而以誠之一言貫通之，復如朱子所分之三大段以區別之，則所謂始言一理，末復合爲一理者，理皆見其爲實理，中散爲萬事者，事皆見其爲實事，而所謂其味無窮，皆實學也者，的爲實學，而非虛言矣。言下學處雖少，而皆提綱挈領，切要之言；言上達處雖多，而亦豈渙散無統，玄妙不可究詰之論哉？愚每患從學者未嘗精通夫大學、語、孟之三書，而遽欲入夫中庸之書，授以朱子之章句、或問，往往難入。不得已紬繹朱子之意而句解之，復述讀此書之大略於此云。」

齊氏履謙**中庸章句續解**

一卷。

未見。

王氏奎文**中庸發明**

一卷。

未見。

薛氏玄**中庸注**

佚。

陸元輔曰：「玄，字子晦，一字若晦，東陽人。從許謙游，不仕，學者私謚貞節先生。」

程氏逢午**中庸講義**

三卷。

佚。

姓譜：「逢午，字信叔，休寧人。元貞中，薦授紫陽書院山長，陞海鹽州教授。」

魯氏真**中庸解**

一卷。

未見。

許氏謙**中庸叢説**

一卷。

未見。

黄氏鎮成**中庸章旨**

二卷。

未見。

陸氏琪**中庸發明要覽**

二卷。

未見。

右載聚樂堂目。

練氏魯**中庸説**

一卷。

佚。

括蒼彙紀："練魯，松陽人。元至正間登第，入明，辭聘不赴。"

劉氏清**中庸章句詳説**

一卷。

未見。

黄虞稷曰："永嘉人，入明，隱居不仕。"

經義考卷一百五十四

禮記十七

吴氏源**中庸傳**

一卷。

佚。

黄虞稷曰：「字惟傳，莆田人。至正末，舉泉州訓導，洪武三年，復以明經授興化府教授，以薦召至，特命爲四輔官，兼太子賓客，終國子監司業。」

吴氏溶**中庸傳**

一卷。

佚。

黄虞稷曰：「亦莆田人。」

陳氏雅言**中庸類編**

一卷。

未見。

劉氏駟**中庸説**

一卷。

未見。

黄虞稷曰：「字①宗道，漳州人。洪武中，官都御史。」

張氏鼒**中庸句解**

二卷。

未見。

開封府志：「鼒，字希賢，祥符人。洪武初，舉明經，授滎澤縣學訓導，遷秦府長史。」

① 四庫薈要本無「字」字。

劉氏清**中庸詳説**

佚。

王瓚曰：「永嘉人。」

蔣氏允汶**中庸詳説**

佚。

温州舊志：「允汶，字彬夫，永嘉人。元末，避地閩中，就試，中流寓榜第一。洪武初，歸里，官府學教授。」

張氏洪**中庸講義**

一卷。

未見。

洪自序曰：「堯、舜初言執中，即事理當然之極，即①得而勿失，是之謂執也。至湯始言降衷，又言恆性，則人心固有之中，此推本之論，見道之大原出於天也。降自文、武、周公、孔子，聖聖相傳之道，何

---

①「即」，補正、四庫諸本作「既」。

莫非此中乎？曾子述孔子之言，以爲明德新民之止於至善，即堯、舜、禹之執中也。子思演繹曾子之言，以謂天命之謂性，即成湯之降衷、恆性也。所謂道者，不過循其性之理；所謂教者，不過修其理之則。立此三言，爲一書之綱領，初言性情之德，故謂之中和，次言事物之理，故謂之中庸。必先有此中和之德，而後合乎中庸之理，賢知之過者，既失夫中庸；愚不肖之不及者，又不得夫中庸，此中庸之道，所以不明不行也。必如舜之大知，回之大賢，則無知行之過與不及；必如子路之強，中立而不倚，則不臨於二者之偏，此三達德所以爲入道之門也。近而夫婦之愚不肖可以與知能行者，此道也，遠而天地聖人之所不能盡，幽而鬼神之爲德，明而聖人之爲教，無非真實無妄之理，亙萬古而不變者，亦此道也。其書始言一理者，天命之性也；中散爲萬事者，率性之道也；末復合爲一理者，修道之教也，教者所以復其性而已。故於末章又從下學立心之始言之，推而至於上天之載無聲無臭，則人未始不爲天，天未始不爲人，中庸之道極矣。朱子蓋嘗折中衆説，以爲章句，余嘗紬繹而與有得焉，爲中庸解義一卷，與同志者共之。宣德四年四月初吉。」

〔補正〕

自序内「即得而勿失」，「即」當作「既」。（卷六，頁十一）

馬氏貴**中庸講義**

一卷。

未見。

陝西通志：「馬貴，字尚賓，三原人。永樂間，舉賢良，不就，隱居教授。」

王氏仁**中庸九經衍義**

一卷。

未見。

黄虞稷曰：「仁，字正己，樂安人。」

楊氏守陳**中庸私抄**

一卷。

未見。

守陳自序曰：「古書皆刻以竹簡而編之，編斷則簡錯，在當時蓋已有然矣。況乎秦人焚禁之餘，漢儒掇拾傳寫之後，豈復有完正如古者哉？大學、中庸二篇，皆雜之戴記之中，至宋程子始表章之，以大學簡編雜亂，而爲之更定，中庸則仍舊編，無所更也。朱子繼之，乃重定大學之簡，而分爲經傳十一章，中庸亦仍其舊，而分爲三十三章，各爲章句、或問，並傳於世。然愚以爲大學之錯簡未盡正，而中庸之簡①亦多錯，大學之章可分，而中庸難以章分也。戴記四十篇，錯簡者過半矣，大學言三綱八目，既整且

① 「簡」，文淵閣四庫本作「間」。

明，故其章可分，而錯簡易見，其錯有未盡正者，蒙復更定而私抄爲一帙矣。中庸之言，若散而無統，亂而無倫，故雖有錯簡，而卒未易見，人未始有疑之者。朱子之爲章句，亦不疑其簡之錯，而惟病其言之散且亂也，故爲説以連貫之，自第六章至十一章，則連之以知、仁、勇，自十二章至二十章①，則連之以費隱，自二十一章至三十二章，則連之以天道、人道。然亦牽強，後儒或疑或信，辨説紛起，而世滋惑，卒莫能定於一焉。蒙自少誦經及章句、或問，長而味之，不能無疑，及味誦彌久，猶未能一一信也。儕輩有自謂無疑者，但據章句、或問，而執以爲信，亦非卓然有見，而灼然無疑者。愚疑久而不釋，乃姑置章句、或問，獨取經文複誦深味，繼日以夜，久而若有所悟，始信其言之所以散而亂者，但由簡之錯耳。既移正其簡，又欲更定其章，則文義皆已連屬，更無少斷，有難以章分者，且姑已之，而又複誦深味，則前疑盡釋②，但見文辭精詳而不紊，義理奥博而無窮，信非子思不能作也。然非朱子章句，亦不能明，乃復以經文，依今所正之簡而抄③之，乃取章句分抄其下，而蒙之妄説，亦竊附其後焉。先儒嘗戒人不可以脱簡疑經，誠如其説，則雖如大學之錯簡者，皆必強信固執，曲解迂説，寧失聖賢之本旨，而不更耶？今一新學小生，乃於先儒之所未嘗疑者，亦過疑以爲錯簡而更之，或疑章句而附以己見，可謂僭妄之極矣。然千慮或有一得，今迷尚待後悟，姑抄而藏之，未敢以示人也。」

---

① 文淵閣四庫本無「至二十章」四字。
② 「前疑盡釋」，文淵閣四庫本誤作「前疑盡疑」。
③ 「抄」，文淵閣四庫本誤作「妙」。

白氏良輔**中庸膚見**

一卷。

未見。

黄虞稷曰："字堯佐，洛陽人，景泰辛未進士。"

羅氏倫**中庸解**

一卷。

未見。

姚氏文灝**中庸本義**

一卷。

未見。

江西通志："姚文灝，字秀夫，貴谿人，或作弋。成化甲辰進士，歷湖廣提學僉事。"

黄氏瓚**中庸講義**

一卷。

未見。
揚州府志：「黃瓚，字公獻，儀真人。成化甲辰進士，官至南京兵部右侍郎。」

許氏天錫**中庸析義**

一卷。
未見。
黃虞稷曰：「閩縣人，弘治癸丑進士。」

許氏誥**中庸本義**

一卷。
未見。

崔氏銑**中庸凡**

一卷。
未見。

湛氏若水**中庸測**

一卷。又難語一卷。

存。

若水自序曰：「夫中庸何爲者也？作者之志，其有憂乎？夫子没而異端起矣，是故子思憂之，憂夫道學之不明也，語用者之離夫體也，語本者之離夫用，而本非其本於天者也。本於天者，性也。故中庸者，本諸性而道具焉，本諸體而用具焉，本諸中而和生焉，是故君子慎獨，養其中而已也。中立而和生焉，修道致中和，而位育成焉，是故一體也。夫中庸者，自天而推之人者也，自人而復乎天者也，斯理也，其執中建中之傳、博約之教、一貫之旨也。子程子曰：體用一原，顯微無間，其有以默識此矣。故中庸者，一幹而四支者也。夫天下之支，未有不原於幹者矣；天下之幹，未有不因支焉以發明者矣。是故以明乎慎獨之功者，莫大乎一支；以言乎體道，而致之中和位育者，莫大乎二支；以言乎體道之極功，而放之中和位育之極致者，莫大乎三支；以言乎反本而約之，其功密，其爲效遠，其體用一者，莫大乎四支。是故一幹本根，純粹精矣；四支發揮，旁通情矣。大哉道也，斯其至矣。予憂夫世遠言湮，作者之精，殆不可見，而道或幾乎晦也，爲之作測。正德戊寅九月。」

方氏獻夫**中庸原**

一卷。

未見。

張氏邦奇**中庸傳**

一卷。

存。

倪氏復**中庸解**

一卷。

未見。

夏氏良勝**中庸衍義**

十七卷。

未見。

良勝進表曰：「蓋聞帝王之學，先識其大；聖賢之道，一歸於中。惟萬世之統紀有傳，而千載之遭逢不偶。臣竊觀聖賢經傳之宗旨，獨存大學、中庸爲全書。道出一原，世無偏重。大學衍義早年聞①步於西山，中庸補遺末路效嚬於東海。原受性之命，降衷於天；率體道之誠，敷寬於教。三德居要五道，

① 「聞」，文淵閣四庫本作「間」。

達於一理而行；九經有章三重，放乎四海而準。誠明之功兼盡，中和之效畢臻。探究淵源，執中而精一惟允；兼總①條貫，篤恭而天下咸平。堯、舜、禹之授受攸歸，孔、曾、思之旨趣如見。臣早嚅糟粕，濫叨一第之榮；晚析絲毛，已負生平之志。心有慕而力不充②，時與馳而業俱廢。頃罹三至之謗，幸逃兩觀之誅。自知質薄秋蒲，殆恐身先朝露。執干戈敢忘俎豆，近海岳益切涓涘。三軍無隨行之書，四壁置紀聞之筆。經史妙奥，敢謂提其要而鈎其玄；歲月編摩，亦欲循其綱而列其目。會協於一，無由得全，槧③詮次乏倫，抑且聞見有限。圖狗馬衰齡之報，畢畎畝④餘力之忠，秘燕石以自珍，食野芹而待獻。兹蓋恭遇皇帝陛下，德合乾坤，明並日月。典學無忘於終始，取善每⑤及於芻蕘。道粹大全，恆曰望之。未見治休隆盛，猶云行之維艱。制刑初期於無刑，命德終歸於有德。即如臣罪，魑魅魍魎，自甘四裔之投；際若主恩，上下左右，大開三面之網。將期死報，如結草之無從；幸遂生還，如汗竹之有待。平生心力何知，盡在是編。末學師資，亦謂偶有所得。隳括方就，楮墨維新，今而冒昧以上書，尤出表章之下策。伏願成己成物，知人知天，俟百聖⑥而考三王，尊德性而道問學。時中建極九圍，仰日

① 「總」，文淵閣四庫本作「綜」。
② 「充」，文淵閣四庫本作「克」。
③ 四庫薈要本、文津閣四庫本、補正「槧」上有「自」字，文淵閣四庫本有「既」字。
④ 「畎畝」，四庫諸本俱作「畎畆」。
⑤ 「每」，文淵閣四庫本作「更」。
⑥ 「聖」，文淵閣四庫本作「世」。

之方中則天難名，萬古頌爲天之大①。臣謹以所編中庸衍義一十七卷并序、目録，繕寫一十七帙，隨表上進以聞。」

〔補正〕

進表内「慙詮次乏倫」，「慙」上脱「自」字。「萬古頌爲天之大」，當作「萬古頌惟天爲大。」（卷六，頁十一）

黄虞稷曰：「江西南城人，正德戊辰進士。」

洪氏鼒**中庸通旨**

一卷。

未見。

黄虞稷曰：「鼒，壽昌人。正德庚午舉人，國子監助教。」

夏氏尚朴**中庸説**

一卷。

未見。

---

①「萬古頌爲天之大」，四庫薈要本、文津閣四庫本、補正作「萬古頌惟天爲大」，文淵閣四庫本作「萬古頌天之爲大」。

黄虞稷曰：「江西永豐人。正德辛未進士，歷官太僕寺少卿。」

施氏儒**中庸臆説**

未見。

徐獻忠序曰：「中庸一書，人自爲説，或失則禪，或失則俗，黨同伐異，其失均焉。至乃朱、陸交辨，有如聚訟。嗟乎！孔父不作，孰知是非？苟其大義無乖，細目稍異，亦何舛謬，而互相詆訾，一至於是，良可慨已。吴興施先生聘之，挺豪傑之才，希聖賢之學，嘗從游餘姚王公之門，懼微言之將絶，憂後學之靡宗，著中庸臆説一編。脱略前聞，紬繹新得，既不苟同，亦不苟異，誠聖學之樞鑰，古經①之羽翼也。」

黄氏焯**中庸讀法**

一卷。

佚。

徐文貞公志墓曰：「君諱焯，字子昭，南平人。正德甲戌進士，歷湖廣左參政。」

---

① 「古經」，文津閣四庫本誤作「古今」。

王氏漸逵中庸義略

一卷。

未見。

漸逵自序曰：「言中庸者，莫善於程子。程子曰：『其書始言一理，中散爲萬事，末復合爲一理。』噫！中庸之義，其盡於此乎！中庸者，盡性之書也。首之以天命，性之原也；次之道，性之著也。教者，所以成性也；中者，性之藴也；和者，性之達也；天地萬物者，性之實體也；中庸者，性之實行，知愚賢不肖，不能盡其性者也，南北風氣之偏，性之雜揉而不齊者也；費者，其散殊也；隱者，其統會也；天地之憾，聖人之不知、不能，性之變化而不可測也，鳶飛魚躍，性之生意也，示人易矣；忠恕者，存性之事也，素位而行，性斯立矣；鬼神者，造化之功用，性之良能也；大舜、文、武、周公、孔子五聖人者，能盡其性，天下至誠者也；達道，性之同也；三德，性之通也；九經三重，禮樂，性之用，大本之所出也；知者，知此者也；行者，行此者也，及其成功，一也。誠者，天之道，性之自也；成己成物，性之德也，合内外之道也。是故貫動静、一内外、合人己，莫大乎性。大德敦化，小德川流，舉天地之大，所以明吾性之大也。至於配天盡性極矣，夫焉有所倚也？肫肫以仁言，淵淵以性言，浩浩以心言，仁也，心也，性也，一也，學非爲已，性不可得而存也。故戒懼慎獨，不愧屋漏，所以存其心，養其性也，此復性之學也。上天之載，無聲無臭，虚也，性之神也。夫天地之道，化育行焉，萬物生焉，其既也，斂於無迹，莫知其然，歸於虚也。聖人之性，暢於四支，發於事業，其既也，求之無迹，亦莫知其然，本於虚也。故虛而神，無而有，性之所以爲大也。此中庸之作，所以爲盡性之書也，此程子之善言中庸者也。」

黄氏綰**中庸古今注**

一卷。

未見。

陸元輔曰：「綰，息縣人，正德丁丑進士。」

經義考卷一百五十五

禮記十八

應氏廷育**中庸本義**

一卷。

未見。

金華府新志：「應廷育，字仁卿，永康人。嘉靖癸未進士，歷官福建按察司僉事。」

楊氏爵**中庸解**

一卷。

未見。

謝氏東山中庸集説啓蒙

一卷。

未見。

高氏拱中庸直講

一卷。

存。

萬氏思謙中庸述微

一卷。

未見。

黄虞稷曰：「南昌人，字益甫。嘉靖丁未進士，萬曆初，官南京太常寺卿。」

許氏孚遠中庸述

一卷。

未見。

楊氏時喬中庸古今四體文

一卷。

未見。

李氏槃中庸臆説

一卷。

未見。

按：登科録李槃有二：一澧州人，嘉靖乙未進士；一餘姚人，萬曆庚辰進士，未審著書誰是。

李氏栻中庸庸言

二卷。

未見。

按：登科録李栻亦有二：一豐城人，嘉靖壬戌進士；一安谿人，萬曆甲辰進士，未審著書誰是。

王氏尊賢中庸衍義

未見。

黄虞稷曰：「閬中人，國子監生，嘉靖中，上其書於朝。」

宗氏翊**中庸一助**

一卷。

未見。

揚州府志：「興化人。」

張氏邦治**中庸傳**

一卷。

未見。

右載聚樂堂目。

朱氏元弼①**中庸通注**

一卷。

存。

① 「元弼」，文淵閣四庫本誤作「元輔」。

繆泳曰：「海鹽人。」

海鹽圖經：「元弼，字良叔，學者稱爲武原先生。」

吴氏三極**中庸測**

一卷。

存。

管氏志道**中庸測義**

一卷。

存。

中庸訂釋

二卷。

存。

志道自序曰：「中庸一篇，朱子分爲三十三章，孔叢子説有四十九篇，皆子思居宋解圍後所作，而今不可考矣。世儒類知大學之簡多錯，中庸無錯，則愚尚有疑焉。幼讀朱子章句，即疑哀公問政章『禮所生也』之下，有『在下位』三句而遺，全文據朱子述鄭氏之解，曰：『此句在下，誤重在此。』夫何以辨下文之非錯簡，而此處之非闕文也。又考家語『子曰三近』之上，有僞撰『寡人實固不足以成之』三①語，則又疑章句中豈無誤混孔氏祖孫言語，而强爲分章之處？嘗先訂此章，其他章句亦有分其合，而合其分者。藏篋數年不敢出，邇得南大司馬孫文融書，促予作中庸輯略。予爲心動，欣然從之，乃取十二年前草本②，參互考訂，修飾其文，其章句無大改於朱子之舊，而分合間有所裁，其注釋亦多存原文，而與時説相違亦有之，要亦不詭於中庸之道已耳。」

按：管氏訂釋分中庸爲三十五章，以「人莫不飲食也」一節，合「子曰道其不行矣夫」爲一章；析「子曰無憂者」一節爲一章；自「武王纘太王、王季、文王之緒」至「孝之至也」爲一章；以「郊社之禮」一節，自爲一章；自「哀公問政」至「禮所生也」接「在下位」一節，然後接「以故君子不可以不修身」一節爲一章；自「天下之達道五」至「則知所以治天下國家矣」爲一章；自「凡爲天下國家有九經」至「道前定則不窮」爲一章；自「誠者天之道也」至「明則誠矣」爲一章；自「惟天下至誠」至「惟天下至誠爲能化」爲一章；自「誠者自成也」至「無爲而成」爲一章；自「天地之道可一言而盡也」至「純亦不已」爲一章；自「子曰愚而好自用」至「亦不敢作禮樂焉」爲一章；自「子曰吾説夏禮」至「君子未有不如此而蚤有譽於天下者也」爲一章；自「唯天下至誠」至末爲一章，謂通篇未有徑以「詩云」作章首者，故訂之云。

① 「三」，四庫諸本、備要本作「二」。

② 「草本」，文淵閣四庫本誤作「章本」。

周氏從龍**中庸發覆編**

一卷。

存。

陳懿典序曰：「中庸發覆編者，吾友周彦雲所著也。其稱『發覆』者，從前所覆者，自今發之，彦雲所自命也。彦雲於吾黨中最號博雅淹通，而好深湛之思，兹編雖成於匝月，然其生平積累之工夫見矣。世儒狃於舊聞，驟而語之，必駭且疑，以爲牽合鑿空。不知從古聖賢著書，精微變化，無所不有，無所不通，本非一家之言、一人之見所可畫疆而守。况經籍流傳，闕文錯簡，往往有之，釐正刊定，更不可少。兹編訂定，如『武、周達孝』、『繼述』二條，次於『作述』之下，『纘緒』之上，『故君子不可以不修身』一條，次於『在下位』一條之下，『天道人道』之上，雖其中與傳注不同者什九，而要之皆以中庸解中庸，讀者又何駭焉。余嘗竊疑中庸性命之書，而古者乃置之禮經，豈以武、周祭葬郊社爲禮之大者，故以入禮經中乎？論語終篇云：『不知命，無以爲君子也，不知禮，無以立。』禮之三千三百，無非性命也，而不可認禮爲性命外之物也。聖人之致中和，無非性命中來，則謂中庸爲性命之言可也，謂爲禮經亦可也。彦雲解禮儀威儀爲道之愈析愈大處，待其人而行所行即禮，君子尊德性，要歸於崇禮，真發我覆也。」

瞿氏九思**中庸三書**

俱未見。

按：瞿氏三書：一曰中庸口授，二曰中庸位育圖，三曰中庸運卦。

姚氏舜牧**中庸疑問**

二卷。

存。

鄒氏德溥**中庸宗釋**

一卷。

存。

吴氏應賓**中庸釋論**

十二卷。

存。

黄虞稷曰：「字客卿，桐城①人。萬曆丙戌進士。」

---

①「桐城」，備要本作「桐庭」。

袁氏黄**中庸疏意**

二卷。

存。

顧氏元起**中庸外傳**

三卷。

未見。

林氏正日**中庸古本**

一卷。

未見。

樊氏卿長**中庸繹**①、**中庸舉正**

俱未見。

---

① 「繹」，文津閣四庫本作「譯」。

楊氏文**中庸臆**

一卷。

未見。

李氏頴**中庸參**

一卷。

未見。

陳氏仁錫**中庸淵天紹易測**

六卷。

未見。

洪氏德常**中庸要領**

一卷。

未見。

黄虞稷曰：「德常，字常伯，歙縣人。謂大易後，發明性道，莫先中庸，著中庸要領。」

汪氏于沚**中庸剩義**

一卷。

未見。

周氏夢華**中庸傳**

一卷。

未見。

李氏清**中庸章句詳説**

一卷。

未見。①

高氏世泰**中庸問答**

一卷。

① 李清中庸章句詳説，此條文津閣四庫本全闕。

未見。

朱氏應昇**中庸詮注**

一卷。

存。

陸元輔曰：「江東朱應昇，字允升，崇禎己卯舉人。」

程氏智**中庸旨説**

一卷。

存。

金侃曰：「休寧程子尚撰①中庸旨説一卷，曾刊行。」

錢氏㮚**中庸説**

一篇。

存。

① 「程子尚撰」，文津閣四庫本作「程智字子尚，所撰有」。

李延昰曰：「錢氏證中庸爲言禮之文。」

郁氏文初**中庸郁溪記**

二卷。

存。

程氏時登**中庸中和說**

一卷。

佚。

瞿氏九思**中庸位育圖說**

未見。

黄氏佐**中庸九經政要箴**

一卷。

存。

經義考卷一百五十六

禮記十九

司馬氏光**大學廣義**

一卷。

未見。一齋書目有。

按：取大學於戴記，講説而專行之，實自温公始。

程子顥**大學定本**

一卷。

存。

黄震曰：「程氏謂大學乃孔子遺書，初學入德之門，無如大學者，然其詮次與禮記原書不同。明道以『康誥曰』以後釋明字、新字、止字者，聯於首章『明德新民止至善』三語之下，然後及『古之欲明明德』一章，又然後以『所謂誠其意』以後節節釋之。伊川移『古之欲明明德』一章於前，然後及『康誥曰』一章。」

周應賓曰：「大學二程改本亦不相一。」

柴紹炳曰：「春秋夏五、郭公、杞子伯、甲戌己丑之類，以其傳疑，未嘗輒加增損。至宋代儒者，多以己意删訂經文，二程改大學，朱子作孝經刊誤，將舊文併省，分屬經傳，而删其句字。夫仲尼不敢改魯史，而程、朱改大學、孝經，此等事姑聽先儒自爲之，勿可效也。」

毛奇齡曰：「河南二程氏讀大學，疑其引經處參錯不一，因各爲移易，實未嘗分經别傳，指爲誰作，且變置其文，而加以增補也。」

按：明道改本大學，自「大學之道」至「則近道矣」，下接「康誥曰克明德」至「止於信」，下接「古之欲明明德於天下者」至「未之有也」，下接「此謂知本，此謂知之至也」，「所謂誠其意者」至「辟則爲天下僇矣」，下接「詩云瞻彼淇澳」至「大畏民志，此謂知本」，下接「詩云殷之未喪師」至「以義爲利也」。

程子頤**大學定本**

一卷。

存。

按：伊川改本大學，自「大學之道」至「未之有也」，下接「子曰聽訟吾猶人也」至「此謂知之至也」，下接

「康誥曰克明德」至「止於信」，下接「所謂誠其意者」至「辟則爲天下僇矣」，下接「詩云瞻彼淇澳」至「此以没世不忘也」，下接「康誥曰惟命不于常」至「驕泰以失之」，下接「詩云殷之未喪師」至「亦悖而出」，下接「生財有大道」至「以義爲利也」。

呂氏大臨**大學解**

宋志：「一卷。」

未見。

朱子曰：「呂氏之先與二程夫子游，故其家學最爲近正。然不能不惑於浮屠、老子之説，故其末流，不能無出入之弊。若其他説之近正者，君子猶有取焉。」

蘇氏總龜**大學解**

一卷。

佚。

蕭氏欲仁**大學篇**

一卷。

佚。

楊時跋曰：「學始於致知，終於知止而止焉。致知在格物，物固不可勝窮也，反身而誠，則舉天下之物在我矣。詩曰『天生蒸民，有物有則』，凡形色之具於吾身，無非物也，而各有則焉。目之於色，耳之於聲，口鼻之於臭味，接乎外而不得遁焉者，其必有以也。知其體物而不可遺，則天下之理得矣，天下之理得，則物與我一也。無有能亂我之知思，而意其有不誠乎！由是而通天下之志，類萬物之情，贊天地之化，其則不遠矣，則其知可不謂之至矣乎？知至矣，則宜有止也，譬之四方萬里之遠，苟無止焉，則將焉歸乎？故見其進，未見其止，孔子之所惜也。古之聖人自誠意、正心，至於平天下，其理一而已，所以合内外之道也。世儒之論，以高明處己，中庸處人，離内外，判心迹，其失是①矣。故予竊謂大學者，其學者之門乎！不由其門而欲望其堂奥，非余所知也。蕭君欲仁，志學之士也，録示大學一篇，求余言以題其後，其意蓋非苟然者，故聊爲發之。苟於是盡心焉，則聖人之庭户可策而進矣，欲仁其勉之哉。」

〔補正〕

楊時跋内「其失是矣」，「是」當作「遠」。（卷六，頁十二）

---

① 「是」，補正、四庫諸本作「遠」。

廖氏①剛**大學講義**

一卷。

存。載高峰集。

譚氏惟寅**大學義**

佚。

何氏俌**大學講義**

佚。

喻氏樗**大學解**

宋志：「一卷。」

佚。

---

① 「廖氏」，文津閣四庫本作「繆氏」。

張氏九成大學說

宋志：「一卷。」杭州府志：「二卷。」

未見。

朱子熹大學章句

宋志：「一卷。」

存。

黄榦曰：「先生於大學，修改無虛日，誠意一章，未終前三日所更定。」

陳振孫曰：「朱子章句大略宗程氏，會衆説而折其中。又記所辨論取舍之意，別爲或問，以附其後，皆自爲之序。至大學則頗補正其脱簡闕文。」

王應麟曰：「淳熙十六年二月甲子，文公序大學章句，三月戊申，序中庸章句，二書各有或問，中庸又有輯略。」

黄震曰：「晦庵先生表章四書，遂以大學爲稱首，所定爲章句，又與程氏不同。自修身一章以後，程氏嘗移易者，今悉仍舊，今舉世之所誦習者，惟章句也。」

王褘曰：「大學在禮記中通爲一篇，朱子始分爲經傳，以明德、新民、止善爲三綱領，以格物、致知、誠意、正心、修身、齊家、治國、平天下爲八條目。惟其間格物致知傳，朱子以爲亡而補之，孰知其未亡也，今即其書求之，有曰：『知止而后有定，定而后能静，静而后能安，安而后能慮，慮而后能得，物有本末，事有終始，知所先後，則近道矣，此謂知本。子曰：「聽訟，吾猶人也，必也使無訟乎？」無情者不得盡其辭，大畏民志，此謂知本，此謂知之至也。』此十七句足爲格物致知傳，蓋錯簡在他所，則爲羡語，而取以爲傳，則極其精切。朱子勇於補，而不知移易，何耶？且三綱領、八條目之外，安有所謂本末，乃别爲之耶？董丞相槐及玉峰車氏、西磵葉氏皆著論以辨其非，使朱子復生，將必以其言爲然也。」

王彝曰：「大學本禮記中之一篇，程子見此篇與中庸，非聖賢不能作，而俱隱禮記中，始取以配論語、孟子，而爲四書。朱子俱作爲章句，凡若干言，題之曰章句者，分章析句，以發明之也。不曰①集註，以擬諸論、孟者，古註外，諸儒未備言也。於二篇獨爲之序者，總言其所以述作之大旨也。」

王鏊曰：「大學原文見古本禮記，鄭玄爲之注，依文釋義，略通而已，闕文錯簡，亦不復識别。至程、朱始别爲綱領三、條目八，分傳以釋之，其義精矣。惜致知格物之傳獨亡，或以爲非亡也，移『物有本末』一節，繼以『知止能得』，又繼以『聽訟吾猶人』一節，而結之曰『此謂知本，此謂知之至也』，即釋格物致知之義，似亦可通。蓋知物之本末始終，而造能得之地，是格物之義也，而尤以知本爲貴，與程子之義，亦不相妨。朱傳以『聽訟』一節爲釋本末，則可疑，本末非綱領、非條目，何以釋爲？且本末既釋，終始獨遺之耶？」

都穆曰：「朱子作大學章句，嘗取程子之意，以補致知格物之傳。黄氏日抄載董丞相之説，謂經本

① 「不曰」，文津閣四庫本作「不言」。

無闕文，此特錯簡之蠹正未盡者耳。首章『明明德』三句綱領之下，即繼以『欲明明德』以下條目八事之詳，此經也。自『知止而后有定』至『則近道矣』，及『聽訟吾猶人也』至『此謂知之至也』，此正釋致知在格物，不俟他補。後黄巖車清臣著大學沿革論，其見與董氏合，王魯齋聞之，謂洞照千古之錯簡。本朝大儒如宋學士、方正學，其見亦同，宋公曰：『綱與目之名，無有所謂本末者，何必傳以釋之。』方先生曰：『以聽訟釋本末，律以前後之例不類，合爲一章而觀之，與孟子「堯、舜知不徧物」之言，正相發明，其爲致知格物之傳何惑焉？』是語雖異於朱子，而不乖乎道，固朱子之所取也。」

陸深曰：「朱晦庵作大學章句①，説經是孔子之言，而曾子述之，傳是曾子之意，而門人記之。夫不得其言，徒記其意，遂乃支分節解，微恐於理有礙，不若程子只説『大學，孔氏之遺書』恰好。」

李蓘曰：「子思遭樂朔之難，作中庸，事具孔叢子明矣。曾子著大學，初謂朱説有本，然觀與林擇之書，大學正經云云，亦以意言爾。傳中引『曾子曰』，知曾氏門人成之，則晦翁亦未有所本也。」

陳耀文曰：「大學或問云：『正經蓋夫子之言，而曾子述之，其傳則曾子之意，而門人記之。』蓋傳文或引曾子之言，而又多與中庸、孟子者合，則知其成於曾氏門人之手無疑。夫無所承受，無他左驗，而據其相似者，輒謂某之所作，所謂自信之篤，而能自得師者與。」

樊良樞曰：「大學古本原無經傳，朱子述程子之言，曰『大學，孔氏之遺書』，乃割一經爲曾子所述，分十傳爲門人之記，遽稱曾子之書，似與遺書之説不合。觀誠意章別引曾子之言，決非曾子之書可知

① 「大學章句」，備要本誤作「大學章白」。

也。王文恪謂大學初無闕文，王文成謂大學亦無錯簡，鄭端簡頗信其說。」

馮虬章曰：「大學在戴記中，從未嘗屬誰氏作，不知朱子何以確指爲曾子，此必有所受而言之。」

錢㮚曰：「大學一篇，漢、唐諸儒並未言作者，晦翁分叙經、傳，遷次舊文，定爲曾子及其門人所述，世遂信而莫敢疑。」

按：漢藝文志：「曾子十八篇。」今見於大戴記者十篇，曰曾子立事，曰曾子本孝，曰曾子立孝，曰曾子大孝，曰曾子事父母，曰曾子制言上，曰曾子制言中，曰曾子制言下，曰曾子疾病，曰曾子天圓，篇篇必冠以曾子二字，其餘雖無聞，使其存，亦必冠以曾子，如大戴所記矣。大學不題作者姓氏，或云七十子之徒共撰所聞，或云是子思作。至朱子於百世之後，毅然論定爲曾子之書，且析爲經傳。謂經一章，蓋孔子之言，而曾子述之；傳十章，則曾子之意，而門人記之。其答林擇之書云：「傳中引曾子曰，知曾氏門人成之。」而樗齋漫録又云：「大學決是子思所作，不然誠意傳中不合有『曾子曰』三字。」黄岡樊氏亦曰：「記引曾子之言，決非曾子之書。」可知學者所見不同如是，當日復齋陸氏、東磵湯氏，咸謂朱子中庸、大學，其傳不遠。而朱德莊亦不信朱子章句，於是董文清而後，改本紛綸出矣。

又按：香溪范氏云：「班生志儒家書，有『曾子十八篇』，今其存者十篇而已，不知餘八篇爲何」等語，意其亡於魏、晉之間也，范氏於朱子未成大學章句以前，故爲是言。迨章句行，而十篇之外，又增出大學一篇，人不敢復致疑矣。

大學或問

宋志：「二卷。」

存。

倪氏思**大學辨**一作僻解。

一卷。

佚。

薛氏季宣**大學説**

一卷。

佚。

孫氏袀**大學講義**

一卷。

佚。

金華志：「孫袀，字居敬，東陽人。淳熙十四年進士第三人，仕至兵部郎官。」

黄氏幹大學聖經解

一卷。

存。

大學章句疏議

一卷。

存。

葉氏味道大學講義

一卷。

佚。

邵氏囦大學解

一卷。

佚。

熊氏以寧大學釋義

一卷。

佚。

趙氏善湘大學解

十卷。

佚。

真氏德秀大學衍義

宋志：「四十三卷。」

存。

德秀自序曰：「臣始讀大學之書，見其自格物、致知、誠意、正心、修身、齊家，至於治國、平天下，其本末有序，其先後有倫。蓋嘗撫卷三歎，曰：爲人君者，不可以不知大學，爲人臣者，不可以不知大學。爲人君而不知大學，無以清出治之源，爲人臣而不知大學，無以盡正君之法。既又考觀在昔帝王之治，未有不本之身，而達之天下者，然後知此書所陳，實百聖傳心之要典，而非孔氏之私言也。三代而下，此學失傳，其書雖存，概以傳記目之而已。求治者既莫之或考，言治者亦不以望其君，獨唐韓愈、李翺嘗舉其説，見於原道、復性之篇，而立朝論議，曾弗之及。蓋自秦、漢以後，尊信此書者，惟愈及翱，而亦未知其爲聖學之淵源、治道之根柢也，況其他乎？臣嘗妄謂大學一書，君天下者之律令格例也，本之則必治，違之則必亂。近世大儒朱熹嘗爲章句、或問，以析其義。寧皇之初，入侍經帷，又嘗以此書進講，願治之君儻取其書玩而繹之，則凡帝王爲治之序，爲學之本，洞然於胸次矣。臣不佞，竊思所以羽翼是書者，故剟取經文二百有五字，載於是編，而先之以堯典、皋謨、伊訓，與思齊之詩，家人之卦者，見前聖之規橅，不異乎此也；繼之以子思、孟子、荀況、董仲舒、楊雄①、周敦頤之説者，見後賢之議論，不能外乎此也。堯、舜、禹、湯、文、武之學，純乎此者也；商高宗、周成王之學，庶幾乎此者也。漢、唐賢君之所謂學，已不能無悖於此矣，而漢孝元以後數君之學，或以技藝，或以文辭，則甚繆乎此者也。上下數千載間，治亂存亡，皆由是出，臣故斷然以爲君天下之律令格例也。雖然，人君之之②學必知其要，然後有以爲用力之地。蓋明道術、辨人材、審治體、察民情者，人君格物致知之要也；崇敬畏、戒逸欲者，誠意正心之要也；謹言行、正威儀者，修身之要也；重妃匹、嚴內治、定國本、教戚屬者，齊家之要也，四者之道得，則治國平天下在其中矣。每條之中，首以聖賢之明訓，參以前古之事蹟，得失之鑑，炳焉可觀。昔時入侍邇英，蓋嘗有志乎是，比年以來，屏居無事，乃得繙閱經傳，彙而輯之。畎畝微忠，朝思暮繹，所得惟此，祕之巾衍，以俟時而獻焉。其書之指皆本大學，前列二者之綱，後分四者之目，所以推衍

---

① 「楊雄」，應依四庫諸本作「揚雄」。

② 四庫諸本脱一「之」字。

大學之義也，故題之曰大學衍義云。」又進表曰：「汗竹雖厘，何補聖經之奥；食芹欲獻，誤蒙天語之温。以十年纂輯之餘欣，一旦遭逢之幸，中謝惟大學設八條之教，爲人君立萬世之程。首之以格物致知，示窮理乃正心之本，推之於齊家治國，見修己爲及物之原。曾子之傳，獨得其宗，程氏以來，大明厥旨，迨師儒之繼出，有章句之昭垂。臣少所服膺，晚而知趣，謂淵源遠矣，實東魯教人之微言；而綱目粲然，乃南面臨民之要道。曩叨侍從論思之列，適當奸諛蒙蔽之時，念將開廣於聰明，惟有發揮於經術。使吾君之心炳如白日，於天下之理，洞若秋毫，雖共、兜雜進於堯朝，豈魑魅能逃於禹鼎？不量菲薄，欲效編摩，遽罹三至之讒，徒結九重之戀，既投閒而置散，因極意以研精。畎畝不忘君，每惓惓於報上；藩墻皆置筆，幾矻矻以窮年。首剟聖賢性命道德之言，旁采古今治亂安危之迹，必提其要，皆聚此書。凡諸老先生之講明，粗加該括；於君子小人之情狀，尤極形容。載瞻海嶽之崇深，期效涓埃①之裨補。兹蓋恭遇皇帝陛下，乾旋坤轉，日就月將，於緝熙單厥心基命遹隆於成后，念終始典於學遜志克邁於商宗。方將切磋琢磨，而篤於自修；定静安慮，而進於能得。事欲明於本末，理期貫於精粗。適粹成編，冒塵清燕。止其所止，願益加止善之功；新以又新，更推作新民之化。」

玉海：「端平元年十月，侍讀真德秀進大學衍義，上謂有補治道，是月讀大學章句畢，令進讀。」

趙希弁曰：「右真文忠公德秀爲户部尚書日所進也。因大學條目而附以經史，首之以帝王爲治之序，次之以帝王爲學之本，是之謂綱。首之以明道術、辨人材、審治體、察民情，次之以崇敬畏、戒逸欲，

① 「涓埃」，四庫薈要本誤作「涓涘」。

又次之以謹言動、正威儀，又次之以重妃匹、嚴内治、正國本、教戚屬，是之謂目。每條之中，首之以聖賢之典訓，次之以古今之事迹，諸儒之釋經論史有發明者録之，而公之説亦附見焉。」

魏了翁曰：「自慶元權臣立僞學之名，以錮善類，憸人乘之以給爵位，俗士假之以漁科名。自周、程子，至於朱、張氏，凡以發天人之藴，闡聖賢之秘者，皆憲禁以絶其書，雖以中庸、大學，孔門之遺言，亦科目之所忌，學士解散，甚有不敢名其師者。公晚出獨立，慨然以世道自任，即口誦心，惟驗己之實踐，行世接物，體心之所安，造次理道，於仕於處，無貴賤少長，愛而敬之。自長沙後，國人以公出處爲廟社安危，公身愈退道愈尊，名愈盛而責愈衆，積憂成疾，亦自是始矣。公將以晚歲著書貽後，僅有大學衍義一書，既上送官，留之經幄，其次僅有文章正宗號爲成書，悲夫！」

楊士奇曰：「大學衍義四十三卷，著述之意，見公所上劄子及序。蓋其爲書，廣大精密，綱目畢備。有天下國家之任，及爲臣欲致其君於唐、虞、三代者，必考之於斯焉。」

薛瑄曰：「朱子之後，真西山大學衍義有補於治道①。」

張寧曰：「大學衍義一篇，依經據史，博古通今。言天必有徵於人，語事而不遺乎理，録善惡以示百世王之監戒，廣節要以盡八條目之工夫，忠臣愛主之諷導箴規，人君治世之格例律令，於今可見，盡在此書。」

① 「治道」，當作「治道」。

經義考卷一百五十七

禮記二十

董氏槐大學記

一卷。

佚。

黄震曰:「大學自二程先生更定,至晦翁先生章句益精矣。獨所謂傳之四章,自『聽訟吾猶人』以下釋本末,云下有闕文,傳之五章釋致知,云上有闕文,是以工夫次第大備之間,猶有文字闕失之憾也。辛酉歲,見董丞相槐行實載此章,謂經本無闕文,此特錯簡之釐正未盡者爾。首章明德、新民、至善三句綱領之下,即繼以『欲明明德』以下條目八事之詳,此經自『知①止而后有定,定而后能静,静而后能

①「知」,文淵閣四庫本誤作「致」。

安，安而后能慮，慮而后能得，物有本末，事有終始，知所先後，則近道矣，此謂知本。子曰：「聽訟，吾猶人也，必也使無訟乎！」無情者不得①盡其辭，大畏民志，此謂知本，此謂知之至也。』右正釋致知在格物，不待别補，今錯在首章三句②之下耳。」

宋史：「董槐字庭植，定遠人。嘉定六年進士，寶祐二年，參知政事，三年，拜右丞相，兼樞密使，封許國公，卒贈太子少師，謚文清。」

景星曰：「大學傳五章『此謂知本』一句，非但③衍文，正是釋格物二字，經言『物有本末』，此本字指極本窮源處，即至善之所在也。經曰『知止』，傳亦曰『於止知其所止』，經曰『物有本末』，傳亦曰『知本』，非釋物格知至而何？程子曰：『格物者，謂知至善之所在。』如此，則謂之傳無闕文可也。静、安、慮、得四字，即可以見吾心之全體大用，無不明處，謂非致知工夫不可；本、末、終、始四字，即可見衆物之表裏精觕，無不到處，謂非格物工夫不可，不待補而義已足，此説得之矩堂董氏。中庸曰：『知所以修身，則知所以治人，知所以治人，則知所以治天下國家。』學莫先乎致知，其所知者，不過自心而身，自身而家、國、天下，此外無餘藴矣。」

〔補正〕

① 「得」，文淵閣四庫本誤作「能」。

② 文津閣四庫本無「三句」二字。

③ 「非但」，補正、四庫薈要本、文津閣四庫本作「不但非」。

景星條内「非但衍文」，當作「不但非衍文」。（卷六，頁十二）

顧炎武曰：「董文清改大學『知止而后有定』二節於『子曰：「聽訟，吾猶人也。」』之上，以爲傳之四章，釋格物致知，而傳止於九章，則大學之文原無所闕，其説可從。」

蔡氏模**大學演説**或作「衍論」。

一卷。

未見。

陳氏堯道**大學説**

宋志：「十一卷。」

佚。

余氏學古**大學辨問**

一卷。

佚。

括蒼彙紀：「學古，青田人。」

陳氏華祖大學審明

佚。

王瓚曰："永嘉人。"

吴氏浩大學講義

一卷。

未見。

胡炳文曰："字義夫，新安人。"

盧氏孝孫大學通義

一卷。

未見。

黎氏立武大學發微

一卷。

存。

大學本旨

一卷。

存。

立武自序曰：「大學一書，學者皆以先儒更定錯簡爲據，本旨之述，則依本文次序，講尋厥旨，將以備考訂也。」

按：黎氏大學，其詮格物致知云：「格物即物有本末之物，致知即知所先後之知，蓋通徹物之本末，事之終始，而知用力之先後耳。夫物孰有出於身、心、家、國、天下之外者哉？天下之本在國，國之本在家，家之本在身，身之主在心，心之發爲意，此物之本末也。誠而正，正而修，修而齊，齊而治，治而平，此事之終始也。本，始先也；末，終後也。而曰知所先後者，其究在乎知止而已。」其後心齋王艮①亦云：「格物者，格其物有本末之物；致知者，致其知所先後之知。」心齋雖爲姚江之學，而其論格物，與師説殊，不知語本於黎氏也。

車氏若水大學沿革論

一卷。

① 「王艮」，四庫諸本作「王氏」。

未見。

王柏曰：「車君書言致知格物傳未嘗亡，自『知止而后有定』以下，合聽訟一章，儼然爲格物一傳，使朱子聞之，當莞爾一笑也。」

〔補正〕

王柏條内「未嘗忘」，「忘」當作「亡」。（卷六，頁十二）

王逢曰：「清臣師杜清獻公範，賈似道再聘入史館，辭不受，有重證大學章句。」

方孝孺曰：「大學出於孔氏，至程子而其道始明，至朱子而其義始備。然致知格物傳之闕，朱子雖嘗補之，而讀者猶以不見古全①書爲憾。董文清公槐、葉丞相夢鼎、王文憲公柏皆謂②傳未嘗闕，特編簡錯亂，而攷定者失其序，遂歸經文『知止』以下，至『則近道矣』以上四十二字，於『子曰：「聽訟，吾猶人也。」』之右爲傳第四章，以釋致知格物，由是大學復爲全書。車先生清臣爲書以辨其説可信矣，蓋聖賢之經傳，非一家之書，則其説亦非一人之所能盡，世之嘵嘵然黨所聞而不顧理之是非者，皆非朱子之意也。舊説以聽訟釋本末，律以前後之例不類，合爲一章而觀之，與孟子『堯、舜之知而不偏物』之言，正相發明，其爲致知格物之傳何惑焉？」

都穆曰：「朱子作大學章句，取程子之意，以補致知格物之傳。黄氏日抄載董丞相之説，謂經本無

① 「全」，文淵閣四庫本誤作「今」。

② 「謂」，文淵閣四庫本誤作「爲」。

闕文，首章『明明德』三句下，即繼以『欲明明德』以下文，此經也。自『知止而后有定』至『則近道矣』，及『聽訟吾猶人也』至『此謂知之至也』，此正釋致知有①格物，不俟他補。後黃巖車清臣著大學沿革論，其見與董氏合，王魯齋是之，謂『洞照千古之錯簡』。本朝大儒，如宋學士、方正學，其見亦同，宋公曰：『綱與目之名，無有所謂本末者，何必傳以釋之。』方先生曰：『以聽訟釋本末，律以前後例不類，合爲一章而觀之，與孟子「堯、舜之知而不偏物」之言，正相發明，其爲致知格物之傳何惑焉？』是語雖異於朱子，而不乖乎道，固朱子之所取也。」

浙江通志：「車若水，字清臣，號玉峰山民，黃巖人。嘗取大學『知止有定』一節，合聽訟章，爲格物致知傳，金華王柏以爲洞照千古之錯簡，使朱子聞之，亦當心服。」

何氏夢桂**大學説**

一卷。

佚。

吴氏季子**大學講義**

二卷。

---

①「有」，依四庫薈要本、備要本應作「在」。

未見。一齋書目有。

王圻曰：「季子，字節卿，號裕軒，邵武人。寶祐四年進士，官國子監丞。」

方氏禾①**大學講義**

一卷。

佚。

何氏基**大學發揮**

四卷。

未見。

王氏柏**大學**

未見。

毛奇齡曰：「王魯齋柏謂大學錯簡或有之，然未嘗闕，安事補哉？遂就本文略移易，而其義已備，與董氏槐、葉氏夢鼎、車氏若水、吴氏澂之説相同。此就朱子改本，僅去其補傳，以自爲説者。」

---

① 「禾」，四庫薈要本注「闕」。

金氏履祥**大學章句疏義**、**大學指義**

〔校記〕

四庫著録作大學疏義。（禮記，頁四二）

各一卷。

未見。一齋書目有。

〔四庫總目〕

朱彝尊經義考於二書皆注未見，但據一齋書目著於録，此本爲金氏裔孫所刊，蓋出於彝尊經義考之後。然僅存此疏義一卷，其指義及貫序，則並佚之矣。（卷三五，頁四一，大學疏義一卷提要）

柳貫曰：「大學，文公既定次章句，而或問之作，所以反覆章明其義趣者尤悉，然後之學者尚有疑焉。先生復隨其章第，衍爲疏義，以暢其文，申爲指義，以統其會，大學之教，於是乎無毫髮之滯矣。」

胡氏希是**大學稽疑**

一卷。

未見。一齋書目有。

王氏文煥**大學發明**

一卷。

佚。

括蒼彙紀：「文煥，字子敬，一字叔恭。入元不仕，學者稱西山先生。」

馬氏端臨**大學集傳**

一卷。

未見。一齋書目有。

江西通志：「馬端臨，字貴與，樂平人。右相廷鸞仲子，以蔭補承事，嘗省試第一。宋亡，隱居教授。」

吴氏浩**大學口義**

一卷。

佚。

徽州府志：「吴浩，休寧人。隱居不仕，著直軒大學口義。」

徐氏失名**大學解義**

一卷。

未見。

謝枋得序曰：「大學解義一篇，臨川老儒徐公著述也。朱文公平生精神志願，悉在四書，後進剽竊緒餘，高可以取卿相，下亦投合有司，而掇巍科。天下家藏其書，人遵其道，與六經、論語、孝經、孟子並行。惜乎知之者尚未致，行之者尚未力，四書何負人？人負四書亦多矣。是編初意，豈欲發朱文公言意所未盡者耶？抑尊信文公之學，誠求實踐，自不能已於言者耶？厥子以示某，某覽盡卷，不能贊一辭，所望於徐公之子者，惟於「力」、「行」二字加意焉，俾人知朱文公之學，不徒議論，要見樸實，則此編亦必爲世所尚矣。」

許氏衡**大學要略直説**

一卷。

存。

陳普序曰：「心者，際天極地而一者也。易六十四卦喫緊言心者二：坎之『行有尚』，中孚之『吾與爾靡①』喫緊言心者也。八卦坎中實心之象也，心者，帝降之衷也。帝至公無私，至一無二，所降之衷，天地間無不得，故行必有尚。尚，合也，行必有合，無在不在故也，孔子所以浮於海也。中孚，誠心也，無間於天地人物者也。全體中虛，二體中實，皆無間無雜之誠心也。故爲好爵，好爵之縻，繫而不能釋也。吾與爾縻，彼此人己親疎遠近交繫之不能釋，而莫知其所以然也。是皆天命之不能已，孟子所謂道性善也。吾閩自有天地以來，爲草木篁竹之地，至唐始有書聲，書聲三百年，而文公朱子生焉。道統在焉，心之無在②不在也。許平仲，覃懷人也，相後不百年，而相去數千里，一旦於吾朱子之書，忻喜踊躍，如獲連城。上以廣一人堯、舜之心，下以起同類曾、閔之行，而復能真體實踐，藹然于立身處家、進退行藏之際。六合既一，北方人物之美趣尚之，正不絕於南來者之口。而四書之檐③發於武夷之下，踰江、淮、黃河，越行、華，出居庸、鴈門、玉門，以及於日月之所照，霜露之所隊。是固平仲之功，亦無非帝降之使然也。當時朱子燈火之前，夜半不寐，推床之際，豈知身後之契，在於太行之東，與其書之彌滿天地哉？大要降衷，秉彝無間，於混然中處之類，但須勤行敬守，則不患於無相知者。明道先生子程子曰：『但得道在不繫今與後、已與人。』吾於朱文公、許魯齋亦云。」

① 「靡」，文淵閣四庫本作「縻」。
② 文淵閣四庫本「無在」下有「無」字。
③ 「檐」，補正、四庫諸本作「擔」。

〔補正〕

陳普序内「而四書之檐發於武夷之下」，「檐」當作「擔」。（卷六，頁十二）

陳鈞序曰：「古者大學教人之法，備見於大學之書。河南程子尊信而表章之，上接孔子不傳之統，下開後世入學之門，其功至矣。地相近，而得其傳者，許公也。公之源派流衍益廣，今中書宰相、御史中丞、行中書右丞其正傳也。凡仕於朝、仕於外，有道德之潤以及於民者，亦皆許公之徒也。愚宦遊南北，頗得托交於公之徒，相與講公之學久矣，今也始得見大學要略於昌江鎮守王氏之家。伏而讀之，其要也，能發其微，其略也，不傷於簡，中庸曰：君子之道，夫婦之愚可以與知，可以與能。及其至也，聖人有所不能知、不能行。許公既舉其要，惟世祖皇帝大聖人能知之、能行之，用之以平天下，亦既效矣。今刻此書以布於天下，使人人能正其心，則無負於學矣。王氏雖不獲登公之堂，而能廣公之學，亦可嘉也。」

馮庚跋曰：「大學一書，乃學者入德之門，而修齊治平之律令格例也。三在八條，炳若日星；一經十傳，粲然經緯。自子朱子章句、集傳、或問、語録之説興，而其義大明於天下，江南之人，家傳日誦。然求其明效大驗，似未能滿人意，豈徒視爲空言之書，而無以見於日用之大歟？庚幸甚，三造大都，與北方學士大夫游，承顔接辭之間，知有魯齋左丞許先生以道學倡於北，亦既取知於聖明，略施其所學矣。凡執經於許公之門者，大而丞相御史，次而部刺史郡二千石，皆以其學有名聲於時。而愚也莫由順下風而請，每重責沈之嘆。及歸江南，見先生小學之書，大義温潤精純，根極理致，是宜稱爲當世之儒宗也。竭來常武路達魯花赤朶兒赤①視篆未幾，一日謂予曰：『舊藏魯齋大學要略善本，今繡之梓，以廣其傳。』庚歛袵而讀之，辭簡而明，直而文，如絲麻穀粟，坦明平易，人人可以與知與行，而至理之妙，皆渾然乎其中，實穹壤間之一大奇書也。俾予跋之，予惟天下之理，無乎不在，無遠近大小精粗之間。孔門之高弟有曰：『君子之道，孰先傳焉，孰後倦焉？譬諸草木，區以別矣。』故程子釋之曰：『聖人之道，更無精粗，從洒掃應對與精義入神，貫通只一理。』今觀是書，其言近，其旨遠，名雖要略，而義則精詳也。俾其書參行於世，益明大學教人之法，公之意美矣。抑公之爲此者，要不特以簿書期會爲事，而有以訓其人，使知義理之歸，藹然爲蜀文翁之盛，以無負於師帥之任，是又承流宣化之美政也。庚不揆，喜而識之。」

郝縉序曰：「吾鄉許文正公身任斯道，接濂、洛、關、閩之傳，其嘉言善行，遺書所收者甚少。縉謝事，鄉居宫保幸庵彭公過臨，命與其曾孫泰和博求載籍，萃爲全書以傳，未能也。是編乃先生直言以教人者，其言切近精實，人所易曉②。天台克庵陳公督學中州，嘗表章之，以訓多士。縉幸私淑而與有聞者，故先刊諸木，與同志者共之。或者疵先生不當仕元，於戲！楚之僭，公山、佛肸之叛，孔子尚欲往，況生其地，而爲之氓，坐視生民之糜爛而不救，則心亦何負，而身又何所逃哉？自今觀之，綱常不至於滅絶，人類不至於禽獸，誰之功也？」

① 「達魯花赤朶兒赤」，四庫諸本作「達嚕噶齊多爾齊」。

② 文淵閣四庫本「曉」下有「也」字。

洪寬序曰：「大學要略一篇，書魯齋許先生直説以教人也。夫天生蒸民，固莫不付之以性，而弗能使之皆有以知其所固有而全之，固不能無待於教也。古之聖人，若伏羲、神農、黄帝、堯、舜、禹、湯、文、武首出庶物，作之君師，於是人生八歲，而教之以小學之方，十五而教之以大學之要，而大學、小學之教，蓋已立矣。迨我夫子之聖，繼群聖之統，以教詔於天下，而人有所啓迪，以復厥初。則大學、小學之教，又彌著矣。曾子述之，作爲傳義，以發其趣。朱子因之，集爲章句，以釋其意，由是大學所以教人之法，彰彰明甚，無以加焉。學者由章句而遡其傳義，由傳義以明夫聖經，若披雲霧而覩青天，翦荆棘而循大路，坦然由之，而造乎大道之要，蓋有不知其然而然者矣。爰及于元，聖道淪湮，魯齋先生居司成之重任，尋道學之墜緒，歷覽聖經，博通傳注，撮其大要①，不工文詞，直説大學教人之方，以開示後之學者。其言約而達，微而臧，雖庸人孺子，皆有以知之。然後古者大學教人之道，聖經賢傳之旨，莫不焕然融會，夫豈復有餘藴哉？是書也，傳之雖久，而未盛行。河南憲臣臨海陳先生奉敕提督學校，停驂之初，首搜儒書，得其故本，乃沈潛考訂，更互演繹，補其闕略，發其微義。每歷一所，輒召校官，集諸生立館下，出以示之，日令講誦，親加訓迪，凡環黌宫，而觀聽者亦無不釋然有悟於心，充然自得。其理寬叨，領郡寄學校所當先也。於是謀於同官桐江聞孟剛、京口陶茂各捐俸鋟梓，以廣其傳。嗚呼！聖人之道著於經，猶化工之妙著於物，雖曰簡易易知，然非魯齋直説以教人，則微詞奥義，孰有以得其理，而復其性者哉？若是篇者，不惟有補於化民成俗之意，而實有功於聖門也大矣。」

① 「大要」，文津閣四庫本誤作「大學」。

魯齋大學詩解

一卷①。

未見。

黄虞稷曰：「每大學一義，輒賦七言絶句解之。」

熊氏禾**大學廣義**一作「口義」。

二卷。

未見。一齋書目有。

宋眉年序曰：「此篇作於建人熊君去非，摭其生平所學，欲施之事而未能者，悉載之書。謂致知誠意之學，自心、身而家、國、天下，無一事可離此二節工夫，至論新民後一截，酌古通今，如身履其中，灼見可以措世隆平，致君堯、舜，而後筆之於是。大學十經一傳，字字俱實理，句句非虚文，釋天下有體無用之疑，著儒者明體適用之學，廣聖賢全體大用之功。惜乎身與世違，以今觀之，亦祇付之空言而已。熊君多著述，有大學廣義，篇帙浩大，未見全書。近略獲觀廣義要旨，其用心極不苟，此編又要旨中之要旨，而謂之口義云者，不敢侈言也。嗚呼！其果付之空言而已耶？言而至此，安得不爲之撫編

① 「一卷」，四庫薈要本作「二卷」。

三歎。」

胡氏炳文**大學指掌圖**

一卷。

未見。

程氏仲文**大學釋旨**

一卷。

未見。

胡炳文序曰：「予沈潛讀四書六十年，近爲纂疏、集成有訛舛處，不得已爲通一編，友朋得之，則以鋟之梓，予悔之早。程仲文舊從予游，予以其嗜學極愛之，今所著大學釋旨，辭簡嚴密，圖明該貫，視章句有所發揮，於予通有所傳授，識者表章之，薦剡交飛，將以上聞。仲文年方壯，學者方進未已，此書之出，視予得毋又早乎？雖然，知人易，受知難，自知尤難。大學誠意章言自知之真也，仲文其益務自知，庶不負識者之知乎，仲文勉之。雖然，予年八十，亦不敢不自勉也。」

齊氏履謙**大學四傳小注**

一卷。

未見。

許氏謙大學叢説

一卷。

未見。

黄虞稷曰：「謙孫存仁，明初爲國子監祭酒，謙之遺書悉皆刊布。」

呂氏洙大學辨疑

一卷。

佚。

呂氏溥大學疑問

一卷。

佚。

金華府志：「呂溥，字公甫，永康人，與兄洙均從許謙學。」

周氏公恕**大學總會**

五卷。

未見。

張萱曰：「總載或問、宋儒語録及考亭師弟問答大學語。」

李氏朝佐**大學治平龜鑑**

佚。

傅若金序曰：「龜以卜，鑑以監，帝王之道以法，雖聖人不敢易焉。故卜而不求乎龜，則不能知夫事；監而不求①鑑，則不能正夫②類；爲法而不求乎帝王之道，其能以平治天下乎？是故善爲治者，以前言爲龜，以往行爲鑑，吉凶罔不有以知於前，善惡靡不有以監於後，擇而行之，由一身而達之天下，其猶運諸掌矣。此無他，知所法焉。大學一書，古今帝王爲治之要道也，宋子朱子既集儒先之説，以爲章句，而行諸世矣。今李氏不畔其説，而能增之發明，以申其義，又引事比類，凡唐、虞、三代，下及漢、唐歷代之君，善可以則，惡可以戒者，悉附著於其下，名曰大學治平龜鑑。其言數千，雜出五經、諸史之

① 四庫薈要本「求」下有「乎」字。
② 「夫」，四庫薈要本誤作「乎」。

文，察其用心勤矣。昔唐宋璟進無逸圖，而警戒之道成；張九齡上事鑑，而諷諭之功著。治平龜鑑之作，殆亦欲見諸行事者耳。而二公處輔相之近，其言易以行；李氏居山林之遠，其書難以見。知雖然芻蕘之言，聖人不廢，況托於經以行者乎？居今無知其書則已，苟有知者，采而上之，使不見廢，則於帝王平治天下之道，豈獨無所裨哉？李氏，雲陽人，字朝佐，窮經積學，蓋有志當世之務云。」

李氏師道**大學明解**

一卷。

佚。

黄虞稷曰：「高郵人，學者稱月河李氏，嘗爲通州教授。」

蔣氏文質**大學通旨**

一卷。

未見。

按：聚樂堂藝文目有之。

蔡氏季成**大學説約**

一卷。

未見。

蔣氏①玄**大學章句纂要**

一卷。

佚。

曾氏元生**大學演正**

一卷。

佚。

鍾氏律**大學補遺**

一卷。

佚。

王逢曰：「律，字伯紀，汴人。鄉貢進士，爲儒學官，前後徵辟，並以疾辭，有大學補②行於世。」

① 「蔣氏」，文淵閣四庫本作「薛氏」。

② 「大學補」，文淵閣、文津閣四庫本作「大學補遺」。

沈氏易大學旁訓一卷。

佚。

經義考卷一百五十八

禮記二十一

劉氏迪簡**皇王大學通旨舉要**

一卷。

未見。

黄虞稷曰：「書凡十章，一章總言三綱領，二、三、四章釋三綱領注略，五章至十章釋八條目注解。」

江西通志：「劉迪簡，字簡卿，安福人。吴元年被徵，授尚賓館副使，洪武建元進皇王大學通旨。奉詔使交趾，至南寧道卒。」

劉氏清**大學要旨**

一卷。

未見。

傅氏淳大學補略

一卷。

未見。

范氏祖幹大學發微

一卷。

佚。

劉氏清大學要句

佚。

蔣氏允汶大學章旨

佚。

王瓚曰：「温州府學教授永嘉蔣允汶彬夫撰。」

陳氏雅言大學管窺

一卷。

未見。

張氏洪大學解義

一卷。

未見。

鄭氏濟大學正文

一卷。

未見。

方孝孺後序曰：「大學出於孔氏，至程子而其道始明，至朱子而其義始備。然致知格物傳之闕，朱子雖嘗補之，而讀者猶以不見古人全書爲憾。董文清公槐、葉丞相夢鼎、王文憲公柏，皆謂傳未嘗闕，特編簡錯亂，而考定者失其序，遂歸經文『知止』以下至『則近道矣』以上四十二字，於『聽訟吾猶人也』之右，爲傳第四章，以釋致知格物，由是大學復爲全書。車先生清臣嘗爲書以辨其説之可信，太史金華宋公欲取朱子之意補第四章句，以授學者，而未果。浦陽鄭君濟仲辨授學，太史公預聞其説，而雅善篆書，某因請以更定次序書之，將刻以示後世。蓋聖賢之經傳，非一家之書，則其説亦非一人之所能盡也。千五百年之間，講訓言道者迭起，至於近代而始定，而朱子亦曷嘗斷然以爲至當哉？姑亦以待後之君子爾。世之嘵嘵然黨所聞而不顧理之是非者，皆非朱子之意也。舊説以聽訟釋本末，律以前後之例爲不類，合爲一章而觀之，與孟子『堯、舜之知不偏物』之言，正相發明，其爲致知格物之傳何惑焉？古人之説經，略舉大義，而意趣自備，非若後世説者之固也。由國家而推之天下，大學之所宜爲，則欲致知者，舍聽訟而何以哉？是語雖異於朱子，然異於朱子而不乖乎道，固朱子之所取也歟！鄭君□□①多學而不雜，執中而不滯，觀其所好，其傳所謂近道者歟？」

徐氏與老**大學集義**

一卷。

未見。

黄虞稷曰：「字仲祥，錢塘人，王達嘗師事之。」

丁氏璣**大學疑義**

一卷。

① 「□□」，文淵閣、文津閣四庫本作「仲辨」，備要本作「濟仲」。

佚。

李氏果**大學明解**

一卷。

未見。

黃虞稷曰：「成安人，景泰庚午舉人，歷官濟南知府。」

楊氏守陳**大學私抄**

一卷。

未見。

守陳自序曰：「蒙少受大學，輒併其章句，誦而味之，佐以或問，參以諸説，已自謂通矣。及誦之久，味之詳，乃反有疑焉。其後誦益久，味益詳，疑亦從而益繁。積數十載，雖與天下友反覆講之，疑終不釋也。今家居無事，日誦味之，而疑如故。乃取所疑經傳，易而置之，各録章句於其下，而章句有與今易置之文義不合者，亦僭用己説，以『蒙謂』别之，而其所以易置之故，則詳具於各章之末。既而誦且味之，怡然理順，乃浄抄成帙，閟之篋中，不敢以示人。一日，客或翻篋見之，閲未半，輒嘻笑且怒駡曰：『吾不意子之叛儒先而紊聖經至此也，夫大學者，孔子之經，曾子之傳，而朱子之章句、或問，後學惟誦習之，莫敢違也。何乃僭易而妄解之，亟焚之，毋貽是書累也。』愚應之曰：『非敢爾也，王魯齋曰：「天下所不易者，理也。二程不以漢儒不疑，而不敢更定；朱子不以二程已定，而不敢復改。亦各求其義之至善，而全其心之所安，非強爲異，而苟爲同也。」今蒙所抄，縱未得乎義之至善，亦足全吾心之所安，若其謬説，只自謬耳，是書豈被其累？譬如蜀之八陣石，一時或亂之，而千載如故也；虞之五瑞玉，一臣或失之，而萬國自如也。子安庸怒哉？』客赬頰而去，余甚慚且悔，然業已抄之，不忍毁也，用識之篇末。」

丘氏濬**大學衍義補**

一百六十卷。又補前書一卷。

存。

神宗御製序曰：「朕惟帝王之學，有體有用，自仲尼作大學一經，曾子分釋其義，以爲十傳，其綱明德、新民、止至善，其目格、致、誠、正、修、齊、治、平，闡堯、舜、禹、湯、文、武之正傳，立萬世帝王、天德王道之標準。宋儒真德秀因爲大學衍義，掇取經傳子史之言以實之，顧所衍者，止於格、致、誠、正、修、齊，而治、平猶闕。逮我孝宗敬皇帝時，大學士丘濬乃繼續引伸，廣取未備，爲大學衍義補，揭治國、平天下、新民之要，以收明德之功。采古今嘉言善行之遺，以發經傳之指，而後體用具備，成真氏之完書，爲孔、曾之羽翼，有功於大學不淺。是以孝廟嘉其考據精詳，論述該博，有補政治，特命刊而播之。朕踐祚①以來，稽古正學，經史諸書，博涉殆徧，因念真氏衍義，我聖祖大書於廡壁，累朝列聖，置之經筵，肅宗聽講之餘，賦翼學詩以紀之。朕爰命儒臣，日以進講，更數寒暑，至於終篇。然欲因體究用，而此書尤補衍義之闕。朕將細繹②玩味，見諸施行，上遡祖宗聖學之淵源，且欲俾天下家喻戶曉，用臻治平，昭示朕明德新民圖治之意。爰命重梓，以廣其傳，而爲之序如此云。」

濬自序曰：「臣惟大學一書，儒者全體大用之學也。原於一人之心，該夫萬事之理，而關係夫億兆人民之生。其本在乎身也，其則在乎家也，其功用極於天下之大也，聖人立之以爲教，人君本之以爲治，士子業之以爲學，而用以輔君。是蓋六經之總要，萬世之大典，二帝三王以來，傳心經世之遺法也。孔子承帝王之傳，以開百世儒教之宗，其所以立教垂世之道，爲文二百有五言，凡夫上下古今百千萬年，所以爲教、爲學、爲治之道，皆不外乎是。曾子親受其教，既總述其言，又分釋其義，以爲大學一篇，漢人雜之禮記中。至宋河南程顥兄弟始表章之，新安朱熹爲之章句、或問，建安真德秀又剟取經傳子史之言，以填實之，各因其言，以推廣其義，名曰大學衍義。獻之時君，以端出治之本，以立爲治之則，將以垂之後世，以爲君天下者之律令格式也。然其所衍者，止於格物、致知、誠意、正心、修身、齊家，蓋即人君所切近者，而言欲其舉此，而措之於國、天下耳。臣竊以謂：儒者之學，有體有用，體雖本乎一理，用則散於萬事。要必析之，極其精而不亂；然後合之，盡其大而無餘。是以大學之教，既舉其綱領

---

① 「踐祚」，四庫薈要本、文津閣四庫本作「踐阼」。

② 「細繹」，四庫薈要本作「紬繹」。

之大，復列其條目之詳，而其條目之中，又各有條理節目焉。其序不可亂，其功不可闕，闕其一功，則少其一事，欠其一節，而不足以成其用之大，而體之爲體，亦有所不全矣。然用之所以爲大者，非合衆小，又豈能以成之哉？是以大也者，小之積也。譬則網焉，網固不止於一目，然一目或解，則網有不張；譬則室焉，室固不止於一榱，然一榱或虧，則室有不具。此臣之所以不揆愚陋，竊倣真氏所衍之義，而於齊家之下，又補以治國、平天下之要也。其爲目凡十有二：曰正朝廷，曰正百官，曰固邦本，曰制國用，曰明禮樂，曰秩祭祀，曰□①教化，曰備規制，曰慎刑憲，曰嚴武備，曰馭夷狄②，曰成功化。先其本而後末，由乎内以達外，而終歸於聖神功化之極。所以兼本末、合内外，以成夫全體大用之極功也。真氏前書，本之身、家，以達之天下。臣爲此編，則又將以致夫治、平之效，以收夫格、致、誠、正、修、齊之功。因其所餘，而推廣之，補其略，以成其全，故題其書曰大學衍義補云。非敢並駕先賢，以犯不韙之罪也。臣嘗讀真氏之序，有曰：『爲人君者，不可以不知大學；爲人臣者，不可以不知大學。』而繼之以『爲人君而不知大學③，無以盡正君之法』，是蓋就其本體而言耳。若即其功用，而究竟④君臣之所當知者，則固有在也。粤自⑤古昔聖賢爲學之道，帝王爲治之序，皆必先知而後行。知之必明其義，行之必舉其

①「□」，四庫諸本作「廣」，備要本作「興」。
②「夷狄」，文津閣四庫本作「外蕃」。
③「大學」下，依補正、四庫諸本應有「無以清出治之源，爲人臣而不知大學」十五字。
④文淵閣四庫本「究」下無「竟」字。
⑤「自」，備要本作「有」。

要，是知欲行其要者，必先知其義，苟不知其義之所在，安能得其要而行之哉？故臣之此編，始而學之，則爲格物致知之方，終而行之，則爲治國平天下之要。宫闕高深，不出殿廷，而得以知夫邑里邊鄙之情狀；草澤幽遐，不履城闉，而得以知夫朝廷官府之政治。非獨舉其要，資出治者，以御世撫民之具，亦所以明其義，廣正君者，以輔世澤民之術。譬之醫書，其前編則黄帝之素問，越人之難經，後編則張仲景金匱之論，孫思邈千金之方。一方可以療一證，隨其方以已其疾，惟所用之何如也。前書主於理，而此則主乎事。真氏所述者，雖皆前言往行，而實專主於啓發當代之君，亦猶孔、孟告魯、衛、齊、梁之君，而因以垂後世之訓。臣之此編，較之前書，文雖不類，意則貫通。第文兼雅俗，事雜儒吏，其意蓋主於衆人易曉，而今日可行。所引之事，頗多重復，所修之辭，不能雅馴，弗暇計也。臣遠方下士，叨官禁近，當先皇帝在御之日，開經筵即綴班行之末，親覩儒臣以真氏之書進講。陛下毓德青宫，又見宫臣之執經者，日以是書進焉。臣於是時，蓋已有志於是，既而出教太學，暇日因採六經、諸史、百氏之闕也，繕寫適完，而陛下嗣登大寶，蓋若有待言者。臣學不足以適用，文不足以達意，偶因所見，而妄有所陳，區區一得之愚，固無足取，而惓惓一念之忠，儻爲聖明所不棄焉，未必無少補於初政之萬一，臣謹序。」

〔補正〕

自序内「爲人君而不知大學」下，當補云：「無以清出治之源，爲人臣而不知大學」，凡十五字。（卷六，頁十二）

何喬新志墓曰：「公以西山真氏大學衍義有資治道，而治國、平天下之事闕焉，乃採經傳子史有及於治國、平天下者，附以己見，作大學衍義補。今天子嗣位之初，公書適成，乃表上之。上覽之甚喜，批答有曰：『卿所纂書，考據精詳，論述該博，有補政治，朕甚嘉之。』賜白金二十①兩，紵絲二表裏，陞公尚書，且命録其副，付書坊刊行。」

程氏敏政**大學重定本**

一卷。

存。

敏政跋曰：「大學章句，朱子所訂，且爲格致傳補亡，有大惠於後學。朱子既没，矩堂董氏槐始謂格致傳未亡，乃雜於經傳中，未及正耳。玉峰車氏若水、慈谿黄氏震、魯齋王氏柏、山陰景氏星、崇仁王氏巽卿，及國朝浦江鄭氏濂、天台方氏希古，皆有論説，大同小異。而於第十章，亦有從程子所訂，而少變之者。走嘗欲合諸家，著爲定本，而未能也，暇日默記衆説，參互考之，手自録出如右。他日或放歸田，當再加紬繹，并訂其注疏，而凡諸經子中，有先儒成説可還其舊者，悉加釐正，以俟後之君子，而不敢必其能遂焉否也。」

陳氏經**大學大全纂**

一卷。

---

① 「二十」，四庫薈要本作「二千」。

未見。

俞汝言曰：「四川成都衛人，成化丙戌進士。」

葉氏應**大學綱領圖**

一卷。

未見。

蔡氏清**考定大學傳**

一卷。

存。

徐師曾曰：「大學篇錯簡甚多，程子既爲之表章定著，朱子又爲之更正補亡，其所作章句、或問，至於今，家傳人誦，似無遺議矣。厥後諸儒，若董氏槐、葉氏夢鼎、王氏柏皆謂傳未嘗闕，特簡編錯亂，而攷定者失其序耳。遂欲移經文『知止』以下二條，置於『子曰聽訟』之上，以爲傳之四章，釋致知格物。而車氏清臣嘗爲書以辨其說之可信，至蔡氏清攷定傳文，云『所謂致知在格物者，物有本末，事有終始，知所先後，則近道矣。知止而后有定，定而后能静，静而后能安，安而后能慮，慮而后能得。子曰：「聽訟，吾猶人也，必也使無訟乎？」無情者不得盡其辭，大畏民志，此謂知本，此謂知之至也。』尤爲近理，使朱子復生，未必不改而從之。」

毛奇齡曰：「與朱氏改本並同，增『所謂致知在格物者』七①字，刪『此謂知本』四字。」

李氏承恩**大學拾朱**

一卷。

未見。

王氏啓**大學稽古衍義**

未見。

楊氏廉**大學衍義節略**

二十卷。

未見。

廉序曰：「大學衍義，先儒真德秀之所著也。曰節略者，臣不揆寡陋，冒昧爲之也。舊四十三卷，今爲二十卷云，竊謂德秀之書，雖其援引之富，論説之辨，然無一言而不源流於孔子之經，無一句而不根本乎曾子之傳，無一言而非人君爲治之法，無一句而非人臣責難之忠，至當至精，至切至要。臣之過

①「七」，應依四庫薈要本改作「八」。

慮，惟恐萬幾之繁，經筵之講讀未易以畢，乙夜之披閲或難於周，此節略之所由以成也。然先其少而後其多，由其約以致其博，則何不可之有哉？此書所謂前列二者之綱，曰『帝王爲治之序』，曰『帝王爲學之本』是也。爲學乃明明德，爲治乃新民，即大學三綱領之二也。所謂後分四者之目，曰『格物致知』，曰『誠意正心』，曰『修身』，曰『齊家』是也。格、致以始之，修、齊以終之，即大學八條目之六也。雖曰三綱領之二①，而至善之止，固在乎中；雖曰八條目之六，而治、平之理，悉該乎内。仰惟陛下躬上知之資，稟生知之性，一讀百篇，五行並下，是豈尋常可得而窺測也哉？自今以往，誠留意焉，則帝王之學必可傳，帝王之治必可復，矧以篇章減省，工夫惟在於專，旬月研窮，效驗決有可獲。至於一得之愚，并此以獻。」又進表曰：「居楓宸，乃膺君師之任；在杏壇，實遺治教之書。學雖上下之皆同責，於南面而獨重，若能實用其力，則必大有其功。經則誦於孔子，而曾子述之；傳則原於曾子，而門人記之。至程子始取之禮經，迨朱子乃爲之章句。若夫引用五經、四書之文，揀擇諸史、百氏之説，據千載之空腔，爲一旦之填實，或言其理，或舉其事。體用一原，即理而事無不包；顯微無間，即事而理無不在。每條秖引其凡，逐節惟提其要，簡以御煩，約以該博，此則莫有逾於衍義之書，而實成於真氏之手。其所以修己而明德者一，二帝三王之明法；其所以治人而新民者一，唐、虞、三代之成功。否則不漢之雜霸，亦唐而已；不唐之雜夷，亦宋而已。君子尠與聞大道之要也，小人豈盡皆至治之澤乎？此書在祖宗朝，或書之以爲昕夕之諦觀，或贊之以爲出治之條格，仰列聖之承傳，同執中之授受，所以治隆於上，俗美於

① 「二」，文津閣四庫本誤作「三」。

下，以至於今也。茲者恭遇皇帝陛下入繼大統，益衍天潢。聰明睿知，素著於潛藩；仁勇聖神，頃觀乎登極。然程子爲説書，拳拳焉進涵養薰陶之説；朱子繼講席，切切然有窮理讀書之言。豈非當新君之幼沖，與嗣皇之初政也哉？臣嘗言於孝宗皇帝，謂經筵不必泛及夫他卷，而勸講惟當專用夫是編。覽之數日，已可窺其大端；講之浹旬，決可會其歸宿。茲者竊慮萬幾之繁，在於一日之内，於是尋行數墨，竭精力以紬閲其全；輯短截長，忘寡陋而採取其半。非敢精以求精，第欲省而又省。近年學士有病其闕，而補以治、平之篇，今日愚臣乃懼其多，而妄有節略之舉。既簡矣，而簡之至，則本於一心；亦約矣，而約之極，則在於一敬。此聖賢之真傳，乃道學之密旨。九重誠留意焉，乙夜儻過目焉，則所謂大端者，當不待於數日，而後窺所謂歸宿者，抑豈俟於浹旬而後會哉？蓋二帝三王之爲君，皆爲如此之學，故唐、虞、三代之致治，咸臻如是之隆。瑟僩赫喧，今復見之，獨諳親賢樂利，亦何幸於躬逢所有。大學衍義節略，凡二十卷，臣之愚得間附一二，繕寫裝潢，共計十帙，謹隨表上進。」

黄虞稷曰：「廉官南京禮部尚書時進呈。」

汪氏璪**大學復古録**

四卷。

未見。

徽州府志：「璪，字文亮，祁門人，徵士思敬子。弘治初，徵修憲宗實録。」

經義考卷一百五十九

禮記二十二

劉氏續大學集注

一卷。

未見。

續自序曰：「大學舊在禮記中，至宋程子以爲孔氏遺書，而表章之，朱子爲之章句。然天下之理，不容毫髮差，故據舊本取『詩云』至『没世不忘』一百二十五字，次聽訟章後，取『此謂』至『必誠其意』一百二十八字，又次其後，改『知本』二字爲『物格』，然後此爲完書。蓋格乃感而應之，學以聚之，問以辨之，皆欲得人心同然，故即其感應者，知其爲善。誠意默而識，此善也；正心不爲物誘，此善也；修身善發於外，中禮也；治國平天下，善見於遠近，事業也。自人所得曰德，以其可欲曰善，即新民而見明德、止至善，非新民亦止至善也。家言孝、弟、慈，國、天下言老老、長長、恤孤。善之用，有差等也；絜矩，格物之施於政也；得衆，善之同也；得天命，善之充也；忠信，進之方也；財用，行之效也。循是爲君子，反是爲小人。用樂善而迸㦸善，仁人其至也，即民之秉彝立教，則百王難損也。故此書精粗兼備，先後相因，上下通行，古今不變，始而易知易行，終則可以位天地、育萬物也。績生去孔子幾二千年，去朱子幾四百年，安能決是非如此之明，不過以心驗之而已。」

趙氏璜**大學管窺**

一卷。

未見。

黄虞稷曰：「江西安福人。弘治庚戌進士，累官工部尚書，卒贈太子少保，謚莊靖。」

胡氏爟**大學補**

一卷。

未見。

太平府志：「胡爟，字仲光，蕪湖人。弘治癸丑進士，改庶吉士，除户部主事。」

胡氏世寧**大學衍義補膚見**

四卷。

少保。」

未見。

吴任臣曰：「胡端敏公世寧，字永清，昌化籍仁和人。弘治癸丑進士，累官太子太保、兵部尚書，贈

王氏守仁**大學古本旁釋**

一卷。一本「四卷」。

存。

守仁自序曰：「大學之要，誠意而已矣。誠意之功，格物而已矣。誠意之極，止至善而已。正心，復其體也，修身，著其用也。以言乎己，謂之明德；以言乎人，謂之新民；以言乎天地之間，則備矣。是故至善也者，心之本體也，動而後有不善。意者，其動也；物者，其事也。格物以誠意，復其不善之動而已矣。不善復而體正，體正而無不善之動矣，是之謂止至善。聖人懼人之求之於外也，而反覆其辭，舊本析而聖人之意亡矣。是故不本於誠意，而徒以格物者謂之支；不事於格物，而徒以誠意者謂之虚。支與虚，其於至善也遠矣。合之以敬而益綴，補之以傳而益離。吾懼學之日遠於至善也，去分章而復舊本，傍爲之釋，以引其義。庶幾復見聖人之心，而求之者有其要。噫！罪我者，其亦以是夫。」

錢德洪曰：「先生在龍場時，疑朱子大學章句非聖門本旨，手録古本，伏讀精思，始信聖人之學本簡易明白，其書止爲一篇，原無經傳之分。格致本於誠意，原無闕傳可補，以誠意爲主，而爲致知格物

之功，故不必增一『敬』字；以良知指示至善之本體，故不必假於見聞。書成，旁爲之釋，而引以序。」

鄭曉曰：「大學一篇，程子更定，朱子爲之章句，今傳習者是也。漢大司農鄭康成所注、唐國子祭酒孔穎達所疏，皆古本也。宋四明黄氏震，元金華王氏柏、臨川吴氏澄，國朝正學方氏孝孺、山陰景氏星，温陵蔡氏清、莆田鄭氏瑗、新安潘氏潢各有説，惟餘姚王氏守仁尊信古本。」

羅汝芳曰：「大學原只是一章書，無所謂經，無所謂傳也，亦無所闕，無所用補也。」

宋犖曰：「伯安具文武才，人鮮能及，乃以講學故，毁譽迭見於當時，是非幾混於後世。蓋其無善無惡之論、朱子晚年之編，學者無所用其回護。至謂其縱士鹵掠，得寧邸金寶，初通宸濠，策其不勝而背之，且擅離職守，處置田州事宜失當，用兵機詐，此謗毁之餘唾，不足拾取也。」

按：大學在小戴記中，原止一篇，朱子分爲經傳，出於獨見。自章句盛行，而永樂中纂修禮記大全，并中庸、大學文删去之，於是誦習章句者，不復知有戴記之舊。陽明王氏不過取鄭注孔義本，而旁釋之爾。近見無錫張夏輯雒閩源流録，於陽明傳謂其叙古本大學，則倒置經文，反以是爲陽明罪，果足以服天下後世之心乎？

大學問

一卷。

存。

錢德洪曰：「吾師接初見之士，必借學、庸首章，以指示聖學之全功，使知從入之路。師征思、田將發，先授大學問，德洪受而讀之。」

鄒守益跋曰：「聖學之明，其在大學乎？聖學之不明，其在大學乎？古者自小子至於成人，初無二致，故曰蒙以養正聖功也；自天子至於庶人，初無二學，故曰壹是皆以修身爲本。後世岐小學、大學爲二，而謂帝王經綸之業，與韋布章句異。嗚呼！聖人之教天下也，將望其爲經綸乎？將望其爲章句乎？古人學術之同異，執是可以稽矣。古者灑掃應對，造次顛沛，參前倚衡，無往非格物之功，故求諸吾身而自足。後世鑽研於書策，摹擬於事爲，考索於鳥獸草木，以一物不知爲恥，故求諸①萬物而愈不足。求諸吾身而足者，執規矩以出方圓也；求諸萬物而愈不足者，揣方圓以測規矩也。絜矩以平天下，天下之大道也，而其目曰：所惡於上，無以使下；所惡於下，無以事上。千變萬化，只在自家好惡上理會。嗚呼！修己以敬，可以安百姓；戒慎恐懼，可以位育；擴充四端，可以保四海，夫非守約施博之要乎？聖學之篇，要在一者無欲，無欲則静虚動直，定性之教，以太公順應，學天地聖人之常，其於大學之功同耶？異耶？陽明先師恐大學之失其傳也，既述古本以息群疑，復爲問答以闡古本之藴，讀者虚心以求之，泝濂、洛以達孔、孟，其爲同爲異，必有能辨之者。」

程氏誥**大學衍義補會要**

未見。

① 「諸」，四庫薈要本作「之」。

樂平縣志："誥，字欽之。弘治己未進士，官至雷州知府。"

朱氏袞**大學信心録**

一卷。

未見。

上虞縣志："朱袞，字朝章。弘治壬戌進士，歷官興化知府。"

崔氏銑**大學全文通釋**

一卷。

存。

銑自述曰："大學其作聖之的乎？莫先於本末之知，莫急於誠欺之辨，是故知本之當先。故推平天下者，必原於格物；知末之當後，故充格物者，斯極於平天下，約之皆修身也。淇澳烈文，格物之序也；仁、敬、孝、慈、信，物之目也。康誥諸文，徵諸古以列其次也，新民而明明德之體全矣。挈古本引淇澳以下，置之誠意章之前，格物致知之義涣然矣。實乎此者，誠也；岐乎此者，欺也。"

湛氏若水**古大學測**

一卷。又難語一卷。

存。

若水自序曰：「甘泉子讀書西樵山，讀古本大學，喟然嘆曰：大學之道，其粲然示人博矣，其渾然示人約矣。明德親民，其粲然矣乎；止至善，其渾然矣乎。夫非有二之也，其粲然者，乃其渾然者也。是故明德親民以言乎大體矣，止至善以言乎實功矣。曷謂粲然其體？用周以弘其分，成己而成物，是故以言乎大體也。曷謂渾然其理？要其學易簡而久大，是故以言乎實功也。曰：曷謂至善？曰：以言乎身心，之於家國天下之事物之理之純粹精焉者也。純粹精焉者非他也，天理也；天理者非他也，吾心中正之本體也，明德親民之奧也，其體用之一原也。是故止至善而明德親民之能事畢矣。曰：曷止之？曰：自知止而定、静、安、慮、知、行，並進乎此者也；知所先後，知此者也；自天下而之格物，自物格而之平天下，始終反説，約此者也。格物也者，止至善也，言屢而意至矣，故止至善則無事矣。或曰：子之必主乎古本，何也？曰：其以修身爲格致也，教之力也，身之也，非口耳之也。學者審其詞焉，其於道思過半矣。是故其書完，其序明，其文理，其反覆也屢，其義盡大哉！博矣！約矣！其道也，其至矣乎？予懼斯文之晦，求之者博而寡要，勞而無功也。誠不自揣，謹離章集訓而測焉，以俟君子。正德戊寅孟秋。」

陸氏深①**校定大學經傳**

一卷。

未見。

魏氏校**大學指歸**

〔校記〕

「挍」當作「校」。本書内魏校名皆誤作「挍②」。（禮記，頁四二）

一卷。古文一卷。

〔校記〕

四庫存目作二卷，附考異一卷。（禮記，頁四二）

存。

王廷序曰：「嘉靖壬寅夏，莊渠魏先生大學指歸成，先生屬廷爲之序，序曰：古人之學，心學也，外心而言學者，非也。故曰：人生而靜，天之性也。明此之謂明德，推此之謂新民，止此之謂至善。堯、

① 「深」，文淵閣四庫本作「琛」。

② 盧本、文淵閣四庫本、備要本均作「校」字。羅氏所見本，或有作「挍」者。

舜、禹、湯、文、武所以能致唐、虞、三代之治者，於此耳。後世大道既隱，學術分裂，世之言學者，學其所學，而非古人之所謂學矣。夫學戾古人，則無真儒，無真儒，則無善治矣。先生夙契先聖之旨，憫學者之寖失其初也，乃直探本原，揭示標準，凡數脱稿，始克成編，名曰指歸。其詞質，其旨遠，其文簡，觀此而於古人之學，思過半矣。或曰：『大學一書，朱子爲之章句，今天下已家傳人誦，而指歸者何？』夫道本無言，而有①者，憂學之不明也。章句析其義，指歸一其趨，蓋有相發明而不相悖者，是烏能已於言哉？書總一卷，其篇次從古文，考異亦附見云。」

廖氏紀**大學管窺**

一卷。

未見。

黄虞稷曰：「黄梅人，弘治乙丑進士。」

張氏邦奇**大學傳**

一卷。

未見。

① 四庫諸本、備要本「有」下有「言」字。

方氏獻夫**大學原**

一卷。

未見。

穆氏孔暉**大學千慮**

一卷。

存。

孔暉跋曰：「孔暉自去年夏病甚，不能言，默然坐臥，靜中不覺舊日所得義理，發於思慮。蓋心無所用，不能動履，誠難遣也。每思大學，腹稿成，輒起而筆之。然眼花不能自校，令男符書而考證焉。」

黄虞稷曰：「堂邑人，弘治乙丑進士。」

程氏昌**大學古本註釋**

一卷。

未見。

黄虞稷曰：「昌，字時言，祁門人。正德戊辰進士，歷官四川按察使。」

洪氏鼒大學參義

一卷。

未見。

王氏道大學億

二卷。

存。

大學衍義論斷①

一卷。

未見。

鄒氏守益古本大學後語

一卷。

① 「大學衍義論斷」，文淵閣四庫本作「大學衍義論新」。

未見。

黄氏訓**大學衍義膚見**

未見。

徽州府志：「黄訓，字學古，歙人①。正德甲戌進士，知嘉興縣，入爲部郎。」

林氏希元**更正大學經傳定本**

一卷。

未見。

陸元輔曰：「同安林希元茂貞平居好古，晚參訂諸儒所定大學格物致知之説，附以意見，曰更正大學經傳。」

王氏漸逵**大學義略**

一卷。

未見。

① 「歙人」，文淵閣四庫本作「歙縣人」。

漸逵自序曰：「大學之教，首之以明德、親民①相並而行焉，何也？曰：此聖賢廣大精微之學，合內外而一之者也。是故天下之大，物我而已矣；吾性之德，體物我而已矣。物我合體存乎學，此學之所以爲大也。至善者，吾心中正之則也，在心爲明德，在事爲至善，合內外者也。自身而內之心也、意也、知也、德也，吾之所有也；自身而外之家也、國也、天下也、民也，吾之所與也，成己成物之道也。是故聖人有以知天下，後世之有老、莊、佛氏之徒，竊吾之明德以自私自利，而肆其説者矣，故示之以親民焉。聖人有以知天下，後世之有管、晏、商、韓之徒，竊吾之親民以自私自利，而鼓其術者矣，故示之以明明德焉。聖人有以知天下，後世崇制象於彌文，假述作爲美觀，而民不被其澤者矣，故示之以教化、用人、理財焉。故觀諸親民，而見聖賢廣大之學，有以異於老、佛之偏枯者矣。觀諸明德，而見聖賢精微之學，有以異管、商之昏汨者矣。爲人君而不知大學之道，必蹈於禍敗之機；爲人臣而不知大學之道，必昧於義利之辨；爲學者而不知大學之道，則溺於老、佛之偏、功利之弊。斯則聖賢之所憂，著之於經，以爲教者也。惜其雜於戴記，簡篇脱略，賴程子而表章易置之，稍爲完備。然於聖人之精藴猶略焉，故特揭而著之。學者能於此識其大焉，則所以合內外、一物我，而於窮理盡性之道，存神過化之幾，思過半矣。」

---

① 「親民」，文淵閣四庫本作「新民」。

聶氏豹**大學臆說**

一卷。

未見。

徐文貞公志墓曰：「公諱豹，字文蔚，永豐人。正德丁丑進士，歷官太子太保、兵部尚書，贈少保，謚貞襄。」

季氏本**大學**

一卷。

存。

毛奇齡曰：「季彭山改本不分章節，删『故治國在齊其家』七字，張宫諭陽和講學龍山，出其書示學者，遂刻之行世，僅大文六葉，無疏義。」

鄭氏守道**大學講義**

一卷。

佚。

黄虞稷曰：「福州人。」

周氏祿**大學約言、緒言**

未見。

吉安府志：「周祿，字以道，廬陵人。受學於陽明，以貢爲黄岡教諭。」

江氏銓**大學論正**

一卷。

未見。

徽州府志：「銓，字元衡，婺源人。」

經義考卷一百六十

禮記二十三

豐氏①**坊石經大學**

二卷。

存。

陳龍正曰:「大學自程、朱一更再更,迄無確論。石經大學出自豐坊,云得之某處,明是坊僞作,而鄭端簡重其書。流傳漸久,恐後世不察,第見其段落分明,血脈融貫,果以爲孔、曾真本,肇自天開,所謂彌近理而大亂真者也。古經自有脈絡錯綜者,遇不可解,無寧闕疑。程、朱明更之,近於大臣擅易位之權,而坊暗更之,殆祖舂申、文信之故智,行之著述之間,其罪大矣。」

① 「豐氏」,文淵閣四庫本誤作「黄氏」。

吴應賓曰："「石經大學非真石經也，謂魏政和中詔諸儒虞松等，考正五經，衛覬、邯鄲淳、鍾會等，以古文、小篆、八分刻之於石，始行禮記，而大學、中庸傳焉。按：魏文帝始以黄初紀元，在明帝則爲太和、爲青龍、爲景初，在齊王芳則爲正始、爲嘉平，在高貴鄉公則爲正元、爲甘露，在元帝則爲景元、爲咸熙，而禪於晉，未嘗有政和之年號。瞿元立言魏者，僞也。魏無政和，而言政和，亡是子虚之謂也。」

陸元輔曰："「錢蒙叟列朝詩集爲豐坊作小傳，謂①石經大學、子貢詩傳等書，皆坊②僞撰，而當時名公③多爲所惑，如鄭端簡以石經大學次第亦自可玩味，郭青螺、李本寧④刻子貢詩傳於楚而序之是也。其書首『大學之道』四句，次『古之欲明明德』一節，又次『物有本末』四句，又次緡蠻詩，又次『知止』節，又次『邦畿』節，又次『聽訟』節，又次『自天子』二節，又次『物格而后知至』節，又次『所謂誠其意』章，又次『所謂修身』章，『食而不知其味』下有『顔淵問仁，子曰："「非禮勿視，非禮勿聽，非禮勿言，非禮勿動」』二十二字，次『所謂齊其家』章，次『所謂治國』章首節，次『一家仁』節，次『康誥曰如保赤子』節，次『故治國』五節，次『所謂平天下』章三節，次『秦誓曰』四節，次『節彼南山』節，次『是故君子先慎乎德』四節，次『殷之未喪師』節，次『楚書』節，次『是故言悖』節，次『康誥維命』節，次『舅犯』節，次『仁者以財』二節，次『生財』節，次『孟獻子』二節，次『是故君子有大道』節，次『堯、舜帥天下』節，次『明德』、『新民』二章，次

① 「錢蒙叟」至「謂」，四庫薈要本作「豐坊以詩名，於時有集行世，至所傳」，文津閣四庫本作「今人豐坊好作僞書，世傳」。
② 四庫薈要本無「坊」字。
③ 「名公」文津閣四庫本作「名人鉅公」。
④ 文津閣四庫本「寧」下有「曾」字。

『穆穆文王』節終焉。當豐氏本①既出，管志道爲作章句測義略義，錢一本、曹宿儒②俱有刊本，皆爲坊所惑，可怪也。」

王氏畿**古本大學附録**

三卷。

未見。

蔣氏信**古本大學義**

一卷。

未見。

陸元輔曰：「武陵人，嘉靖壬辰進士。」

孟氏淮**大學愚見**

一卷。

---

① 文津閣四庫本無「本」字。

② 「曹宿儒」，四庫諸本、備要本作「曹胤儒」。

未見。

黄虞稷曰：「祥符人，嘉靖戊戌進士。」

高氏拱**大學直講**

一卷。

存。

吴氏桂芳**大學記**

一卷。

未見。

黄虞稷曰：「新建人，嘉靖甲辰進士。」

李氏先芳**大學古本**

一卷。

未見。

黄虞稷曰：「濮州人，嘉靖丁未進士。」

萬氏思謙**大學述古**

一卷。

未見。

徐氏栻**大學衍義補纂要**

六卷。

未見。

黄虞稷曰：「常熟人，嘉靖丁未進士。」

王氏諍**大學衍義略**

未見。

温州府志：「諍，字子孝，永嘉人。嘉靖庚戌進士，以僉都御史巡撫貴州。」

魯氏邦彦**古本大學解**

一卷。

未見。

黄虞稷曰：「睢州人，嘉靖庚戌進士。」

史氏朝富**考正大學古本**

一卷。

未見。

陸元輔曰：「史朝富，字節之，晉江人。嘉靖癸丑進士，知永康、六合二縣事，入爲南兵部郎，出知永州府。」

羅氏汝芳**大學説**

一卷。

存。

張恆曰：「汝芳，南城人，嘉靖癸丑進士。」

右其弟子從一貫録中抄出單行。

許氏孚遠**敬和堂大學述**

一卷。答問一卷。

存。

孚遠自序曰：「自格物之義不明，而孔門之學晦。謂即物而窮其理者疑於支；謂於事事物物格其不正，以歸於正者涉於徑；謂格知物之本末與格無物之物者，虚見無實，皆愚之所不能信也。蓋宋儒司馬温公嘗有捍去外物之説。近時天台王子、涇陽胡子皆主格去物欲之説。孚遠嘗在關中，與胡子論辨，不以爲然。及謫居山廬，旋罹先君子大故，兀坐沉思，恍然覺悟。知此心不可著於一物，澄然無物，性體始露，乃知聖門格物之訓，真爲深切而著明。頃入七閩，得温陵蘇子所遺格物之解，若合符契，然後益信人心之所同然。爰取笥中舊著大學述一編，復加删改，就正有道，以期共爲折衷，闡明聖學於天下。後世其知我罪我，所不敢辭避也。萬曆癸巳夏五月。」

耿氏定向**大學括義**

一卷。

存。

楊氏時喬**大學古今四體文**

一卷。

未見。

李氏材**大學約言**

三卷。考次一卷。

未見。

來氏知德**大學古本釋**

一卷。

存。

知德序曰：「大學之道，修身盡之矣；修身之要，格物盡之矣。明德者何也？昭明於天下之德也，即五達道也。若以人之所得於天，而虚靈不昧爲明德，則尚未見諸施爲，以何事明明德於天下也哉？親者，九族也；民者，萬民也，即親親而仁民也。自近以及遠，而家、而國、而天下也，非當作新也，亦非親其民也。止至善者，止於仁、敬、孝、慈、信也，自字義不明，聖人修己以安百姓之道荒矣。道喪千載，又安望其知格物也？五帝三王之學，皆所以明倫。七十子從孔子問志，子曰：『老者安之，少者懷之，朋友信之。』此何志也？即大學老老、長長、恤孤、平天下之志也。及哀公問政，孔子告之曰：『天下之達道五，所以行之者三。』知斯三者，則知所以修身、治人、治天下、國家。則明德即達道，不待辨而自明矣。孟軻氏得孔子之真傳者，故曰：『聖人，人倫之至也，堯、舜之道，孝弟而已矣。親親，仁也；敬長，義也。無他，達之天下也。人人親其親、長其長，而天下平。』及齊宣、梁惠、滕文公問政，皆以設爲庠序、人倫明於上告之，此皆載之簡册。但天下學者，日汲汲於科目，如水之赴海，間有一二高明之士，又馳情於釋氏之空寂，不以身心體認之，以至此義不明耳。秦、漢以來，聖人之道渾如長夜，至宋河南程氏取而表章之，朱子乃爲之注，可謂有功於聖門矣。但以明德爲虚靈不昧，以格物爲窮至事物之理，不免失之支離。至陽明王氏以此書原未錯簡，程、朱格物，不免求之於外，可謂有功於程、朱矣。但仍以明德爲靈昭不昧，而教人先以悟良知，則又不免失之茫昧。支離、茫昧，雖分内外，然於作聖工夫入手之差者，則均也。德以未仕，山林中潛心反覆二十餘年，一旦恍然有悟，懼天下之學者日流而爲禪也，乃書於大學古本之後。」

張氏位**進呈大學講章**

一卷。

未見。

黄虞稷曰：「南昌人，隆慶戊辰進士，累官禮部尚書，兼文淵閣大學士。」

管氏志道**大學六書**

八卷。測義三卷、輯注①一卷、略義一卷、古本訂釋一卷、辨古本一卷、石經大學附録一卷。

① 「輯注」，文淵閣四庫本作「輯志」。

存。

胡氏時化**大學注解正宗**

一卷。

未見。

祁承㸁曰：「餘姚人，隆慶辛未進士。」

朱氏元弼**大學通注**

一卷。

存。

蔡氏士喈**古大學注**

一卷。

存。

王復禮曰：「蔡氏古大學注，太倉王文肅序之，嘗以進呈。」

姚氏舜牧**大學疑問**

一卷。

存。

周氏從龍**大學遵古編**

一卷。

存。

李日華序曰：「大學一書與中庸同出戴記，宋儒目爲修己治人之方，而以六藝當小學。夫書、數、射、御，信卑卑矣，然亦非絶慧精詣不能擅，恐未可輕責之髫丱輩，而以煌煌禮樂之大概，受小學之目，則是書，將不得爲禮樂之書，可乎？周彦雲先生性喜治經，而不欲沿習勦説，所著中庸發覆，已膾炙士林，無何又出大學遵古編行之。名曰遵古，遵古本石經也。世所傳石經，不知何所本？楊止庵少宰業立説痛排之，而先生良有當焉，何居？全書不分經傳，又以六所謂溯繹而上，知首章即已備格物，無俟更補，又咏淇澳詩，知文、武心法，乃在武公，及定爲子思居衛之作，皆鑿鑿有據，非依人口吻異同者，可以傳矣。」

按：周氏誤信石經大學爲古文，名其編曰遵古，不知石經之非古也。

唐氏伯元石經大學

一卷。

存。

按：豐坊僞石經大學，唐氏誤信之。上言於朝，請頒行學官，而又述之爲書，與管志道交相倡和，皆夢魘之語也。

鄒氏元標大學就新篇

一卷。

存。

顧氏憲成重定大學

一卷。

存。

憲成自序曰：「世之説大學者多矣，其旨亦無以相遠，而獨格物一義，幾成訟府，何也？始於傳之不明也。於是人各就其見窺之，此以此之説爲格物，彼以彼之説爲格物，而大學之格物，轉就湮晦，不可得而尋矣。予竊懼焉，因取戴記以下諸本，暨董、蔡諸家之説，互相參校，沉潛反覆，紬繹異同。如是者久之，乃知格物之傳，昭然具在。或習焉而不察，或語焉而不詳，或擇焉而不精，則雖謂之亡也亦宜。竊不自揆，僭加詮次，私以講於同志。而今而後，庶幾大學獲爲全書，而紛紛之論可息矣。戊子秋日。」

大學通考

一卷。

存。

憲成自序曰：「程子曰：『天下事，非一家私議。』善哉！其言之也。大學有戴本，有石經本、有二程本、有朱子本。近世陽明王氏獨推戴本，天下翕然從之，而南海曙臺唐氏又斷以石經本爲定。至於董、蔡諸氏，亦各有論著，莫能齊也。雖然，以求是也，非以求勝也；其同也，非以爲狥①也；其異也，非以爲競也；其得也，非以爲在己，而故揚之也；其失也，非以爲在人，而故抑之也。君子於是焉虚心平氣，要其至當而已。予故備録之，俾覽者得詳焉。壬辰正月。」

大學質言

一卷。

存。

---

① 「狥」，文津閣四庫本、備要本作「徇」。

弟允成序曰：「余兄叔時既編定大學爲一卷，又集戴記諸本，及諸家所嘗論説者爲一卷，同異得失，大要①具是矣。或謂余曰：『何不略疏其義？』余以告叔時，叔時曰：『大學正文，首尾不過一百二十餘字，而規模廣大，條理精密，自來聖賢論學，未有若是之明且盡者也。即諸釋文，亦惟援古昔、稱先民，稍加紬繹而已，不能別爲之説也，今何從更贊一辭？』曰：『諸家之説何如？』曰：『求諸大學可也。求諸大學而合焉，不問而知其是矣；求諸大學而離焉，不問而知其非矣，亦何從更贅一辭？』余曰：『善已。』謂余曰：『程、朱，命世大儒，其論大學也，猶然在離合之間，不足以盡厭於天下後世。況吾儕乎？顧執己而自遂也。』於是時時進余而商之，余退而籍其語，命曰質言。仲尼不云乎？『就有道而正焉』，蓋叔時之志也。」

嚴繩孫曰：「先生字叔時，家於無錫縣東之涇里，故學者稱涇陽先生。萬曆庚辰進士，官至南京光禄少卿。崇禎初，贈吏部右侍郎，謚端文。著有大學三書：一曰重定大學，萬曆戊子秋，謫桂陽州判時輯；一曰大學通考，壬辰，補泉州推官未赴時②撰，二書皆自序；一曰大學質言，弟涇凡公序之。」

按：石經大學止可欺無目之人，端文顧公乃亦收之，吁可怪也。

---

① 「大要」，備要本作「大學」。

② 四庫薈要本無「時」字。

鄒氏觀光**續大學衍義補**

未見。

三楚文獻録："鄒觀光，字孚如，雲夢人。萬曆庚辰進士，官至太僕少卿。"

鄒氏德溥**大學宗釋**

一卷。

存。

德溥自序曰："夫學以致道也乃其本，則至善是已，然而必自知止始，故要其端於致知格物。格物者，格其物之本，而先①之也，則知止之爲亟是已。夫惟知止則修之乎於穆不顯之天，而齊治均平，自要其成，夫斯之謂本；務彼聲色之於化民，末也，欲操是以明明德於天下，奚由哉？蓋大學旨趣，實與中庸無二。古稱孔伋經緯之説，信不虛也。比虔遊，與劉調父氏深譚，屬余疏其義，余乃約説大旨如此。"

按：鄒氏亦誤信僞②石經者。

①"先"，備要本作"知"。
②"僞"，文淵閣四庫本作"爲"。

虞氏淳熙大學繁露演

一卷。

未見。

徐氏即登大學本旨通

六卷。

存。

錢氏一本①石經舊本大學

一卷。

存。

羅氏大紘校復大學古本

一卷。

---

①「一本」，文淵閣四庫本作「德洪」。

存。

吴氏應賓**古本大學釋論**

五卷。

存。

按：吴氏釋論，本陽明王氏之説，書凡五卷：提綱、釋篇名、釋古本、釋首章第一，釋誠意、修身第二，釋齊家、治國第三①，釋平天下第四，新本辨第五。所謂新本者，僞石經本也。

袁氏黄**石經大學補**

一卷。

存。

① 「三」，四庫薈要本誤作「二」。

經義考卷一百六十一

禮記二十四

高氏攀龍**大學知本大義**

一卷。

存。

攀龍序曰：「謂大學有錯簡者，疑誠意章引淇澳而下也；謂大學有缺傳者，疑首章『此謂知本』二語也。夫此謂知本，必從修身爲本明矣。有修身爲本之揭，則有此謂知本之結，有此謂知至之結，則知其爲格物致知之釋文，理不辨自明也。獨誠意章引淇澳而下，則曲解不可得而通。明道先生之易古本以此也，伊川先生再易之，晦庵先生三易之，未定也。以三先生之信古，而卒不能信於斯簡，以天下後世之信三先生，而卒不能信其所易，則心之同然者，不可強也。愚蓋往來胸中結疑不化有年矣，一日讀崔後渠先生集，有曰：『大學當挈古本，引淇澳以下，置之誠意章之前，格物致知之義明矣。』乃始沛然如江河之決，不覺手舞足蹈，而不能已也。吾何以決之，吾決之於『此謂知本』、『此謂知至』之二語也。此二語者，以爲不釋格致，則『自天子』以下兩條，亦屬無謂；以爲果釋格致，則『自天子』以下兩條，似未明備。固知其旁引曲暢，有如淇澳諸條所云也。此諸條也，以爲不釋知本，則不宜結以知本；以爲果釋知本，則不宜別附他章。固知其前後起結，必隨於此，謂知至之後也。夫以三先生不能定，敢謂定於今日乎？然而天下萬世之心目，固有愈推而愈明，論久而後定。自三先生表章大學之後，越三百年，而崔先生之說益近自然，故敢申明之，以俟後之君子，觀夫同然之心，果何如也？若夫割裂推移，人人自爲大學，則何所底極之有？嗟乎！聖人之學，未有不本諸身者，六經無二義也。大學之道，知止而已，知止之道，知本而已，易簡而天下之理得。蓋沛然無疑於日用，非獨以殘編之似缺，而復完已也。」

吴氏炯**大學古本解**

一卷。

存。

張鼐曰：「大學出於禮經，原無分經分傳之說，讀古本可思。而宋人以義理訓詁，遂經之傳之，而私補其所未備。余不敢謂朱子爲非，而於大義，亦竊有未安者。蓋古本聯屬，而章句頭緒支離；古本完整，而章句反覺有未備，是以不免於補綴耳。此吴先生力學湛思三十年，有當於古本之旨也。」

按：侗初張氏序吴氏大學，謂有當古本之旨。所云古本，亦僞石經也。

區氏大倫**大學定本**

一卷。

未見。

李氏日華**大學心詮**

一卷。

未見。

劉氏洪謨**續大學衍義**

十八卷。

未見。

黄虞稷曰：「南昌人，萬曆乙未進士，太僕寺少卿，是書於崇禎二年進呈。」

劉氏宗周**大學古文參疑**

一卷。

存。

宗周自序曰：「立國必有學，大學，王制也，而訓學有記，則孔門私之矣。後之人以其本爲王制也，故言禮之家收之，則戴氏又私之矣。戴氏非通儒也，其言禮也龐，亦何有於大學？六經同出於秦火之餘，區區斷簡殘編，初無完本，而人各以記誦所得，綴而成篇章，其言不得不歸之龐，亦何有於禮？然則戴氏之傳大學，早已成一疑案矣，後之人因而致疑也。故程子有更本矣，朱子又有更本矣，皆疑案也。然自朱本出，而格致補傳之疑，更垂之千載而不決。陽明子曰：『格致未嘗缺傳也，盍從古本？』是乃近世，又傳有曹魏石經與古本更異，而文理益覺完整，以決格致之未嘗缺傳，彰彰矣。余初得之，酷愛其書，近見海鹽吴秋圃著有大學通考，輒辨以爲贋鼎，余謂：言而是，雖或出於後人也，何病？況其足爲古文羽翼乎？吾友高忠憲頗信古文，亦以爲格致未嘗缺傳也，因本高中玄相國所定，次誠意一章於『此謂知本』以下，則在古今之間乎？余嘗爲之解其略，見者韙之，而終不敢信以爲定本。於是後之儒者，人人而言大學矣，合而觀之，大學之爲疑案也久矣，古本、石本皆疑案也，程本、朱本、高本皆疑案也，而其爲格致之完與缺，疏格致之紛然異同，種種皆疑案也。嗚呼！斯道何由而明乎？宗周讀書至晚年，終不能釋然於大學也。積衆疑而參之，快手疾書，得正文一通，不敢輒爲之解，聽其自解自明，以存古文之萬一，猶之乎疑也而滋龐矣，因題之曰參疑。時乙酉春三月。」

大學古記

一卷。

存。

宗周自序曰：「大學本出於小戴禮，蓋大學爲訓學校之經義，故禮家收之。自是一篇文字，其分經分傳，始於宋儒，且特表章之，以配四書，嘉惠後學，其功良偉，而後之人，猶以不覩古全經爲恨。至朱子格致之傳，理本經旨，事同射覆，不善讀者，又以爲支離，而王文成之古本出矣。自『誠意』下，合『瞻彼』數節，至『此謂知本』，通爲一章，云釋誠意而格致在其中，故古本序首言『大學之要，誠意而已矣』，然獨不曰：欲誠其意者，先致其知，致知在格物乎？又曰修身爲本，而不及誠意，則誠章章①不可以提宗明矣。且以後雜引詩、書，凡以暢明新、止至善之義，而於誠意無當也，其云格致在其中，凡以遷就其知行合一之説而已。又百年而高氏古本出，實本後渠崔氏中玄。高氏所定，謂大學不分經傳，只是六段文字，挈『淇澳』以下，置『知至』之後，文理煥然，通前爲一段，即以釋格致之義，而『誠意』以下，自分五段，可謂獨窺要領，超出朱、王之上。千古殘經，一朝完復，後之人宜無所置喙矣，顧愚猶有見焉。大學雖一篇文字，而自始至終，命意之法，有綱領、有支節，不可得而混也；其立言之法，或簡嚴，或曲暢，不可得而混也。首言三綱，次言知止，次言知所先後，次言所先，次言所後，一開一闔，文理完整，更無欠剩。至修身一條，明解物有本末之義，其爲更端，而釋格致也。何疑自修身以上，其辭簡以嚴，自修身以下，其辭曲以暢，又有經傳之體焉。然爲經爲傳，作者何人？莫得而定也。漢儒賈逵云：『子思窮居於宋，懼聖道之不明，乃作大學以經之，中庸以緯之。』今紬繹二書，中庸原是大學註疏，似出一人之手，經緯之説，殊自可思。而篇中又有『曾子曰』一條，意其遺言，多本之曾子，而曾子復得之仲尼所親

① 「誠章章」，應依四庫薈要本、文淵閣四庫本、備要本作「誠意章」。第一個「章」字涉第二章字而誤。

授。故程子謂孔氏遺書，而朱子遂謂首篇爲孔子之意①，而曾子述之，後篇爲曾子之意，而門人記之，有以也。門人高弟，非子思而何？中庸一書，多仲尼之言，而子思述之，則大學一書，多孔、曾之言，而子思述之，又何疑焉？今姑據朱子之意，首篇爲正經，以還孔、曾，後六篇爲正傳，以還子思，而合之總爲訓大學而設，則亦還其爲大學之記而已。大學雖是一篇文字，既可割一而爲六，則斷不可不割首段之一而爲二，以釐正八目。八目只是一事，既可分『誠意』以下，逐段詳明，則斷不可不分『修身爲本』以下，爲格致之傳。必分『修身』以下爲格致傳者，心齋王氏啓其端，而未竟其說，愚嘗竊取其義者也。」

大學古記約義

一卷。

存。

大學雜言

一卷。

存。

按：劉氏參疑，亦誤信僞石經大學爲真，其次序以「大學之道」一節，「古之欲明」二節，爲第一章經

① 「意」，文淵閣四庫本作「言」。

也。以「物有本末」一節，「詩云緡蠻」一節，「知止而后」一節，「詩云邦畿」一節，「子曰聽訟」一節，「自天子以」一節，「此謂知本」一節，爲第二章，釋格物致知也。以「所謂誠其意」四節，爲第三章，釋誠意也。以「所謂修身」三節，爲第四章，釋修身之先義也。以「所謂齊其家」三節，爲第五章，釋齊家之先義也。以「所謂治國」三節，「故治國」五節，爲第六章，釋治國之先義也。以「所謂平天下」三節，「秦誓曰」四節，「詩云節彼」一節，「是故君子先慎」四節，「詩云殷之」一節，「楚書曰」一節，「是故言悖」一節，「舅犯曰」一節，「康誥曰」一節，「生財有大道」五節，爲第七章，釋平天下之先義也。以「是故君子有大道」一節，「堯、舜帥天下」一節，「康誥曰」四節，「湯之盤銘」四節，「詩云穆穆文王」三節，爲第八章，釋明明德於天下。以暢全經之旨也，詳其始末，又與諸家不同。

吴氏極**石經大學疏旨**

一卷。

未見。

葛氏寅亮**大學湖南講**

一卷。

〔校記〕

四庫存目四書湖南講五卷，提要載浙江通志作二十六卷，或别有續編，此但載大學，不及他三書。

（禮記，頁四二）

存。

寅亮自述曰：「大學、中庸，皆出自禮記。中庸，鄭康成注，子思子所作。大學不注姓氏，程子云：『孔氏之遺書。』晦庵又云：『首章乃夫子之言，而曾子述之，其傳十章，則曾子之意，而門人記之。』按：康成本不分經傳，至宋程、朱始分首章爲經，後各章爲傳，陽明子欲從鄭本，鄭本『此謂知本，此謂知之至也』，在首章末，『未之有也』之後，文理儘相屬，若『詩云瞻彼淇澳』，至『没世不忘也』，接以『康誥曰克明德』，至『止於信』，又接以『子曰聽訟』，至『此謂知本』，俱在『君子必誠其意』之後。竊謂誠意章結以『故君子必誠其意』，已自收煞不應，後面尚有許多説話，且其意義不類，必係錯簡。程、朱提出置首章之後，頗爲有理，此後鄭本與今本同。事經秦火，是非難以懸斷，要當附於闕疑之義者爾。」

劉氏元卿**大學新編**

一卷。

〔四庫總目〕

朱彝尊經義考作一卷，由未見其書，據傳聞載之故也。（卷三七，頁十五，大學新編五卷提要）

〔校記〕

四庫存目作五卷。（禮記，頁四二）

未見。

顧氏起經大學衍義補要

未見。

瞿氏稷石經大學質疑

一卷。

存。

管志道曰：「瞿元立，名稷，號洞觀，嘗熟①人。以邵武守投劾歸。」

錢一本曰「近有石經大學，虞山瞿元立考辨至爲精核，其爲僞造之書無疑，而管登之崛強不服，真所謂師不必賢於弟子。」

吴氏三極大學測

一卷。

存。

①「嘗熟」，依文淵閣四庫本、備要本應作「常熟」。

吴氏瑞登**續大學衍義**

三十四卷。

未見。

唐氏自明**大學原本闡義**

一卷。

佚。

郝敬序曰：「閩有理學真儒一人，曰唐自明先生，著爲大學原本闡義。鑽堅研微，發揮名理，使群蒙頓惺，疑網盡徹。區區荒耄，願竊有請。蓋道在天地間，原不待講，夫子憂學不講，在春秋時云爾。自與七十子開發後，論語二十篇，豁然大路，四教雅言，入孝出弟，謹言慎行，尋常日用，飲食知味，出入由户，孰非天命人性，明、新、至善實地，而世儒疑其膚淺，別收戴聖禮記中庸、大學二篇，補湊爲四書，專講性命明德，以爲理學。夫理者，裏也，一事一物之裏；而道者，蹈也，天下古今共由之路。理隱而道顯，理虛而道實，聖人言道不言理。道達於天下，即理行乎其中矣。二篇在禮，則爲根蔕；禮失此二篇，則成枯槁；二篇離禮，則墮空虛。道與禮，禮與性命，非二也，禮即天命也，率性也。即明德，即新民，即至善，即正心誠意也。離心意性命别求禮，老氏所謂忠信之薄也。故子夏有素絢禮後之喻，而子夏之言，亦未盡是也。以禮爲後，必求所以爲禮先者，不主静窮理，流爲佛氏之空寂，而焉往哉？故夫子僅與之言詩，不與之言禮也。而儒者顧謂此二篇，曾子、子思憂道學之失其傳而作，則是道與禮二也。聖人教學者約禮、復禮、執禮、好禮，學禮即學道也。蹈曰道，履曰禮，即誠也，中庸誠身，大學誠意，皆所謂敦厚以崇禮，非空虛也。教顏子爲仁惟復禮，復禮惟視聽言動，豈空談性命，如佛、老云乎哉？故曰：『民可使由之，不可使知之。』知而不由，則惟有明心見性，爲浮屠之空寂而已。故大道以人倫庶物爲實地，學道以論語爲證盟，以先聖孔子爲宗師，舍此而言明德至善，以爲理學，秖爲浮屠假羽翼，作逋逃主萃淵藪耳。荒耄鄙儒，所見如此。若云天地之大，無所不有，劈破籓籬，乃成大家。吾儕小人也，硜硜信果，見笑於大方之家，復何辭。」

楊氏文澤**大學衍義會補節略**

四十卷。

未見。

沈氏曙**大學古本說義**

一卷。

存。

曙自述曰：「大學與中庸厥初俱雜於戴記之中，至有宋諸儒始表而出之，仍爲之詮釋。其啓佑之功，誠不小，第是書初行，其中文義未甚明晰，遂以誠意一傳，裂而爲五，復增補致知之傳，更之而辭既亂，補之而旨愈離，自是爲宋儒之大學，非復孔氏之大學矣。賴陽明先生奮臂大呼，天下始翕然知有古本大學。嗚呼！吾輩讀古人書，安能知①矮人觀場，人嘻亦嘻，人笑亦笑哉？今古本具在，試一展卷把玩，則文意如是，段落如是，儘好讀，儘可思也。」

〔補正〕

自述内「安能知矮人」，「知」當作「如」。（卷六，頁十二）

繆泳曰：「沈君，字明孺，吴江人。」

林氏日正**大學管窺**

一卷。

未見。

程氏智**大學定序**

一卷。

存。

金侃曰：「雲莊程氏論易，不規隨宋儒，所撰大學定序，亦不襲朱子章句。」

---

① 「知」，依補正、四庫諸本、備要本應作「如」。

吴氏鍾巒**大學衍注**

未見。

郁氏文初**大學郁溪記**

一卷。

存。

按：郁氏大學記以「大學之道」一節，「古之欲明明德」一節，「物格而后」一節，爲經一章。其釋明明德、新民、止於至善，仍朱子本，删去釋本末傳，而以「物有本末」一節，次以「知止而后有定」一節，又次以「子曰聽訟」一節，又次以「此謂知本」二句，爲釋格物致知傳，自「誠意」以後，悉仍朱子本。

張氏岐然**古本大學説**

一卷。

未見。

黄宗羲曰：「君諱岐然，字秀初，杭州人。國變後①，寄跡僧寮，後四年，落髮叢林，稱爲仁庵禪

---

①「國變後」，文津閣四庫本改作「遭兵燹」。

師。自薦①方外，尚窮六經，其於易、詩、春秋皆有論著，不尚雷同。所著大學古本辨繹義，論格物，於七十二家之説，最爲確當。」

王氏立極**大學膚見**

一卷。

未見。

廣平府志：「崇禎中諸生。」

陳氏道永**大學辨**

一卷。

存。

按：乾初，蕺山高弟，講學海壖，晚著大學辨一篇，其略曰：「子言之矣，下學而上達。易稱蒙養即聖功，學何大小之有？論語二十篇，於易、詩、書、禮、樂，三致意焉，而不及大學，小戴置其篇於深衣、投壺之後，垂二千餘年，莫有以爲聖經者。而程子始目爲孔氏之遺書，又疑其錯簡，而變易其文，朱子又變易程子之文，且爲之補傳，以絶無證據之言，強以爲聖經，尊之論語之上。即其篇中兩引夫子之

① 「自薦」，四庫薈要本作「自遊」。

言，則自聽訟兩節而外，皆非夫子之言可知，一引曾子之言，則自十目一節而外，皆非曾子之言可知。乃自漢至宋，並無一人稱是孔、曾之書，謂二千年來，無一學人，吾不信也。」於時聞者皆駭，桐鄉張履祥考父、山陰劉汋伯繩、仁和沈蘭先甸華、海鹽吴蕃昌仲木交移書争之，而乾初不顧，具言大學言知不言行，格致誠正之功，先後失其倫序，且以朱子補傳一旦豁然貫通，近於禪，宜仍還戴記。其言雖咈於衆心，然其人不失爲躬行君子也。

吴氏肅公**孔門大學述**

一卷。

存。

肅公自序曰：「大學本小戴禮記第四十二篇，程子謂爲孔氏遺書者也。自朱子章句行，而鄭注、孔疏並廢，戴記中遂削原文，所幸存者，舊十三經鄭注耳，號稱古本。廢置弗道，偶或信從，不以爲好異，輒曰反古，功令繩之，裁且及身，於是大學永爲朱子之書，而孔門之大學蔑矣。且夫釋經可也，改經不可也。儒者各鳴所見，縱刺謬於聖人，指而駁之，經文固自若也，改之則經非其經矣。漢儒之釋經也，不敢增損，即錯簡仍之。費直、王弼移置周易傳文，朱子方定正之，而於大學乃身自蹈之，分經分傳，爲曾子、爲門人，析之釋之；爲錯簡、爲衍、爲闕，移之補之。使經文果有錯簡，若衍、若闕，而不可通，當聽之無可如何。況本自明備，而斷以己意，仍不免其衍且闕，何以改爲哉？所以然者，解經而不得其解故也，不得其解，因蹈改經之失，竄以己意，而支離不免焉。噫！盍亦反諸孔門之舊乎？」

毛氏奇齡大學證文

四卷。

存。

顏氏光敏大學訂本

一卷。

存。

無名氏大學繁露

一卷。

未見。載澹生堂書目。

司馬氏光致知在格物論

一篇。

存。

劉氏巘**格物説**

一卷。

未見。

蔡氏烈**大學格物致知傳**

一卷。

未見。

郎氏瑛**訂正大學格物傳**

一卷。

未見。

湛氏若水**聖學格物通**

一百卷。

存。

若水序曰：「夫聖學格物通，何爲者也？明聖學也。明聖學何以謂之格物通也？宋儒程頤曰：格者，至也；物者，理也。至其理乃格物也，致知在所養，養知莫過於寡欲。夫以涵養寡欲言格物，則格物有知行之實，非但聞見之粗矣。然則何以至其理也？知止，知也；定、静、定①、慮，行也。知而弗去，格物之功盡於此矣。夫通有四倫焉：有總括之義焉，有疏解之義焉，有貫穿之義焉，有感悟之義焉。夫聖人之道，莫備於大學，大學曰：『欲明明德於天下者，先治其國，欲治其國者，先齊其家，欲齊其家者，先修其身，欲修其身者，先正其心，欲正其心者，先誠其意，欲誠其意者，先致其知，致知在格物，物格而后知至，知至而后意誠，意誠而后心正，心正而后身修，身修而后家齊，家齊而后國治，國治而后天下平。』夫自天下逆推，本於格物，是格物乃其本始用功之要也，又自格物順循其效於天下，是格物乃其本始致效之原也。經曰：『物有本末，事有終始。』物格者，其本始之謂乎？宋臣彭龜年曰：『大學之書，其節雖繁，而道甚要，格致而已。』張栻答曰：『自誠正以至治平，固無非格致事也。』伏覩我太祖高皇帝諭侍臣曰：『大學一書，其要在修身，而大學古本以修身釋格致，曰「此謂知本，此謂知之至也」，經文兩推天下、國家、身、心、意，皆歸其要於格物。』則聖祖蓋深契乎古本大學之要矣乎！由是言之，聖人之學，通在於格物矣，故曰有總結②之義焉。凡意之事，則誠意之類舉之矣；凡心之事，則正心之類舉之矣；凡身之事，則修身之類舉之矣；凡家之事，則齊家之類舉之矣；凡國之事，則治國之類舉之矣；凡天下之事，則平天下之類舉之矣。輯事以從其類，取義以暢其情，故曰有疏解之義焉。列誠意

①「定」，依四庫薈要本、文津閣四庫本、備要本應作「安」。
②「總結」，依補正、四庫諸本應作「總括」。

所以示人，於意焉格之也；列正心所以示人，於心焉格之也；列修身所以示人，於身焉格之也；列齊家所以示人，於家焉格之也；列治國所以示人，於國焉格之也；列平天下所以示人，於天下焉格之也。意身心之於家、國、天下之事非二也，一以貫之也。故大學於誠意，曰好惡、曰慎獨；於正心，曰忿懥、曰憂患、曰恐懼、曰好樂；於脩齊，曰辟、曰好惡；於齊治，曰孝弟慈、曰心誠求、曰恕；於治平，曰絜矩、曰辟、曰好惡、曰忠信、曰仁義，皆以其心言之也，而通之於各條。因事以明其理，因理而會諸心，通一無二，故曰有貫穿之義焉。是故君子之學，讀誠意之事，則感其意之理；讀正心之事，則感其心之理；讀修身之事，則感其心①之理；讀齊家之事，則感其家之理；讀治國之事，則感其國之理；讀平天下之事，則感其天下之理。理也者，吾之良知也；學之者，所以覺其良知也。知也，存之又存，存存而不息，由一念而達諸萬事皆行也，故曰有感悟之義焉。是故讀斯通者，意、心、身、家、國、天下之理，皆備於我矣。故君得之，以成其仁；臣得之，以成其敬；學士得之，以成其德；家國天下之民得之，以會極而歸極，是故聖人之學無餘蘊矣。或曰：『諸通無格致者，何也？』臣曰：『誠意、正心、修身、齊家、治國、平天下之事，無非格致之地也，夫又何贅焉？』或又曰：『夫格致而不及天下萬物者，何也？』臣曰：『意、心、身、家、國、天下一貫，聖門切問近思之學也。然而天下萬物同體無外矣，雖位育配天可也，何別高遠之求哉？』疑曰：『真德秀之衍義、丘濬之補具矣，而乃又有格物通者，何居？』臣應之曰：『孔門一本無二之指，臣幸得之於正經，證之於諸儒，仰稽於我皇祖之訓者，上下十餘年，而思欲效

① 「心」，依文淵閣四庫本應作「身」。

其愚見者久矣。乃今伏聞聖明，四年七月初四日，詔令文臣，撮經書史鑑有關帝王德政之要者，直解進覽，臣實欣慶聖學日升，務求典要。竊念臣亦舊忝詞臣講官也，心在皇室，忠切勸學，故不揣疎愚，遠自伏羲二帝三王，與夫諸儒之格言，近至我祖宗列聖之謨烈，章采而節釋之，不詭於衍義與補，而容或少有發明，而一助焉。庶或上裨聖明進德修業合一之要領，且明經文，直以格物爲諸條之統會樞紐也，有隨事體認之實，合孔門求仁一貫之指。夫聖人之學，體用一原，本末遠近一致，知行並進者也，此臣格物通之所以作也。」

〔補正〕

自序内「故曰有總結之義焉」，「結」當作「括」。（卷六，頁十二）

按：是書蓋倣真氏大學衍義而作。誠意之目八：曰審幾，曰立志，曰謀慮，曰感應，曰儆戒，曰敬天，曰敬祖考，曰畏民，正心不列目。修身之目三：曰正威儀，曰慎言動，曰進德業。齊家之目七：曰謹妃匹，曰正嫡庶，曰事親長，曰養太子，曰嚴内外，曰恤孤幼，曰御臣妾。治國之目七：曰事君使臣，曰立教興化，曰事長慈幼，曰使衆臨民，曰正朝廷，曰正百官，曰正萬民。平天下之綱三：曰公好惡，曰用人，曰理財；目二十：曰學校，曰舉措，曰課功，曰任相，曰任將，曰六官，曰修虞衡，曰抑浮末，曰飭百工，曰屯田，曰馬政，曰漕運，曰勸課，曰禁奪時，曰省國費，曰慎賞賜，曰蠲租，曰薄斂，曰恤窮，曰賑濟，各爲之小序。

瞿氏汝稷**大學格物訓**

二篇。

存。

沈氏朝煥**格物訓**

一篇。

存。

鄭玥曰：「朝煥，字伯含，仁和人。萬曆壬辰進士，官至福建參政。格物訓一篇雜以二氏之說，不能使學者心折也。」

程氏時登**大學本末圖說**

一卷。

佚。

時登自序曰：「大學曰『物有本末』，『其本亂而末治者，否矣。』以是攷之，堯、舜之所以帝，禹、湯、文、武之所以王，漢、唐之所以僅治而旋亂，秦、隋之所以大亂而遂亡者，效蓋可見也。宋受天命，以道治天下，於是河南二程子出，始取是書而推明之，崇正數劄，叔子豈徒託之空言哉？自是厥後，朱子有章句，西山有衍義，雖至治之澤未溥，而大道之要已明矣。歷代指掌，舊嘗有圖，顧綱目有圖，義例多舛，因復爲此，以備觀覽，名曰大學本末圖。起春秋，迄五季，凡若干年。君德之修否，治體之醇疵，國祚之短長，世道之否泰，井然易見。歲月舉而天時明，正閏分而君道立，災異紀而人事驗。君子小人內外之位定，而盜賊僭亂消長之勢分。唐、虞、三代之君，其本正而末隨之，故修身而下，四者之目詳，天下國家事既簡，而治亦隆。漢、唐以來之君，不反其本，而求其末，故修身以下，四者之目略，天下國家事徒煩，而治愈寡。人知大學之道有時而不彰，而不知大學之道無時而可易也。嗚呼！我之爲是圖也，可以感矣。事及帝王，而圖始春秋。大學，帝王心法治法，春秋之法外意也。歐陽子修五代史曰：『此亂世之書也，吾用春秋之法，師其意不襲其文，故述本紀以法治①而正亂君。』嗚呼！本之大學之道，繩之以春秋之法，後之觀是圖者，其必有所感矣。」

按：許瑶作行狀，稱大學本末圖説自堯即位甲辰，迄周顯德己未。今由自序繹之，則圖始於春秋，非自堯甲辰始也。咸淳甲戌，合試江東九路，士子時登居首，入太學。宋鼎既移，入元不仕。

① 「法治」，文淵閣、文津閣四庫本作「治法」。

經義考卷一百六十二

禮記二十五

司馬氏光等六家①**中庸大學解義**

宋志：「一卷。」

未見。

蔡氏元鼎**中庸大學解**

佚。

① 「等六家」，文淵閣四庫本誤作正文。

陳氏孔碩**中庸大學講義**

未見。

閩書：「孔碩，字膚仲，侯官人。從張南軒、吕東萊、朱文公學，官秘閣修撰，學者稱北山先生。」

陳氏淳**中庸大學講義**

一卷。

未見。

李昂英跋曰：「大學、中庸之微旨，朱夫子發揮備矣。北溪翁從之游久，以所得鳴漳、泉間，泉之士有志者，相率延之往教。翁指畫口授，不求工於文采，務切當於義理。諸生隨所聞，筆之成帙。韶州別駕諸葛君，當時席下士之一也，廣其傳梓，嘉與後學共使之。由北谿之流，溯紫陽之源，而窺聖涯，不徒口耳，且必用力於實踐，則曰：希聖希賢工夫，可循循而詣矣。予過曲江，得見所未見，茅塞豁然。尹番禺而始創黌舍者，此諸葛君也，珏其名。」

〔補正〕

李昂英跋，「昂」當作「昴」。（卷六，頁十二）

魏氏文翁**中庸大學講義**

二卷。

佚。

魏了翁志曰："嘉父，名文翁，邛之蒲江人。舉嘉定四年進士，以朝議大夫知叙州。"

蔡氏淵**中庸大學思問**

未見。

李氏起渭**中庸大學要語**

佚。

柴氏元祐**中庸大學説**

佚。

謝氏興甫**中庸大學講義**

宋志："三卷。"

佚。

牟氏少真**中庸大學發蒙俗解**

佚。

魏了翁跋曰：「吾儒之書，自諸老先生語録外，未有方言俚字爲文者。蓋弟子之於師，惟恐稍失其指，故聰聽之，謹書之，莫之敢易也。近世乃勦入科舉之文以惑凡，近以欺庸，有司誘曰：『姑以給取利禄耳。』是固可陋。今牟君之爲中庸、大學發蒙，將以信今貽後，而爲是俚俗之語，五方之言語不相通，而可强同乎？又若謂世人不可與莊語，姑俯而就之者，然則不淺之待人乎？言之不文，行而不遠，牟君歸，爲我精思，而文言之，亦當有商略者，兹未暇及也。」

熊氏慶胄**庸學緒言**

一卷。

佚。

謝氏升賢**中庸大學解**

佚。

姓譜：「字景芳，仙遊人。端平中登第，官至循州興寧令。所著中庸大學解，刻於廉泉書院。」

黃氏必昌**中庸大學講稿**

佚。

閩書：「必昌，字京父，晉江人，從陳淳學。嘉定十年進士，判循州。」

李昂英跋曰：「吾友黃京父，主濂堂，日沃諸生，胸次以大學、中庸之味，揭宏舉要，闡邃析微，探聖賢妙旨於千百載之下，取儒先緒論蔽之片言間。體認真切處，如良畫狀人物；攷察精密處，如曆家步星氣。於義理無少差，蓋淵源於北溪，而根柢乎考亭者，爲後學之益多矣。京父循循修謹人，一語不妄發，意其於二書心之、身之久，不但工誦説而已也。」

方氏逢辰**中庸大學釋傳**

三卷。

未見。

戴氏景魏**中庸大學要義**

佚。

黃震序曰：「二書發明先儒未及處極多，真是有功後學。知、仁、勇三節，經旨本自分曉，文公獨以三近者勇之次正，未曉何謂？執事與之條列剖析，卻一一與經文正合。君子誠之爲貴，誠之正是用功處，前輩止以之字作助語，執事改其説，而以孟子思誠爲證。至如既稟之，如字『親』、『新』之通用，『素隱』之作『素』，本因古字之從宜，此雖字學中來，亦皆足爲前輩之拾遺。其他大義，不暇遍舉。惟以『蒲蘆①』爲『蜾蠃』，雖本爾雅，然蜾蠃蟲類，恐於地道、敏樹不相應。以周公追王二祖爲改葬，雖以下文葬、祭爲證，然二祖之葬既久，恐改葬亦是重事，如謂葬時以諸侯之禮，則改時以天子之禮，若棺外之物，猶可改也，棺内切身之冠冕，亦可褫之，而易七章爲九章乎？切身者不可改，改外物，孰重輕？況下文明言『父爲士，子爲大夫，葬以士，祭以大夫』則葬禮合因在日之舊，祭方用今日之新，二祖之生爲諸侯，葬以諸侯爲已合禮，周公祭以天子之禮足矣，正亦不必改葬也。」

王氏②幼孫**中庸大學章句**

二卷。

佚。

劉氏黻**中庸大學説**

二篇。

① 「蒲蘆」，文淵閣四庫本作「蒲盧」。
② 「王氏」，文淵閣四庫本誤作「工氏」。

存。載蒙川集。

傅氏子雲**中庸大學解**

未見。

何氏夢桂**中庸大學説**

二篇。

存。載集中。

鄭氏儀孫**中庸大學章句**

一卷。

佚。

閩書：「建安人，咸淳癸酉應賢良舉。」

鄭氏奕夫**中庸大學章旨**

佚。

魯川胡氏名未詳**中庸大學說要**

佚。

程珌曰："胡君說要之書，取太極、中庸、大學而一之。此聖人之心，而未見之於言者也，而胡君發之。至論陰陽之中，而及於春秋之分至，要非口耳之學也。"

潘氏迪**中庸大學述解**

佚。

葉氏瑞**中庸大學提要**

六卷。

佚。

曾氏貫**庸學標注**

佚。

饒氏魯**中庸大學纂述**

二卷。

庸學十一圖

一卷。

俱未見。

按：以上諸家，皆以中庸先大學，不紊小戴記之舊，蓋科舉之學未盛，故典型尚存也。自是而後，考試程式，一定於皇慶，再定於延祐，於是經問經疑，冠大學於論語、孟子之前，以中庸居末。科目日重，知有朱子，而不復還小戴記之次矣。

袁氏明善**大學中庸録**

未見。

楊士奇曰：「大學中庸日録，元吴文正門人袁明善述其師授之旨，而爲之者也，有文正公補大學第五章。」

黄虞稷曰：「明善，臨川人。」

倪氏公晦**學庸約説**

佚。

黄氏文傑**大學中庸雙説**

佚。

江西通志：「黄文傑，字顯明，上猶人。大德中，安遠教授。」

秦氏玉**大學中庸標説**一作「探説」。

佚。

王逢曰：「秦玉，字德卿，隱居崇明，淑門弟子若干人，及卒，私謚孝友先生。」

黄虞稷曰：「太倉人，約之父。」

朱氏升**大學中庸旁注**

各一卷。

未見。

升自序曰：「前年讀書郡城紫陽祠，始爲諸生作書旁注，觀者善之，以其注文附經，語意通貫，一讀即了，無繁復之勞也。既又命諸生用其義例，旁注詩經，未克成。去年寓里中，程氏館書旁注脱稿，稍有傳抄之者，然日知所亡，竄改不能已。今歲受①徒於家，又成大學中庸旁注，先儒經解至矣，而猶未免云云者。先儒用聖賢功夫，故能因經文以得聖賢之意；學者用先儒功夫，而能因經解以得先儒之意，幾人哉？性質庸常，學力鹵莽，父兄師友，取經解而督之。讀經與解離，不能以意相附，其弊也，斷裂經文，使之血脉不通，首尾不應，欲求其知味樂學，不可得也。此愚所以於六經、四書，皆欲旁注之，以爲教子授徒之計，而未暇悉成也。雖然，愚之所注，其意義取諸先儒經解而已，辭語則有不可純用原文者。蓋以逐字順附經文，實而不泛，離之則字各有訓，貫之則篇章渾全，制作之體既殊，辭語各有宜也。至於意義間，亦有不得已，而不可以苟同者，則又有望於平心明眼，實用功力之君子，相與印可之、商確之也。至正丙戌秋日。」

又跋大學旁注曰：「大學以修己、治人爲綱要，以致知、力行爲工程。然而知止、能得之間，必有事焉。經所謂定、静、安，論語所謂仁能守之，孟子所謂居安資深者是也。中庸曰『尊德性而道問學』，蓋致知、力行二者，皆道問學之事，動而道問學，静而尊德性，二者功夫，如寒暑晝夜之更迭而無間。尊德性即大學之正心也，大學，誠意是省察克治於將應物之際，正心是操心涵養於未應物之時，與既應物之後。然而八目於致知之後，即繼以誠意，而正心但列於其後者，蓋大學爲入德者言，使之先於動處用功，禁其動之妄，然後可以全其静之真也。此聖賢之心法，爲傳學之本也，而旁注不能詳具，故表而著

①「受」，依文淵閣四庫本應作「授」。

之云。」

又跋中庸旁注曰：「中庸經朱子訓釋之後，說者亦多。其間最有超卓之見者，饒氏也；有融會之妙者，思正李先生也；精於文義、切於體認者，樓山袁氏述吳氏之說也。今兹旁注既各取其長矣，至於知、仁、勇之用，至誠不貳不息之分，尊德性道問學之說，若此之類，一得之愚間見焉，不知其果是乎否？實用功力之君子，願有以教之。」

范氏祖幹**大學中庸發微**

未見。

曾氏景修**大學中庸詳說**

未見。

黄虞稷曰：「莆田人，洪武中，德安府學教授。」

張氏翿**學庸句解**

二卷。

未見。

黄虞稷曰：「祥符人，洪武初，舉明經，官秦府長史。」

李氏希顏**大學中庸心法**

二卷。

未見。

黄虞稷曰："郟縣人，明初，徵入大本堂説經，累官右春坊贊善大夫。"

詹氏鳳翔**大學中庸章句**

未見。

熊氏釗**學庸私録**

二卷。

未見。

江西通志："熊釗，字伯幾，進賢人。至正甲申，以春秋領鄉薦，授崇仁學官。解徐壽輝之圍，授臨江路知事。洪武初，校書會同館。"

黄氏潤玉**庸學通旨**

二卷。

未見。

楊守陳曰：「先生以大學、中庸旨皆淵奧，撰庸學通旨。」

葉氏挺**學庸庭訓**

二卷。

未見。

黄虞稷曰：「永嘉人，正統間，舉經明行修。」

程氏先民**學庸敷言**

未見。

黄虞稷曰：「浮梁人。」

王氏綸**學庸要旨**

二卷。

未見。

黄虞稷曰：「王綸，字汝言，慈谿人。成化甲辰進士，累官右副都御史，巡撫湖廣。」

吴氏世忠**學庸通旨**

未見。

朱氏諫**學庸圖説**

未見。

黄虞稷曰："樂清人，弘治丙辰進士，吉安知府。"

童氏品**學庸大義辨疑**、**學庸精義**

俱未見。

孫氏緒**大學中庸放言**

二卷。

未見。

鄭玥曰："沙溪孫氏緒，故城人。弘治己未進士，仕至太僕寺卿。"

朱氏文簡**學庸圖説**

未見。

温州府志：「文簡，字元可，樂清人，徙永嘉。弘治甲子舉人，晉江教諭。」

施氏儒**學庸臆説**

未見。

黄虞稷曰：「歸安人，正德辛未進士。」

金氏賁亨**學庸議**

二卷。

未見。

林氏士元**學庸衍義**

未見。

黄虞稷曰：「瓊州人，正德甲戌進士，歷廣西按察使。」

章氏袞**學庸口義**

未見。

黄虞稷曰："字汝明，臨川人。嘉靖癸未進士，陝西按察副使。"

李氏渭**學庸答問**

一卷。

佚。

黔記："李渭，字湜之，思南府人。嘉靖甲午舉於鄉，仕至雲南參政。"

馬氏森**學庸口義**

三卷。

未見。

徐氏爌**學庸初問**

二卷。

存。

張正位序曰：「嘉靖壬戌之秋，柱史巖泉先生奉天子命，督視兩淮，駐節於揚。越明年，綱紀肅張，遐邇風動，遂進多士。每期月三集於郡庠之崇文閣，晨興即至學，諸生無間，少長咸侍於側，次第請益。首舉學、庸二書，章分句析，挈領提綱，欲人同喻其旨。既乃盡以所講究者，筆之爲書，題曰學庸初問。闡幽顯微，於先儒注疏，裨益實多，先賢述作，發明殆盡。益信先生所得於學、庸者深矣，位敬請而刻之。」

繆泳曰：「燫，太倉州人，嘉靖癸丑進士。」

游氏日章**學庸釋義**

未見。

黄虞稷曰：「莆田人，嘉靖己未進士。」

萬氏表**學庸志略**

未見。

吴氏中立**學庸大旨**

未見。

黄虞稷曰：「中立，字公度，浦城人，隆慶辛未進士，官尚寶司丞。」

鄒氏元標**鄒子學庸商求**

二卷。

未見。

王氏豫**學庸識大録**

二卷。

未見。

黄虞稷曰：「烏程人，萬曆丁丑進士。」

鄒氏德溥**學庸宗釋**

未見。

鄒氏德泳**學庸歸旨**

未見。

董氏應舉**學庸略**

二卷。

存。

應舉自序曰：「六經定於夫子，秦火厄之，漢收其燼，而傳注之家作，各以所見管窺，沿唐至宋，號爲昌明，然而分章析句，或更定補綴其失也。嵩如學、庸二書，古本猶存，尚可尋繹。宋之諸儒，乃經之傳之，更定而易置之，又爲之補遺，隔截章句。予向讀而疑之，作爲二略。今耄矣，偃曝之暇，於中庸略再加删潤，使之直截易曉。又聞陽明先生崇尚古本大學，遂爲通略，以明簡原無錯，至於格物致知之旨，亦依古本，尋繹併歸。知本雖與先生稍異，聊書所見，以待評駁，非敢以爲是也。」

黄虞稷曰：「應舉，號見龍，閩縣人。萬曆戊戌進士，累官工部右侍郎。」

王氏振熙**學庸達解**

三卷。

存。

張雲章曰：「王振熙，字君含，福建南安人。萬曆庚戌進士。」

李氏鼎**學庸大旨**

三篇。

存。

葉氏祺胤①**大學中庸臆説**

三卷。

存。

高佑釲曰：「葉祺胤②，字錫我，嘉興人。大學臆説一卷、中庸臆説二卷，天啓甲子鏤板，顧起元序之。」

王氏養性**學庸傳宗參補**

一卷。

未見。

①② 「祺胤」，四庫諸本、備要本作「祺胤」。

沈氏澣**學庸蒙筏**

二卷。

存。

繆泳曰："澣，字則新，平湖人。"

程氏珮**學庸問辨**

佚。

休寧名族志："珮，諸生。"

陳氏元綸**學庸日箋**

二卷。

存。

曹學佺曰："陳道掌日箋，不拘拘於字櫛句剖，或用古語，或用微言，以證解之，而自有躍然之妙。"

傅氏璿**大學中庸俗講**

二卷。

未見。

金氏鏡**學庸緒言**

未見。

繆泳曰：「長興人。」

李氏覰**讀儒行**

一篇。

存。

蘇氏總龜**儒行解**

一卷。

佚。

黄氏道周**儒行集解**

一卷。

〔校記〕

存。

四庫本作儒行集傳二卷。（禮記，頁四二）

道周序曰：「古未有稱儒者，魯之稱儒，有道藝之臣，伏而未仕者也。其首行曰：待聘、待問、待舉、待取者，需也。故儒之爲言，需也。易曰：『雲上於天需，天下所待其膏雨也。』而説者以爲柔懦，故天下無知儒者也。天子無儒臣，則道義不光，禮樂不作，亂賊恆有；天下無儒學，則驕慢上陳，貪鄙下行，寇攘穿窬，據於高位，而賢人之德業皆熄矣。仲尼故舉十七種以明之，先於學問，衷於忠信，而歸之於仁。故仁者，儒者之質也。夫子既知儒之實，不疑於名，因而求之，得其數種，皆足以爲治。其無當於是，雖習章句、被文繡，皆小人之儒也。周之末年，始不悦學，原伯魯宣言於朝，閔子馬聞之曰：『周其亂乎？夫必多有是説，而後及其大人，大人患失而惑，又曰：「可以無學，無學不害。」則苟而可，於是乎下陵上替，能無亂乎？夫學，殖也，不學，將落，原氏其亡乎？』仲尼恐後世不學，不知先王之道存於儒者，儒者之學存於德行，故備舉以明之。使後之天子，循名考實，知人善任，爲天下得人，不以爵禄爲宵小僥倖，不以黼黻驕於士大夫。故其懸鑑甚定，取舍甚辨，則備取諸此也。」

劉氏敞**與爲人後議**

一篇。

存。

經義考卷一百六十三

通禮一

〔補正〕

盧氏植三禮解詁

後漢書：「植熹平四年拜九江太守，以疾去官。作尚書章句、三禮解詁。時始立太學石經，以正五經文字，植乃上書曰：『臣少從通儒故南郡太守馬融受古學，頗知今之禮記特多回穴。臣前以周禮諸經，發起粃謬，敢率愚淺，爲之解詁，而家乏，無力供繕寫上。願得將能書生二人，共詣東觀，就官財糧，專心研精，合尚書章句，考禮記失得，庶裁定聖典，刊正碑文。古文科斗，近於爲實，而厭抑流俗，降在小學。中興以來，通儒達士班固、賈逵、鄭興父子，竝敦悦之。令毛詩、左氏、周禮各有傳記，其與春秋共相表裏，宜置博士，爲立學官，以助後來，以廣聖意』。」今按：盧植之書，竹垞未載，當據後漢書補入。（卷六，頁十三）

鄭氏玄**三禮目録**

隋志：「一卷。」

佚。

〔校記〕

王謨、臧庸、袁鈞均有輯本。（通禮，頁四二—四三）

三禮圖

佚。

〔校記〕

王謨、黄奭、馬國翰均有輯本。（通禮，頁四三）

按：隋志：鄭玄及阮諶等撰，圖共九卷。

阮氏諶**三禮圖**

三卷。

佚。

〔校記〕

馬國翰有輯本。（通禮，頁四三）

裴松之曰：「阮諶，字士信。」

隋書注：「後漢侍中。」

後魏禮志：「阮諶禮圖并載秦、漢以來輿服。」

張昭曰：「阮諶受禮學於綦毋君，取其説爲圖三卷，多不案禮文而引漢事，與鄭君之文違錯。」

按：初學記引阮氏三禮圖文云：「牛鼎受一斛，天子飾以黄金，錯以白銀。」餘書所引，但云三禮圖，不言阮氏。

范氏隆**三禮吉凶宗紀**

佚。

晉書：「范隆，字玄嵩，雁門人。博通經籍，無所不覽，著春秋三傳，撰三禮吉凶宗紀，甚有條義，後依劉元海爲大鴻臚。」

〔補正〕

晉書「范隆著春秋三傳」，「著」或是「注」，檢晉書與此同，姑仍之。（卷六，頁十三）

董氏景道**三禮通論**

佚。

晉書：「董景道，字文博，弘農人。明春秋三傳、京氏易、馬氏尚書、韓詩，皆精究大義。三禮之義，專遵鄭氏，著禮通論非駁諸儒，演廣鄭旨。」

劉氏獻之**三禮大義**

隋志：「四卷。」不著姓名。

佚。

〔補正〕

按：下一行云「不著姓名」，而此云「劉氏獻之」，蓋據魏書儒林傳説。（卷六，頁十三—十四）

陶氏弘景**三禮目録注**

七録：「一卷。」

佚。

戚氏袞**三禮義記**

佚。

崔氏靈恩**三禮義宗**

〔補正〕

方綱三十年前見吴門惠松厓棟所手録見聞書名一册，内有崔靈恩三禮義宗，云「今臨川李御史友棠家有寫本」。及方綱奉使江西，於臨川李氏訪借抄録，則云已失去矣，附識於此。（卷六，頁十四）

隋志：「三十卷。」

佚。

〔校記〕

王謨、黄奭、馬國翰均有輯本。（通禮，頁四三）

梁書：「靈恩徧習五經，尤精三禮、三傳。」

李受曰：「靈恩達於禮，總諸儒三禮之説而評之，爲義宗，論議洪博，後世鮮能及。」

王方慶曰：「梁崔靈恩撰三禮義宗，但捃摭前儒，因循故事。」

崇文總目：「其書合周禮、儀禮、二戴之學，敷述貫串，該悉其義，合一百五十六篇，推演閎深，有名前世。」

晁公武曰：「靈恩仕魏，歸梁爲博士，甚拙樸，及解析經理，盡極精致。正始之後，不尚經術，咸事虚談，公卿士大夫蓋取文具而已。而靈恩經明行修，製義宗、詩、易、春秋百餘卷，終桂州刺史。此書在唐一百五十篇，今存者一百二十七篇，凡兩戴、王、鄭異同，皆援引古誼，商略其可否，爲禮學之最。」

陳振孫曰：「凡一百四十九條，其説推本三禮，參取諸儒之論，博而核矣。本傳『四十七卷①』，中興

---

①「四十七卷」，文淵閣四庫本誤作「四十九卷」。

書目『一百五十六篇』，皆與今卷篇數不同。書目又云『慶曆中，高陽許聞誨爲之序』，家本亦無此序也。」

王應麟曰：「義宗始於明天地以下歲祭，終於明周禮、儀禮、禮記廢興義，慶曆中，高陽許聞誨爲之序。」

元氏延明**三禮宗略**

隋志：「二十卷。」

佚。

夏侯氏伏朗**三禮圖**

唐志：「十二卷。」

佚。

張彥遠曰：「隋文帝開皇二十年，勑有司撰，左武侯①執旗侍官夏侯朗②畫。」

① 「左武侯」，四庫諸本誤作「左武候」。
② 「夏侯朗」，依文津閣四庫本應作「夏侯伏朗」。

李氏玄植**三禮音義**

佚。

舊唐書：「李玄植受三禮於賈公彦，撰三禮音義，行於代。貞觀中，累遷太子文學、弘文館直學士。」

王氏恭**三禮義證**

佚。

唐書：「王恭，貞觀初爲太學博士，講三禮，爲義證，甚精博。蓋文懿、文達每講，徧舉先儒義，而必暢恭所説。」

韋氏叔夏**三禮要記**

三十卷。

佚。

舊唐書：「韋叔夏，尚書左僕射安石兄也。神龍中，拜國子祭酒，撰三禮要記三十卷，行於代。」

張氏鎰**三禮圖**

唐志：「九卷。」

佚。

舊唐書：「張鎰爲亳州刺史，撰三禮圖九卷。」

梁氏正**三禮圖**

九卷。

佚。

崇文總目：「三禮圖九卷，梁正撰。」

張昭曰：「四部書目有三禮圖十三卷，題曰『梁氏、鄭氏』。今書府有三禮圖，亦題『梁、鄭』，梁氏集前①圖記更加評議。」

聶氏崇義**三禮圖集注**

宋志：「二十卷。」

① 文淵閣、文津閣四庫本「前」下有「代」字。

存。

竇儼序曰：「昔者秦始皇之重法術，而天下貴刑名；魏文帝之惡方嚴，而人間尚通變，上之化下，下必從焉。是以雙劍崇節，飛白成俗，挾琴飾容，赴曲增抃，自然之道也。周世宗暨今皇帝恢堯、舜之典則，總夏、商之禮文，思隆大猷，崇正舊物，儀形作範，旁詔四方。常恨近代以來，不能慕遠，無所釐正，溺於因循。傳積世之漸訛，爲千載之絶軌。去聖逾夐，名實謬乖，朱紫混淆，鄭、雅交雜。痛心疾首，求以正之，而名儒嚮風，適如所願。國子司業兼太常博士聶崇義，垂髦之歲，篤志於禮，禮經之内，游刃其間。每謂春秋不經，仲尼恥是；關雎既亂，師摯憫之。今吉凶之容，禮樂之器，制度舛錯，失之甚焉。施之於家，猶曰不可，朝廷之大，寧容濫瀆①？欲正失於得，返邪於正，潛放②同志，定其禮圖。而所學有淺深，所見有差異，作舍道側，三年不成，衆口云云，何所不至。會國朝創制彝器，迨於車服，乃究其軌量，親自規模，舉之措之，或沿或革，從理以變，惟適其本，時之學者，曉然服義。於是博采三禮舊圖，凡得六本，大同小異，其猶面焉。至當歸一之言，豈容如是？吾誰適從之歎，蓋起於斯。何以光隆於一時，垂裕於千古？遂鑽研尋繹，推較詳求，原始以要終，體本以正末，躬命繢素，不差毫釐。率文而行，恐迷其形範；以圖爲正，則應若宫商。凡舊圖之是者，則率由舊章，順考古典；否者，則當理彈射，以實裁量；通者，則惠朔用其互聞，吕望存其兩説。非其學無以臻其極，非其明無以宣其象。遵

① 「瀆」，依補正、文淵閣四庫本、備要本應作「瀆」。
② 「放」，補正、四庫諸本作「訪」。

其文，繹①其器。文象推合，略無差較；作程立制，昭示無窮。匪哲匪勤，理無攸濟；既勤且哲，何滯不通？有以見臨事盡心，當官御物，官不同事，人不同能，得其能則成，失其能則敗，禮圖至此，能事盡焉。國之禮，事之體，既盡美矣；物之紀，文之理，又盡善矣。其新圖凡二十卷，附於古今通禮之中，是書纂述之初，詔儼總領其事，故作序焉。」

〔補正〕

竇儼序內「甯容濫瀆，欲正失于得」，「瀆」當作「瀆」，「欲」上一字原刻注云「御名」。「潛放同志」，「放」當作「訪」。（卷六，頁十四）

崇義自序曰：「舊圖十卷，形制闕漏，文字省略，名數法式，上下差違，既無所從，難以取象，蓋久傳俗，不知所自也。臣崇義，先於顯德三年冬，奉命差定郊廟器玉，因敢刪改。其或名數雖殊，制度不別，則存其名而略其制者，瑚簋、車輅之類是也；其名義多而舊圖略，振其綱而目不舉者，則就而增之，射侯、喪服之類是也；有其名而無其制者，亦略而不圖。仍別序、目録，共爲二十卷。凡所集注，皆周公正經，仲尼所定，康成所注。傍依疏義，事有未達，則引漢法以況之；或圖有未周，則於目録內詳證，以補其闕。又按詳近禮，周知沿革。至大宋建隆二年四月辛丑，第叙既訖②。冠冕衣服，見吉凶之象焉；宮室車旗，見古今之制焉；弓矢射侯，見尊卑之別焉；鐘鼓管磬，見法度之均焉；

---

① 「繹」，文津閣四庫本作「譯」。

② 「訖」，文淵閣四庫本作「迄」。

祭器祭玉，見大小之數焉；圭璧繅籍①，見君臣之序焉；喪葬飾具，見上下之紀焉。舉而行之，易於詳覽。」

〔補正〕

按：今通志堂所刻三禮圖，不載崇義自序，而載竇序無姓名。朱氏經義攷載聶序則節録其略耳，蓋舊本有之也。（卷六，頁十四）

陳伯廣跋曰：「三禮圖，始能君子復得蜀本，欲以刻於學，而予至，因屬予刻之。予觀其圖度，未必盡如古昔，苟得而考之，不猶愈於求諸野乎？淳熙乙未閏月二日。」

崇文總目：「三禮圖二十卷，聶崇義周顯德中參定郊廟器玉，因博采先儒三禮舊圖，凡得六本，考正是否，繢素而申釋之。每篇自叙其凡，參以近世沿革之說。建隆二年五月丙寅表上之，竇儼爲序。詔太子詹事尹拙集儒學三五人更同參議。拙多所駁正，崇義復引經以釋之，其駁義及答義各四卷，率列於注釋，詔頒行之，又畫於國子監講堂之壁。」

晁公武曰：「聶崇義，周世宗時被旨纂集，以鄭康成、阮諶等六家圖刊定。皇朝建隆二年奏之，賜紫綬犀帶，奬其志學。竇儼爲之序有云：『周世宗暨今皇帝恢堯、舜之典則，總夏、商之禮文，命崇義著此書。』不以近②代遷改有所抑揚近古云。」

---

① 「籍」，依文淵閣、文津閣四庫本應作「藉」。

② 「近」，補正、四庫諸本作「世」。

〔補正〕

晁公武條内「不以近代遷改」,「近」當作「世」。(卷六,頁十四)

林光朝曰:「聶崇義三禮圖全無來歷,穀璧即畫穀,蒲璧即畫蒲,皆以意爲之,不知穀璧只如今腰帶夸上粟文耳。」

陳振孫曰:「蓋用舊圖,本六家參定,故題『集注』。詔國學圖於先聖殿後北軒之屋壁。至道中,改作於論堂之上,以版代壁,判監李至爲之記。吾鄉郡庠安定胡先生所創論堂,繢三禮圖,當是依倣京監,今堂壞不存矣。」

宋史:「聶崇義,河南洛陽人。少舉三禮,善禮學,通經旨。漢乾祐中,累官至國子禮記博士,校定公羊春秋,刊板於國學。周顯德中,累官國子司業兼太常博士。世宗詔崇義參定郊廟祭玉,又詔翰林學士竇儼統領之。崇義因取三禮圖再加考正,建隆三年四月表上之,儼爲序。太祖覽而嘉之,詔曰:『禮器禮圖,相承傳用,寖歷年祀,寧免差違。聶崇義典事國庠,服膺儒業,討尋故實,刊正疑誤,奉職效官,有足嘉者。崇義宜量與酬獎,所進三禮圖,宜令太子詹事尹拙集儒學三五人更同參議,所冀精詳,苟有異同,善爲商確。』五月,賜崇義紫袍、犀帶、銀器、繒帛以奬之。拙多所駁正,崇義復引經以釋之,悉以下工部尚書竇儀,俾之裁定。儀上奏曰:『伏以聖人制禮,垂之無窮,儒者據經,所傳或異,年祀寖遠,圖繪缺然,舛駁彌深,丹青靡據。聶崇義研求師説,耽味禮經,較於舊圖,良有新意。尹拙爰承制旨,能整所聞。尹拙駁議及聶崇義答義各四卷,臣再加詳閲,隨而裁置,率用增損,列於注釋,共分爲十五卷以聞。』詔頒行之。拙、崇義復陳祭玉鼎釜異同之説,詔下中書省集議。吏部尚書張昭等奏議曰:『按聶崇義稱:祭天蒼璧九寸圓好，祭地黄琮八寸無好，圭、璋、琥並長九寸。自言周顯德三年與田敏等按周官玉人之職及阮諶、鄭玄舊圖，載其制度。臣等按周禮玉人之職，只有「璧琮九寸」、「瑑琮八寸」及「璧羨度尺、好三寸以爲度」之文，即無蒼璧、黄琮之制。兼引注有爾雅「肉倍好」之説，此即是注「璧羨度」之文，又非蒼璧之制。又詳鄭玄自注周禮，不載尺寸，豈復别作畫圖，違經立異？四部書目内有三禮圖十二卷，是隋開皇中勑禮官修撰，其圖第一、第二題云「梁氏」，第十後題云「鄭氏」，又稱不知梁氏、鄭氏名位所出。今書府有三禮圖，亦題「梁氏、鄭氏」，不言名位。厥後有梁正者，集前代圖記更加詳議，題三禮圖曰：「陳留阮士信受禮學於潁川綦毋君，取其説爲圖三卷，多不按禮文而引漢事，與鄭君之文違錯。」正删爲二卷，其阮士信即諶也。如梁正之言，可知諶之紕繆。兼三卷禮圖删爲二卷，應在今禮圖之内，亦無改祭玉之説。臣等參詳自周公制禮之後，叔孫通重定以來，禮有緯書，漢代諸儒頗多著述，討尋祭玉，並無尺寸之説。魏、晉之後，鄭玄、王肅之學各有生徒，三禮、六經無不論説，檢其書亦不言祭玉尺寸。臣等參驗畫圖本書，周公所説正經不言尺寸，設使後人謬爲之説，安得使入周圖？如崇義等以諸侯入朝獻天子夫人之琮璧以爲祭玉，又配合「羨度」、「肉好」之言，彊爲尺寸，古今大禮，順非改非，於理未通。又據尹拙所述禮神之六玉，稱取梁桂州刺史崔靈恩所撰三禮義宗内「昊天及五精帝圭、璧、琮、璜皆長尺二寸，以法十二時；祭地之琮長十寸，以效地之數」。又引白虎通云：「方中圓外曰璧，圓中方外曰琮。」崇義非之，以爲靈恩非周公之才，無周公之位，一朝撰述，便補六玉闕文，尤不合禮。臣等竊以劉向之論洪範，王通之作元經，非必挺聖人之姿，而居上公之位，有益於教，不爲斐然。臣等以靈恩所撰之書，聿稽古訓，祭玉以十二爲數者，蓋天有十二次，地有十二辰，日有十二時，封山之玉牒十二寸，圓丘之籩豆十二列，天子以鎮圭外守，宗后以大琮内守，皆長尺有二寸。又祼圭尺二寸，王者以祀宗廟。若人君親行之郊祭，登壇酌獻，服大裘，搢大圭，行稽奠，而手秉尺二之圭，神獻九寸之璧，不及禮宗廟祼圭之數，父天母地，情亦奚安？則靈恩議論，理未爲失，所以自義宗之出，歷梁、陳、隋、唐垂四百年，言禮者引爲師法，今五禮精義、開元禮、郊祀録皆引義宗爲標準。近代晉、漢兩朝，仍依舊制。周顯德中，田敏等妄作穿鑿，輒有更改。自唐貞觀之後，凡三次大修五禮，並因隋朝典故，或節奏繁簡之間稍有釐革，亦無改祭玉之説。伏望依白虎通、義宗、唐禮之制，以爲定式。又尹拙依舊圖畫釜，聶崇義去釜畫鑊。臣等參詳舊圖，皆有釜無鑊。按易説卦云「坤爲釜」，詩云「惟錡及釜」，又云「溉之釜鬵」，春秋傳云「錡釜之器」，禮記云「燔豕捭豚」，解云「古未有甑釜，所以燔捭而祭」。即釜之爲用，其來尚矣，故入於禮圖。今崇義以周官祭祀有省鼎鑊，供鼎鑊，文以儀禮有羊鑊、家①鑊之文，乃云畫釜不如畫鑊。今諸經皆載釜之用，誠不可去，又周、儀禮皆有鑊之文，請兩圖之。又若觀諸家祭祀之畫，今代見行之禮，於大祭前一日，光禄卿省視鼎鑊。伏請圖鑊於鼎下。』詔從之。未幾，崇義卒，三禮圖遂行於世，并畫於國子監講堂之壁。崇義爲學官，兼掌禮，僅二十年，世推其該博。」

〔補正〕

宋史條内「羊鑊、家鑊」，「家」當作「豕」。此下另起引某家説一條内「宋顯德中」，「宋」當作「周」。（卷六，頁十四）

① 「家」，依補正、四庫諸本應作「豕」。

錢謙益①曰：「宋②顯德中，聶崇義新定三禮圖二十卷，援據經典，考譯器象，由唐、虞迄建隆，粲然可徵。然如彝尊圖中，犧象二尊並圖阮氏、鄭氏二義，而不主王肅之説。先是太和中，魯郡地中得齊大夫子尾送女器，有犧尊，以犧牛爲尊，而聶氏考猶未覈。南宋人謂『觀其圖度，未必盡如古者。』有由然也。」

楊氏傑**補正三禮圖**

三十八卷。

未見。

傑自序曰：「周禮六篇，首曰建國。國建而其所重者，天地之丘壇、祖宗之廟貌也。三者既安，則不可無宫室庠序之教，衣冠車旂之飾，寶貨物用之利，物物得正，和樂生焉。有所未和，和之以樂；有所未正，正之以威。物正於國，則曆象順；於天，則災咎不形於物。格災咎於一時，傳簡書於萬世。故禮圖之次：一曰地利，八卷。二曰丘壇，三卷。三曰宗廟，二卷。四曰宫室，五曰庠序，共一卷。六曰衣冠，三卷。七曰車旂，三卷。八曰寶貨，一卷。九曰物用，三卷。十曰樂制，一卷。十一曰武制，二卷。十二曰曆

① 「錢謙益」，四庫薈要本作「陸元輔」，文淵閣、文津閣四庫本作「錢陸燦」。
② 「宋」，依補正、四庫諸本應作「周」。

象，三①卷。十三曰失利災應。共二卷。通圖議三卷，序目三卷，爲三十八卷。伏惟聖王，覽其所圖，鑒其所次，法其所大法，行其所未行，致休祥爲簡書之傳，無災咎爲號令之應。曆象得而順，禮得而正，樂得而和，寶貨物用得其②利，衣冠車旂③得而飾，宮室庠序得而嚴，丘壇宗廟得而安，天下之地得而制。然後聖神宗支，傳億萬載，此愚臣次篇之意也。」

〔補正〕

自序内「物用得其利」，「其」當作「而」。（卷六，頁十四）

歐陽氏丙**三禮名義**

宋志：「五卷。」

佚。

魯氏有開**三禮通義**

宋志：「五卷。」

---

① 「三」，四庫諸本、備要本誤作「二」。

② 「其」，補正、四庫諸本作「而」。

③ 「旂」，文津閣四庫本作「旗」。

佚。

胡氏銓**二禮講義**

宋志：「一卷。」

未見。

趙氏汝談**二禮注**

未見。

陸元輔曰：「無儀禮。」

王氏宗道**二禮説**

七卷。

佚。

趙氏敦臨**三禮發微**

四卷。

未見。

王圻曰：「敦臨，奉化人，紹興進士，官承議郎。」

按：連江陳氏書目有之。

李氏心傳**丁丑三禮辨**

宋志：「二十三卷。」

佚。

中興藝文志：「李心傳撰，以儀禮之説與鄭氏辨者八十四，周禮之説與鄭氏辨者二百二十六，皆有據。大戴之書，疑者三十；小戴之書，疑者一百九十八；鄭氏之注，疑者三百七十五，亦各辨其所以□①而詳識之。」

熊氏慶胄**三禮通議**「慶」，建寧府志作「夢」。

佚。

閩書：「熊慶胄，字竹谷，建陽人。少受業於蔡淵，後游真德秀、劉垕之門。」

---

①「□」，四庫諸本作「疑」。

練氏𫠦二禮疑釋

佚。

熊氏禾三禮考異

佚。

經義考卷一百六十四

通禮二

吴氏澂**三禮考註**

六十四卷。

存。

楊士奇跋曰：「此書本吴文正公澄用朱子之意，考定爲儀禮十七篇、儀禮逸經八篇、儀禮傳十篇、周官六篇、考工記别爲一卷，見公文集中三禮叙録及虞文靖公行狀如此。嘗聞長老言：『吾邑康震宗武受學於公，元季兵亂，其書藏康氏。亂後，郡中晏璧彦文從康之孫求得之，遂掩爲己作。』余近歲於鄒侍講仲熙家見璧所録初本，注内有稱『澄曰』者，皆改作『先君曰』，稱『澄按』者，改作『愚謂』，用粉塗其舊而書之，其迹隱隱可見。至後曲禮八篇皆無所塗改，與向所聞頗同，遂與鄒各録一本，凡其塗改者皆從舊書之，而參之叙録，其篇數增損不同。叙録補逸經八篇：投壺、奔喪、公冠、諸侯遷廟、諸侯釁廟之外，中霤、禘於太廟、王居明堂三篇，云『其經亡矣』，篇題僅見於鄭注，片言隻字之未泯者，必收拾而不敢遺。今此書逸禮止六篇，而中霤、禘於太廟，其篇題皆不著叙録。儀禮傳十篇，此書增入服義、喪大記、喪義、祭法、祭義五篇。叙録正經、逸經及傳之外，云餘悉歸諸戴記。此書傳後復增曲禮八篇，凡增十三篇。其中固有載入禮記纂言者矣，不當復出也，篇目不同如此，其中又不及深考也。余又聞長老言：『文正晚年於此書欲復加考訂，不及，臨没授其意於孫當，當罷官閒居，嘗爲之，而未就也。』豈誠然耶？然文正分禮爲經、義爲傳，今此書增入者，禮義率混殽無別。又其卷首亦載叙録，而與卷中自有不合者，決非當所爲無疑，豈璧所增耶？璧素與余往來，獨未嘗見示此書，其編乾坤清氣集，以己意改古人之作者數處，余嘗與之辨，皆以余言爲然，故知其爲人任意率略，而於此書，不能無疑於其所自增也。然余既録此書，不及再見，不得質問，姑志之以俟知者。」

〔補正〕

楊士奇跋内「禘於太廟」，「於」當作「于」，凡二處。（卷六，頁十四—十五）

夏時正曰：「草廬吴先生奮起紫陽之後，遂述儀禮經傳通解，兼取周官、曲禮諸篇，表章、考定、註釋之，計六十四卷，名曰三禮考註。於是一經之旨，燦然復明於世，先生有功是經大矣。」

羅倫序曰：「先王之道不行於天下，豈人心異於古哉？上之所以爲教，下之所以爲學，非其道爾。禮也者，先王之所以爲教也。天之經也，地之義也，民之行也。是故聖人則之以化成天下，士有定習、民有定志、官有定守、國有定俗，天下之治，運於掌矣。周衰，去於戰國，燬於秦，穿鑿附會於漢，先王之典未墜於地者，存什一於千百也。宋大儒紫陽朱文公嘗考定易、詩、書、春秋四經，以三禮體大，未能叙正。元臨川吴文正公用繼其志，考周官以正六典，以大司徒之半補冬官之闕，蓋取陳氏、俞氏之論也。以儀禮爲經，禮記爲傳，蓋取朱子之論也。考三王而不謬，俟後聖而不惑，其公之志乎？我朝東里楊文貞①公曰：『吾邑康宗武受學於公，元季兵亂，書藏康氏，亂後，郡人晏璧彦文從康之孫求得之，掩爲己作。以公支言叙録考之，逸禮八篇，今存者六篇，儀傳②十篇，今增者五篇，傳外又增曲禮八篇，凡增十三篇。又聞長老言：「文正晚年於此書欲復加考訂，不及，臨没授其意於孫當，當嘗爲之，而未就。」今此書增入者，禮義率混淆無別，決非當所爲，豈璧所增耶？』文貞之疑是矣。倫嘗因其言考之士相見義、公食大夫義，叙録用劉原甫所補，今此書二義所補者，皆出戴記。叙録成於蚤年，此書不載年譜，先後不可考，而纂言之成明年，公易簣矣，其可徵無疑也。凡考注所取，經若諸侯釁廟取諸大戴，而小戴喪大記亦載之；傳若冠義等取之小戴記者，纂言悉置不録。今此書增入若③服義、喪大記、喪義、祭法、祭義、學記、樂記諸篇皆複出，先後取舍，矛盾特甚。凡叙録所載若冠義、昏義等篇，編注精審，文義粲然。其餘士相見、公食大夫二義，及所增十三篇者，綜彙混淆，注釋粗略，悉取陳氏集説中語，割裂而補綴之可考也，非公手筆無疑矣。獨以其曲禮補士相見、公食大夫二義，以喪義、祭義等五篇補喪、祭二禮之傳，傳外曲禮八篇，盛德言人君之禮，入官言人臣事君之禮，立孝言人子事親之禮，内則言女婦事

① 「楊文貞」，文津閣四庫本作「楊文正」。
② 「儀傳」，依補正、四庫諸本應作「儀禮傳」。
③ 文淵閣四庫本「入」下無「若」字。

父母舅姑之禮，少儀言少事長之禮，表記言揖讓進退之禮，而學記、樂記爲是書之終，又與纂言不異。其名篇取義，似非後人所能及者，疑公定其篇目，未及成書，臨歿授其意於孫當，其謂是與？故後人因而竄入之，文貞所聞，其誠然耶？然與纂言不合，又未可深考也。公著述之功，未有大於此者，惜其書未及成，而爲後人所亂者如此。成化庚寅，大理寺卿仁和夏公時正巡撫江右，得是本於憲副夏正夫，正夫得於編修張廷祥，廷祥得於祭酒胡若思，若思之本，其文貞之所録者與？長樂謝公仲仁時守建昌，時正俾繡梓以傳，且屬倫校讎之，乃訪善本於臨川，文正之子孫已不知有是書矣。書藏康氏，文貞所聞，其亦然耶？倫時臥病深山，僻無書籍，仲仁乃取通解、注疏諸書，旁正而訂之。善本未得，恐不無譌謬也，然聖賢之遺經因是而傳焉，三公之用心亦可尚矣。河南按察使何廷秀謂予①曰：『沅州劉有年，永樂初，守太平府，進儀禮逸經十八篇。』逸禮，唐初已亡，宋、元大儒皆未之見，有年何從而得哉？然廷秀之言非妄也。好古君子上請逸經繼類成編，傳以戴記，其不入傳者，從纂言所類別爲記以附焉，則先王之典庶乎無遺矣。於戲！禮儀三百，威儀三千，待人而行。君子尊德性以立其體，道問學以致其用，如有用我，執此以往，文、武之政，其庶矣乎！」

〔補正〕

羅倫序內「儀傳十篇」當作「儀禮傳十篇」，「獨以其曲禮」當作「其以」。（卷六，頁十五）

鄭瑗曰：「三禮考注或謂非吳文正公書，考公年譜、行狀，皆不言嘗注此書，楊東里謂其編次時與

①「予」，四庫薈要本作「余」。

三禮叙録不同。予按：支言集周禮叙録但云：『冬官雖缺，今姑仍其舊，而考工記别爲一卷，附之經後。』今此書篇首亦載叙録，乃更之曰：『冬官雖缺，以尚書周官考之，冬官司空掌邦土，而雜於地官司徒掌邦教之中，今取其掌邦土之官，列於司空之後，庶乎冬官不亡。』支言叙録云：『儀禮傳十篇，瀓所纂次。』而此書「十」字下，乃加「五」字。此蓋或者欲附會此書出於公手，故揭公叙録置之篇首，又從而附益之耳。且公最不信古文尚書，周官、古文也，其肯據之以定周禮乎？及觀其所考次，亦不能無可議者，如春官大司樂而下，皆取而歸之司徒；地官大、小司徒之職，則取而歸之司空。然觀周書：『穆王命君牙爲司徒，而有祁寒暑雨，小民怨咨，思艱圖易，民乃寧』之語，又云：『宗伯治神人，和上下』，周禮春官大宗伯之職亦云：『以天産作陰德，以中禮防之；以地産作陽德，以和樂防之。以禮樂合天地之化，百物之産，以事鬼神，以諧萬民，以致百物』，與周書之言實相表裏。由是觀之，則司徒豈專掌教而不及養，宗伯豈專掌禮而不及樂乎？叙録所纂儀禮逸經，文僅存者止五篇，公冠、諸侯遷廟、諸侯釁廟、投壺、奔喪也，云中霤、禘於太廟、王居明堂三篇，其經亡矣。此乃以大戴禮明堂篇補王居明堂，其辭云：『明堂朱草日生一葉，至十五日生十五葉，十六日一葉落，終而復始。』此緯書野史之説，曾謂禮經而有是乎？其以公符補公冠，雖公之意，然篇中雜記周成王、漢昭帝之冠辭，其非古經之文明矣。公平昔深惡經傳之混淆，豈若是其雜亂而無區别乎？予嘗謂諸侯遷廟、釁廟、奔喪、投壺四篇，猶略存經之彷彿，以之補經，尚不能不起人之疑，公符、明堂之不可補經也，決矣。」

唐樞曰：「吴氏考注以爲治莫先於教化，故冢宰建邦之六典，而司徒次之；教化莫先於禮樂，故宗伯次之；有不率者，大則兵，小則刑，故司馬、司寇次之；暴亂去而民得安居，故司空設焉。在昔舜命①禹作司空，任平水土之事，是故爲事典掌邦土，惟其掌邦土，故司徒之屬易以雜之。大、小司空文盡在地官；自鄉師至司稼，皆冬官之文也。至其所定六官，亦未盡當。」

按：草廬先生諸經解各有叙録，余購得周官禮，乃先生孫當所補，其餘儀禮則有逸經，戴記則有纂言，今所傳三禮考注以驗對先生之書，論議體例多有不合，其爲晏氏僞託無疑。

蕭氏㪺三禮記

四卷。

未見。

蘇天爵志墓曰：「大德、廷祐間，關陝有大儒曰蕭公，鄉郡服其行誼，士類推其學術，朝廷重其名節。隱終南山下，鑿土室以居。盡得聖賢遺經，以及伊、洛諸儒之訓傳，陳列左右，晝夜不寐，始則誦讀其文，久則深思其義，如是者三十年，自六經、百氏、山經、地志，下至醫經、本草，無不極通其説。尤邃三禮及易，又深通六書，不失其旨。家多藏書，手自校讎，經傳音訓之訛，必字字正之。爲文悉本諸經，非有裨世教者不言，非其人不與。翰林姚文公燧曰：『蕭先生道德、經術，名世者也。』」

陶宗儀曰：「蕭貞敏公㪺，字維斗，京兆人。早歲爲吏，辭退，隱居讀書，從公遊者屨交户外。平章

① 「命」，備要本作「令」。

集賢直學士，未赴，改集賢侍講，又以太子右諭德徵，始至京師，授集賢學士、國子祭酒，尋復得告還山，咸寧王野仙聞其賢，薦之於世祖，徵不至，授陝西儒學提舉。繼而成宗、武宗、仁宗累徵，授國子司業、年七十七以壽終。」

按：蕭公三禮説，蘇氏墓志不載，而連江陳氏書目有之。

韓氏信同**三禮旁注**

佚。